KLARTEXT

DUISBURG
ERLEBEN

Liebe Frau Eilers,

vielen Dank für Ihren
Einsatz in diesen Zeiten.
Ein bißchen Erholung in
der Nachbarstadt kann
da nicht schaden.

Herzlichst, Alexander

Die Journalistin Fabienne Piepiora und die Fotografin Alexandra Roth sind schon seit vielen Jahren im Ruhrgebiet unterwegs, um Geschichten aufzuschreiben und zu dokumentieren. Dabei sind ihnen immer wieder Geheimtipps aufgefallen, die sie für dieses Buch zusammengetragen haben. Und weil beide selbst gerne reisen, wissen sie genau, welche Infos für einen gelungenen (Kurz-)Trip wichtig sind.

Bibliografische Information der Deutschen Nationalbibliothek
Die Deutsche Nationalbibliothek verzeichnet diese Publikation in der Deutschen Nationalbibliografie; detaillierte bibliografische Daten sind im Internet über http://dnb.dnb.de abrufbar.

Impressum

2. Auflage Januar 2019

Text & Konzeption: Fabienne Piepiora
Satz und Gestaltung: Ina Zimmermann
Umschlaggestaltung: Ina Zimmermann
Umschlagbilder: Alexandra Roth
Druck und Bindung: Multiprint GmbH, Kostinbrod 2230,
Slavianska Str. 10 A, Bulgarien

ISBN 978-3-8375-1937-2

KLARTEXT

Jakob Funke Medien Beteiligungs GmbH & Co. KG
Jakob-Funke-Platz 1, 45127 Essen
info@klartext-verlag.de, www.klartext-verlag.de

INHALT

Duisburg zählt rund 502.000 Einwohner und ist die fünftgrößte Stadt in NRW. Menschen **aus 163 Nationen** leben hier. Geografisch bildet Duisburg die Schnittstelle zwischen Ruhrgebiet und Niederrhein. Das heutige Duisburg besteht aus sieben Bezirken, die im Zuge von verschiedenen kommunalen Neugliederungen eingemeindet wurden. 1975 wurden Walsum, Baerl, Rumeln-Kaldenhausen, Homberg und Rheinhausen Duisburg zugeschlagen. Hamborn kam schon 1929 dazu. Von einer Liebesheirat kann keine Rede sein. Vor einigen Jahren wollte sich Homberg wieder abspalten. Ihre eigene Vorwahl haben die meisten Stadtteile ohnehin behalten. So kommt es, dass Duisburg sechs Vorwahlen hat und einige Straßennamen siebenfach vorhanden sind. Und wenn der Walsumer in die Innenstadt will, spricht er nicht etwa davon, dass er in die City fährt – er macht sich auf den Weg „nach Duisburg".

Mercatorbrunnen

In der Stadt wird Ihnen immer wieder **Gerhard Mercator** begegnen. Die Hochschule Duisburg hieß bis zu ihrem Zusammenschluss mit Essen Gerhard-Mercator-Universität, die Philharmoniker spielen in der Mercatorhalle und gegenüber des Rathauses will die städtische Wohnungsbaugesellschaft GEBAG das Mercatorquartier errichten, inklusive Nachbau der alten Werkstatt des Gelehrten. Der Geograf und Kartograf wurde als Gerard de Kremer in Rupelmonde, Flandern, geboren. 1539 veröffentlichte Mercator seine erste Karte, 1541 den ersten Globus. 1551 bekam er eine Einladung, an der neu gegründeten Universität Duisburg Professor für Kosmografie zu werden. Von 1559 bis 1562 lehrte er am Akademischen Gymnasium Mathematik und Kosmografie. Einer seiner Studenten war Johannes Corputius, der 1566 eine exakte Stadtansicht fertigte, auch Corputius-Plan genannt. Mit seiner großen Weltkarte erlangte Mercator 1569 Weltruhm. 1594 verstarb Mercator als anerkannter, reicher Mann. In der Salvatorkirche kann man sich noch sein prachtvolles Epitaph ansehen.

In Duisburg gibt es **mehr Brücken als in Venedig**: 650 um genau zu sein. Nicht alle führen über Gewässer, einige auch über Bahntrassen und Straßen. Das ist den Duisburgern auch deshalb so bewusst, weil in den nächsten Jahren viele der Brücken saniert werden – und die Autofahrer dann Umwege fahren müssen.

Duisburg ist eine **Stadt am Wasser**. Auf 37,5 Kilometern fließt der Rhein durch Duisburg. Darüber hinaus befinden sich hier über 20 Seen.

Duisburg hat einige Weltrekorde zu vermelden. Sandkünstler aus zehn Nationen haben im Sommer 2017 die **größte Sandburg der Welt** gebaut. Aus 3.500 Tonnen Sand entstand ein 16,68 Meter hohes Bauwerk auf einer Grundfläche von 20 mal 30 Metern und mit kunstvollen Verzierungen. Ein Jahr zuvor war ein Versuch knapp gescheitert. Initiiert wurde das Projekt vom örtlichen Reiseveranstalter Schauinsland-Reisen. Das Café Dobbelstein am Sonnenwall steht ebenso im Guinessbuch der Rekorde. Der Senior-Chef Otto Dobbelstein wünschte sich nichts sehnlicher als einen Eintrag ins Guinessbuch und ließ deshalb **die größte Kaffeemühle der Welt** bauen. Das gute Stück ist 2,50 Meter hoch, wiegt schlappe 450 Kilo und ist übrigens funktionsfähig.

Die Stadt ist **bei Filmemachern** beliebt. Nicht nur 29 Schimanski-Tatorte wurden in Duisburg gedreht, sondern beispielsweise auch Teile des Dramas „Gladbeck", „Solino" oder das „Wunder von Bern".

Größte Sandburg der Welt

Stadt der Brücken

Liebe Leser, viel Spaß beim Lesen und Entdecken! Unsere Autoren haben bis kurz vor Drucklegung unabhängig recherchiert. Die Reihenfolge der aufgeführten Hotels und Restaurants stellt keine Wertung dar. Wir haben die Texte um hilfreiche Hinweise wie ÖPNV-Haltestellen in der Nähe (H) ergänzt.

Die **GPS-Daten** zu den Fahrradtouren finden Sie unter:
www.klartext-verlag.de
Aktuelles und Tipps unter:
www.facebook.com/duisburgerlebendasbuch

Die **Duisburger Tanztage**, die **Ende FEBRUAR** starten, sind das größte Ereignis für Tanz-Amateure in Deutschland. Rund 5.000 Teilnehmer reisen jedes Jahr an, um in Kategorien wie Modern- und Streetdance oder Hip-Hop ihre Choreografien zu zeigen. Die Startplätze sind schnell ausgebucht. Wer sich Zuschauertickets sichern möchte, sollte sich ebenfalls beeilen.
www.duisburger-tanztage.de

Duisburger Tanztage

Seit 1977 findet das spartenübergreifende Kulturfestival **„Akzente"** statt. Zu einem gesellschaftspolitischen Thema gibt es im **MÄRZ** zahlreiche Theaterstücke, Tanz-Inszenierungen, Filmvorführungen, Lesungen und Diskussionen. In der Vergangenheit zum Beispiel zu „Macht und Moral", „Heimat" oder „Nie wieder Krieg". Als Veranstaltungsort dient nicht nur das Theater, sondern auch ehemalige Kirchen, alte Kneipen und umgenutzte Schulen.
www.duisburger-akzente.de

Traditionell **am Samstag nach PFINGSTEN** wird rund um das Jugendzentrum Tempel gefeiert. Manchmal müssen Fans zu dem charmanten Open-Air-Festival **Tempel-Folk** Regenschirme mitbringen, aber das macht den meisten nichts aus: Bis zu 8.000 Besucher kommen jedes Jahr, um verschiedene Bands auf zwei Bühnen umsonst und draußen zu erleben. Das Interesse ist eigentlich viel größer, aber die Organisatoren wollen die familiäre Atmosphäre erhalten.
www.jz-tempel.de

„Spiel doch" heißt die Messe für Fans analoger Spielkultur, die **ENDE MÄRZ** tausende Besucher in den Landschaftspark lockt. Mitmachen und ausprobieren ist ausdrücklich erlaubt. Namhafte Hersteller stellen ihre Neuheiten aus dem Bereich Brett-, Karten- und Rollenspiele vor.
www.spieldoch-messe.com

Matjesfest

Jedes Jahr **ENDE MAI** oder **ANFANG JUNI** dreht sich in der Duisburger Innenstadt alles um den Matjes. Mehr

als 100.000 der jungen Heringe gehen innerhalb von vier Tagen beim **Matjesfest** über die Theke. Dazu gibt's ein musikalisches Programm von Shanty-Chören oder Bands.
www.duisburgkontor.de/events

Theater, Kunst und kreative Aktionen erwarten im JUNI die kleinen Besucher beim **Kinder-Kultur-Festival** am Innenhafen. Die Theatertage stehen stets unter einem Motto, zum Beispiel „Hoch hinaus", „H2ooh" oder „Oh no, Mathe." Die Vorstellungen werden für Kindergartengruppen, Schulklassen oder Familien angeboten.
www.kinderkulturfestival.de

Rund 3.500 Teilnehmer treffen sich jedes Jahr im **JUNI** im Innenhafen zur **Drachenboot- und Fun-Regatta**. Freitags geht es los mit Wettbewerben für Schüler, samstags gibt es Vorläufe für den Mixed-Fun-Cup – Verkleidungen sind gerne gesehen. Vereine, Kegelclubs, Firmenmannschaften traineren jedes Jahr mehr oder weniger ernsthaft für dieses Event, bei dem nur der olympische Gedanke zählt: Dabei sein ist alles. Sonntags findet außerdem ein Entenrennen statt. Tausende Quietsche-Enten werden ins Hafenbecken gelassen und trudeln Richtung Ziel.
www.duisburgkontor.de/events

Das **Traumzeit-Festival** im **JUNI** holt Pop- & Indie-Bands zum Hochofen. Es wurde Ende der 1990er Jahre gegründet und war zunächst eine Plattform für Jazz und Weltmusik. In den vergangenen Jahren hat sich die Veranstaltung zu einem Festival für junge deutsche Musik oder Geheimtipps aus anderen Ländern gemausert. Tocotronic, Judith Holofernes und AnnenMayKantereit haben hier genauso gespielt wie Zaz, Milky Chance und Alice Merton. Ein Teil des Landschaftsparks wird während des Festivals zum Campingplatz. Außerdem gibt es auch eine Bühne, an der man keinen Eintritt bezahlen muss. Ein Streetfoodmarkt versorgt die Besucher mit Leckereien.
www.traumzeit-festival.de

Traumzeit-Festival

Rund 180 Fahrgeschäfte und Schaustellerbetriebe machen die **Beecker Kirmes** im **JUNI** zu einem der größten Rummel am Niederrhein. Erstmals urkundlich erwähnt wurde die Veranstaltung 1549. Früher war sie ein Kirchweihfest zu Ehren des Gotteshauses St. Laurentius. Laurentius' Namenstag ist der 10. August,

weshalb die Kirmes in früherer Zeit auch stets um dieses Datum herum gefeiert wurde. Bis 1955 hielt sich der Brauch, in Beeck Tiere zu verkaufen. Bis zu 200 Schweine wechselten nach dem Zweiten Weltkrieg während des Jahrmarkts den Besitzer. Montag ist nach wie vor Familientag und am Dienstag wird der Spaß mit einem großen Feuerwerk beendet.
www.duisburgkontor.de/events

!

TIPP: Ortskundige ordern „Fisternöllekes". Dahinter verbirgt sich ein Pinnchen Schnaps mit Zucker und Rosinen.

Beecker Kirmes

Die **Extraschicht**, auch Nacht der Industriekultur genannt, findet jedes Jahr im **JUNI oder JULI** in 45 Ruhrgebietsstädten gewöhnlich statt. Rund um alte Zechen und Halden gibt es ein vielfältiges Programm, das den Wandel von der Schwerindustrie zu einer modernen Kulturregion symbolisieren

Extraschicht

soll. Die Besucher können mit Bussen von Ort zu Ort fahren. Schauplätze in Duisburg sind beispielsweise der Landschaftspark oder Innenhafen.
www.extraschicht.de

Duisburg ist zwar nicht Mallorca und eine Sonnengarantie gibt es im Strandbad Wedau im **JULI** auch nicht, aber Sangria und gute Laune sind bei der **Beach Party** am Margaretensee garantiert. Die Veranstalter verpflichten regelmäßig Partysternchen. Auf den beiden Bühnen standen schon Lou Bega, Anna-Maria

Beach Party

Zimmermann, Loona und andere bekannte Stimmungsgaranten.
www.beachpartyduisburg.de

Laut und lustig wird es auf der Königstraße, wenn im JULI das **Stadtfest** stattfindet. Auf verschiedenen Bühnen spielen Bands Rock- und Pop-Hits, Schlager oder Comedy. Veranstalter ist der Eishockey-Club Duisburger Füchse. Eine genaue Übersicht über das Programm gibt es auf der Seite www.duisburglive.de

Einmal im Jahr im JULI wird zwischen Mühlenweide und Schifferbörse in Ruhrort groß das **Hafenfest** gefeiert: Es ist eine der schönsten Veranstaltungen in Duisburg. Mit Kirmes, umfangreichem Musikprogramm, Schiffskorso und Höhenfeuerwerk am Freitagabend. Dazu gibt's Hafenrundfahrten, Kinderprogramm und jede Menge zu gucken. Die Wasserballmannschaft vom ASC hat zum Beispiel mal versucht, ein Schiff zu ziehen!
www.ruhrorter-hafenfest.de

Hafenfest

Sommerkino

Dieses Kino ist einmalig: Während der SOMMERFERIEN wird die Gebläsehalle im Landschaftspark zu einem riesigen **Open-Air-Kino** umfunktioniert. Neben Blockbustern werden auch Arthouse-Filme gezeigt. Die Tickets für die beliebte Veranstaltung sind in nerhalb von Stunden ausverkauft. Wer keine Karten hat, kann mit etwas Glück am Abend selbst noch welche ergattern, wenn Tickets nicht abgeholt oder zurückgegeben werden. Vor dem Freiluft-Lichtspielhaus wird ein großer Biergarten aufgebaut. Musiker sorgen für Unterhaltung, bis der Streifen bei Einbruch der Dunkelheit beginnt. Noch besser: Das Kino ist überdacht.
www.stadtwerke-sommerkino.de

Duisburg ist zwar eine Stadt der Biertrinker, doch in den vergangenen Jahren hat sich das **Weinfest** im AUGUST zu einem lauschigen Treffpunkt entwickelt. Mit großen Taschen, vollgepackt mit Picknick, rücken die Duisburger an und gönnen sich das eine oder andere Gläschen. Für alle, die lieber Gerstensaft trinken – der wird auch ausgeschenkt.
www.duisburgkontor.de

VERANSTALTUNGEN IN DUISBURG

Tausende Läufer schnüren beim **Targo Bank Run** im **AUGUST** die Schuhe. Die Strecke ist 5,4 Kilometer lang und führt die Teilnehmer, die in Teams starten, durch die Innenstadt. Am Weg stehen weitere Tausende, um die Sportler anzufeuern. Die Veranstaltung endet mit einem Feuerwerk.
www.unser-unternehmen-laeuft.de

Platzhirsch-Festival

Der Targo Bank Run endet mit einem Feuerwerk.

Im **NOVEMBER** kommen Dokumentarfilmer aus ganz Deutschland und dem angrenzenden Ausland nach Duisburg, um an der **Duisburger Filmwoche**, dem Festival des deutschsprachigen Dokumentarfilms teilzunehmen. Dabei werden die Streifen nicht nur gezeigt, sondern anschließend auch diskutiert. Die Gespräche werden protokolliert und archiviert. Das angegliederte Festival „Doxs" zeigt Dokumentarfilme für Jugendliche. Am Ende der Woche gibt es eine Preisverleihung.
www.duisburger-filmwoche.de

Ende AUGUST oder **Anfang SEPTEMBER** küsst das **Platzhirsch-Festival** den Dellplatz wach. „Festival der Artenvielfalt" nennen die ehrenamtlichen Macher die Veranstaltung gern, weil sie Konzerte, Performances, Theater und Ausstellungen miteinander abseits des Mainstreams verbindet. Als Locations dienen die Kneipen am Dellplatz, aber auch die Kirche St. Joseph oder Galerien beteiligen sich. Auf dem Platz selbst findet ein Markt statt. Um das Festival zu stemmen, haben viele Duisburger im vergangenen Jahr sogar gespendet. Alternativ und heimelig.
www.platzhirsch-duisburg.org

Im **NOVEMBER** beginnt nach den stillen Feiertagen der **Weihnachtsmarkt** in der Innenstadt. 800 blaue Tannen schmücken die Laternen und auf den Rasenflächen vor dem Stadttheater ist der weiß-glitzernde Baum ein beliebtes Fotomotiv. Der Glühwein wird in Hütten, aber auch in einer Pyramide oder einem Holzschiff ausgeschenkt. Im hinteren Bereich der Fußgängerzone wird eine Eislaufbahn aufgebaut.
Besonderheit: Die Stände werden nach Weihnachten noch nicht abgebaut, sondern bleiben bis zum Jahresende stehen.
www.duisburgkontor.de/events

PROMI-TIPP

Horst Naumann, Traumschiffarzt a.D., mag den Binnenhafen

In diesem Jahr bin ich bereits zehn Jahre Duisburger Bürger und habe in dieser Zeit die Freundlichkeit, Direktheit und Ehrlichkeit der Duisburger Menschen kennen- und schätzen gelernt.
So wurde ich im Laufe der Jahre zum Ehrenoffizier der Prinzengarde, zum Ehrenhauer der Bergleute und bin ehrenamtlich als Regisseur im Kleinkunsttheater „Die Säule" tätig.
In meiner Freizeit schaue ich mir selbstverständlich die verschiedensten Veranstaltungen in der „Säule" an, nicht nur die Lesungen und musikalischen Veranstaltungen der Kollegen aus Film und Fernsehen, sondern auch viele Kabarettveranstaltungen – ein Genre, zu dem ich vor meiner Verbundenheit zu Duisburg und der „Säule" überhaupt keinen Zugang hatte. Es gibt wohl kaum ein kleines Theater, das so viele Genres anbietet. Besonders ist hier der intensive Kontakt zwischen Künstler und Publikum. Natürlich ist auch das Theater der Stadt eines meiner Favoriten. Gern besuche ich hier Inszenierungen des „Spieltriebes", da ich gern verfolge, wie junge Leute heute in meinem Beruf tätig sind, unabhängig davon, ob sie Profis oder Laien sind.
Meine Lieblings Einkaufsmeile ist der Sonnenwall. Hier finde ich viele kleine Geschäfte. Für mich gibt es nichts Schöneres als den kleinen Schwatz am Rande des Einkaufens.
Ansonsten mache ich im Sommer mal wieder gern Hafenrundfahrten und entdecke dabei stets etwas Neues. Klar, dass es mich nach 28 Jahren „Traumschiff" eben immer wieder zum Wasser zieht. Vielleicht sollte es ja so sein, dass das Leben mich im „fortgeschrittenen Alter" in die Stadt des größten Binnenhafens gebracht hat.

Horst Naumann zog der Liebe wegen nach Duisburg. Er schätzt das Essen im Dreigiebelhaus oder die italienische Küche, etwa im Come Prima an der Wallstraße.

Duisburger Klassiker

Kult-Kommissar

Im Zoo

Hafen, Schimanski & Zoo: Machen Sie sich selbst ein Bild davon, wofür Duisburg weit über die Stadtgrenzen bekannt ist.

Der **Duisburger Hafen** gilt mit einer Fläche von 1.350 Hektar, 21 Hafenbecken und 180 Hektar Wasserfläche nach wie vor als größter Binnenhafen Europas. 4,1 Millionen 20-Fuß-Container wurden hier 2017 umgeschlagen. Auch bei Touristen ist Duisburg beliebt. An der Mühlenweide halten immer mehr Fluss-Kreuzfahrtschiffe. Einen Einblick, wie es im Hafen zugeht, bekommt man am besten bei einer Hafenrundfahrt. Die Weiße Flotte legt am Steiger Schwanentor in der Altstadt ab, die Ruhrorter Personenschifffahrt vom Steiger Schifferbörse in Ruhrort. S. 125, S. 161

Der **Zoo Duisburg** ist ein beliebtes Ausflugsziel und deutschlandweit bekannt für sein Delfinarium. Die Großen Tümmler gehören zu den Duisburger Publikumslieblingen. Doch der Tierpark hat noch viel mehr zu bieten: 8.241 Tiere und insgesamt 409 Arten können Besucher bestaunen. Zu den zoologischen Raritäten zählen die Riesenotter, Amazonasdelfine und die australischen Wombats, die im Frühjahr 2018 das erste Mal seit 40 Jahren wieder Nachwuchs bekommen haben. S. 47

Mit dem **MSV** gehen die Duisburger durch dick und dünn. Die Spieler werden wegen der gestreiften Trikots auch „Zebras“ genannt. Rund 31.500 Fans passen in die Schauinsland-Arena; und feuern die Spieler dann mit dem Zebratwist an. Zu den prominenten Fans gehören Olympiamedaillengewinner Jürgen Hingsen, TV-Kommissar Bernie Kuhnt und Comedian Markus Krebs. Hartgesottene Fans können in der Arena sogar heiraten. S. 48

Besucher staunen nicht schlecht, was man in der 1985 stillgelegten Meidericher Eisenhütte alles erleben kann: 180 Hektar ist der **Landschaftspark** groß und in den vergangenen Jahren kamen mehr als eine Million Besucher, um Industriegeschichte live zu erleben. Vom begehbaren Hochofen 5 hat man einen tollen Ausblick – es gibt einen Tauchgasometer, einen Klettergarten und regelmäßige Veranstaltungen. Der Landschaftspark lohnt immer einen Besuch. S. 130

Die Skulptur **Tiger & Turtle** gehört zu den neueren Sehenswürdigkeiten und ist besonders bei Fotografen beliebt. Die begehbare Achterbahn wurde von den Künstlern Heike Mutter und Ulrich Genth im Rahmen der Kulturhauptstadt 2010 entwickelt. Schwindelfrei sollte man schon sein:

220 Stufen kann man hinaufsteigen und aus rund 80 Metern Höhe bis nach Oberhausen und Düsseldorf schauen. S. 98

Der Kult-Kommissar **Schimanski** gehört zu den bekanntesten Duisburgern. Viele Jahre haderte die Stadt mit der fiktiven Serienfigur, die vom Schauspieler Götz George verkörpert wurde – zu düster und dreckig seien die Bilder, die von der Stadt zu bester Sendezeit im Fernsehen übertragen wurden. Doch die Zeiten haben sich längst geändert. In Ruhrort gibt's, entstanden auf Drängen von Bürgern und Lokalpolitikern, eine Schimanski-Gasse. **Tipp:** Mit dem Anbieter DU Tours wandeln Besucher bei einer Schimmi-Tour auf den Spuren des Fernsehkommissars. S. 166
www.du-tours.de

An Rheinkilometer 780 treffen sich Rhein und Ruhr in Duisburg. Markiert wird dies mit der Landmarke **Rheinorange**, einem Kunstwerk, erschaffen von Lutz Fritsch. Die Skulptur symbolisiert eine Bramme und ist Teil der Route der Industriekultur und Endpunkt des 230 Kilometer langen Ruhrtalradwegs. S. 167

Ein weiteres Beispiel für den Strukturwandel, den Duisburg und das Ruhrgebiet bewältigt haben, ist der **Innenhafen**: Über 100 Jahre war er Handelsplatz etwa für Holz – später siedelten sich Getreidemühlen an. Inzwischen gibt's entlang des Wassers zahlreiche Büro- und Wohngebäude, Museen sowie Kneipen und Restaurants. Im Sommer kann man es sich auf den Terrassen gut gehen lassen. S. 41

Der größte Binnenhafen Europas

Star-Architekt Nicholas Grimshaw hat die „Five Boats" am Innenhafen entworfen.

Die besten Gastro-Tipps

Das **Mimi e Rosa** gehört zu den charmantesten Restaurants der Stadt. Es ist nur ein bisschen größer als ein Wohnzimmer und auf der Karte stehen Spezialitäten aus Ligurien und dem Piemont. S. 63

Mimi e Rosa

In der **Pommeserei** gibt's Currywurst in einer Bio- und einer veganen Variante, mit drei verschiedenen Soßen zur Auswahl. Stylish und lecker! S. 68

In der Pommeserei gibt's vegane Leckereien.

Kreative Baguette-Kreationen stehen auf der Karte von **The Black Bull**. Das leckere Ciabatta-Brot wird wahlweise mit Lammrollbraten, Süßkartoffel-Vanille-Mousse und Ratatouille belegt. S. 111

The Black Bull

Mmh, Rheinorange ist nicht nur schön anzusehen, sondern schmeckt auch gut: Die Chefin der Eisdiele **Kuckuck** hat fruchtig-cremiges Rheinorange-Eis kreiert. S. 59

schöne Dinge & leckeres Essen

Der AV Concept Store ist Restaurant und Fachgeschäft für Schönes in einem.

Frisch geröstet mit „Passione"

Die Macher vom **AV Concept Store** beweisen guten Geschmack für Design. Im stilvollen Restaurant und Café kann man zudem Mode und schöne Kleinigkeiten kaufen. S. 60

Christiane Alt im „Glück"

In der **Kaffeebar Passione** riecht es stets nach frischem Kaffee. Salvatore Messina röstet selbst. Wer mag, kann sich auch mit Bohnen für Zuhause eindecken. S. 56

Vorne Café, hinten Friseur: Christiane Alt betreibt mit dem **Glück** einen Ort zum Wohlfühlen. Hier kann man schön Kaffee trinken und Kuchen aus dem Café Kurz essen, auch wenn man keinen Haarschnitt braucht. S. 85

Das Café ist noch ganz neu und schon ein **Evergreen** – so steht es zumindest im Schaufenster. In der ehemaligen gleichnamigen Boutique wird Kaffee ausgeschenkt, wahlweise auch von Hand gefiltert. S. 56

Duisburg entdecken

Diese Rundgänge und Touren sorgen für einen neuen Blickwinkel auf die Stadt.

Der Busunternehmer Udo Scharf ist durch und durch Duisburger. Mit seinem Bus bietet er von April bis Oktober **Stadtrundfahrten** mit Live-Erklärungen an, vorbei an allen klassischen Sehenswürdigkeiten Duisburgs. Die zweistündigen Touren starten sonntags um 11 Uhr und 15 Uhr am Busbahnhof (Mercatorstraße) vor dem Hauptbahnhof. Außerdem gibt's regelmäßig Sonderfahrten, bei denen sich beispielsweise Industrie und Hafen entdecken lassen. Separate Termine für Gruppen.
Tickets ab 12 Euro. Tel.: 0178/7013001.

Im **Innenhafen** trifft moderne Architektur auf historische Gebäude. Von April bis Oktober gibt's jeden ersten Sonntag im Monat eine Führung durch den Innenhafen. Erwachsene zahlen 8 Euro, Kinder 4 Euro. Wer mehr über die Architektur erfahren möchte, kann auf Anfrage bei der Tourist-Info auch einen Architektur-Rundgang buchen.
Tel. 0203/285440.

Hinter „Mercators Nachbarn" steckt eine Gruppe engagierter Ehrenamtlicher, die regelmäßig Führungen

Mit Mercators Nachbarn ins Mittelalter

durch die Altstadt anbieten und über das **mittelalterliche Duisburg** informieren. Die Stadtführer tragen manchmal historische Gewänder und erklären, was es mit Gerhard Mercator und Johannes Corputius auf sich hatte. Treffpunkt ist am Mercatorbrunnen vor dem Rathaus. Regelmäßige Termine, Gruppen auf Anfrage.
Tel. 0151/53134030.

Klaus Brüggenwerth lädt zur **Stadtrundfahrt** mit der Straßenbahn 901 ein. Zunächst bekommen die Teilnehmer eine Führung durch Ruhrort. Anschließend geht es mit der Tram weiter nach Marxloh, wo sich Besucher die Brautmodenmeile anschauen können. Der fünfstündige Ausflug kostet 25 Euro und beinhaltet das ÖPNV-Ticket sowie ein Getränk und Gebäck bei Einkehr. Verschiedene Termine, Gruppen auf Anfrage. Buchbar über die Tourist-Info: Tel. 0203/285440.

Wissenswertes zu den Sehenswürdigkeiten in der Innenstadt, etwa zur **Brunnenmeile**, erfährt man bei einem 90-minütigen Spaziergang über die Königstraße bis zum König-Heinrich-Platz. Treffpunkt ist am Mercatorbrunnen. Erwachsene zahlen 8 Euro, Kinder (bis 13 Jahre) 4 Euro. Buchung in der Tourist-Info. Tel. 0203/285440.

Das Wasserspiel wird gerne zur Erfrischung genutzt.

Im **Fackelschein** wird der Landschaftspark Freitag- und Samstagabend zu einem besonderen Erlebnis. Bei Einbruch der Dunkelheit geht's durch die Industriekulisse. Kundiges Personal – oft haben die Führer früher selbst in dem Hüttenwerk gearbeitet – erklärt, wie hier malocht wurde. Wer mitgehen möchte, sollte mindestens 12 Jahre alt sein. Festes Schuhwerk ist Pflicht, eine zusätzliche Taschenlampe hilfreich. Die Teilnahme kostet 12 Euro.
www.tour-de-ruhr.de,
Tel. 0203/4291919.

Die Stadt kulinarisch erfahren: **Eat the world** heißt der Anbieter, der seinen hungrigen Gästen innerhalb von drei Stunden sieben Kostproben in Imbissen, Kneipen und Lokalen serviert. Die Touren starten freitags um 12 Uhr und samstags um 11 Uhr.
Tickets kosten 33 Euro, buchbar über www.eat-the-world.com.

Mit dem **Segway** geht es schnell ins Grüne – vorbei am Sportpark Wedau zur Sechs-Seen-Platte und anschließend zum Innenhafen. Bevor es los geht, gibt's eine Einweisung und ein kleines Fahrtraining. Teilnehmer sollten 15 Jahre alt sein (mit Einverständniserklärung der Eltern) und einen Führerschein besitzen.
Infos zu Terminen und Touren unter Tel. 0201/17674922 oder www.segwaypoint-ruhr.de.

König Pilsener, die Webmanufaktur Steiff Schulte, die die Stoffe für die berühmten Teddybären fertigt, oder auch Thyssenkrupp: Regelmäßig organisiert die Tourist-Information in Kooperation mit den Unternehmen einen **Blick hinter die Kulissen** und gibt Interessierten so die Möglichkeit, die Duisburger Firmen einmal anders kennenzulernen.
Infos unter Tel. 0203/285440.

Blick in die „Köpi"-Produktion

Spannende Museen & Galerien

Kunstliebhaber, aber auch Karnevalisten und Imker finden in Duisburg spannende Ausstellungen.

Stadtgeschichte von der Steinzeit bis zur Gegenwart lässt sich im **Kultur- und Stadthistorischen Museum** nachvollziehen. Gerhard Mercator hat ebenso seinen Platz wie die Frage nach Zuwanderung und Heimat. In der Münzensammlung der Köhler-Osbahr-Stiftung, die ebenfalls zum Museum gehört, kann man sich über historische Zahlungsmittel informieren. S. 45

Renommiertes Lehmbruck-Museum

Das **Lehmbruck-Museum** ist eines der wichtigsten und renommiertesten Skulpturenmuseen in Europa. Gezeigt werden Objekte aus dem Nachlass Wilhelm Lehmbrucks, aber auch Plastiken bedeutender Bildhauer aus aller Welt, darunter von Henry Moore und Alberto Giacometti. Die Sammlung wird ergänzt mit Malereien etwa von Emil Nolde und Otto Müller, Grafiken, Fotografien und Neuen Medien. S. 44

Das **Museum Küppersmühle** für Moderne Kunst zeigt auf rund 2.500 Quadratmetern Highlights aus der Sammlung Ströher, einer der umfangreichsten Sammlungen deutscher Kunst nach 1945. Der Fokus liegt auf der Malerei. Zu sehen sind Werke von Gerhard Richter, Georg Baselitz und Markus Lüpertz. Der Malerfürst war immer wieder zu Gast am Innenhafen. S. 44

Das Museum **DKM** ist das jüngste Museum in Duisburg. Gegründet wurde es 2009 von zwei privaten Sammlern. Zu sehen ist zeitgenössische Kunst, historische und aktuelle Werke aus Südostasien oder auch künstlerische Positionen von Ai Weiwei und Blinky Palermo. S. 45

In einer ehemaligen Badeanstalt in Ruhrort ist das **Binnenschifffahrtsmuseum** untergebracht. Hier bekommt man einen guten Überblick über die Geschichte des Ruhrorter Hafens und darüber, wie der Handel den Stadtteil prägt. Außerdem erfährt man einiges über die Technik der Schiffe. Zum Museum gehören auch drei Museumsschiffe. S. 140

Radiomuseum

Plattenspieler, Weltempfänger und Musiktruhen: Das **Radiomuseum**, gegründet von Ehrenamtlichen, setzt alter Technik ein Denkmal. Die Ausstellungsstücke stammen aus den 1920er bis 1960er Jahren. Besucher erfahren auch etwas über die zeitgeschichtliche Bedeutung. S. 140

Helau! Das **Karnevalsmuseum** ist nicht besonders groß, allerdings vollgestopft mit alten Orden, historischen Kostümen und Andenken vergangener Sessionen. Gegrundet und betrieben wird es vom Hauptausschuss Duisburger Karneval. S. 141

Im Museum des **Knappenverein Walsum** halten ehemalige Kumpel die Erinnerungen an den Bergbau in Walsum und Duisburg lebendig. Zu sehen sind Grubenlampen, Modelle von Bergwerksmaschinen, Arschleder, eben alles, was unter Tage benötigt wurde. Zusammengetragen wurden sie von den Ehrenamtlichen, die gerne eine Führung geben. S. 141

Imkern liegt im Trend. Im **Bienenmuseum** kann man sich über den Lebensraum der Honigproduzenten informieren und anhand historischer Beuten sehen, wie Imker früher einmal gearbeitet haben. Es gibt ein Schauvolk, dem man bei der Arbeit in der Wabe zuschauen kann. S. 170

Im Bienenmuseum

Auf der „Hermann" im Binnenschifffahrtsmuseum wird regelmäßig Kinderprogramm angeboten.

Duisburg im Grünen

„Oh, hier ist es ja schön grün", lautet eine häufige Reaktion von Auswärtigen. 20,2 Quadratkilometer der städtischen Fläche – insgesamt misst Duisburg 232,8 Quadratkilometer und damit mehr als Düsseldorf oder Essen – sind Wald.

Die **Walsumer Rheinaue** ist eines der schönsten und wichtigsten Naturschutzgebiete, die es in Duisburg gibt. Das Gebiet ist 527 Hektar groß und seit 1990 steht nahezu der gesamte Bereich unter Naturschutz. Die Landschaft, die sich in ein Deich-Vorder- und Hinterland aufteilt, bietet zahlreichen vom Aussterben bedrohten Tier- und Pflanzenarten eine Heimat. Ein beliebtes Ausflugsziel für Fotografen und Vogelbeobachter. S. 143

Im **Botanischen Garten Duissern** befindet sich die Kleinste Galerie Duisburgs. In einem ehemaligen Gewächshaus wird regelmäßig Kunst ausgestellt, aber auch sonst lohnt ein Spaziergang vorbei an den Beeten. Der Botanische Garten ist eine der gepflegtesten Grünflachen Duisburgs. Oder man nimmt sich einen der Stühle an der Galerie und schaut den anderen beim Flanieren zu. **Tipp:** Im Sommer, meist Ende August, findet die Ausstellung „Kunstraum Grün" statt. Künstler nutzen die Wiesen und Beete dann, um dort ihre Kunst zu präsentieren. S. 47

In unmittelbarer Nachbarschaft zum heutigen IKEA-Gelände in Alt-Hamborn befand sich die **Zeche Friedrich Thyssen**. Ein Teil der Fläche wird heute vom schwedischen Möbelriesen genutzt. Nebenan hat sich auf der Industriebrache eine interessante Naturlandschaft entwickelt. Gewissermaßen ist das Gelände der äußerste Zipfel des Landschaftsparks. Inzwischen wachsen hier 160 verschiedene Pflanzenarten, darunter Birken, Wildblumen und zahlreiche Kräuter. S. 130

Im Duisburger Stadtwald wohnt eine Wildschwein-Großfamilie und freut sich über Besuch: Alles fing an, als zwei **Wildschweine** aus dem Wald nach Neudorf liefen. Der Förster musste ausrücken, um sie wieder einzusammeln. Er taufte die beiden Blümchen und Schnitzel und baute ihnen ein Gehege im Stadtwald am Ende des Aktienwegs. S. 48

Blümchen und Schnitzel

Duisburg am Wasser

Über 20 Seen befinden sich in Duisburg. Außerdem liegt die Stadt an Rhein, Ruhr und der Alten Emscher. Es gibt also an den Ufern, auf und unter Wasser, genug zu entdecken.

Aloha: Beim Stand-Up-Paddling an der **Sechs-Seen-Platte** fühlt sich Duisburg wie im Urlaub an. Auf einem Bord paddelt man stehend über das Wasser – wer erst üben möchte, kann eine Anfängerstunde buchen. Die Sechs-Seen-Platte ist ohnehin das Revier für Freizeitsportler. Jogger können um die Seen laufen, man kann Tretboote leihen oder ins Freibad am Wolfssee gehen. S. 92

Wer sich die Fahrt über eine der oft verstopften Autobahnbrücken sparen möchte, kann auch die **Fähre** nehmen. Früher gab es an zahlreichen Stellen entlang des Duisburger Rheinabschnitts Fährverbindungen. Zwischen Walsum und Orsoy braucht das Schiff nur ein paar Minuten und transportiert sowohl Pkws als auch Radfahrer und Spaziergänger. S. 144

Einen Flugzeugrumpf oder ein Piratenschiff unter Wasser entdecken – das kann man im **Tauchgasometer** im Landschaftspark oder im Tauchcenter Nullzeit in Meiderich. Beide Tauchgebiete wurden mit Liebe zum Detail von Ehrenamtlichen geschaffen. In Meiderich umkreisen sogar echte Störe und Goldfische die Taucher. Die tun nix, die wollen nur gucken! S. 142

Achtung, fertig – platsch: Früher oder später landet jeder auf der **Wasserski- und Wakeboard-Anlage Toeppersee**. Es sei denn, es handelt sich um absolute Profis im Wasser. Anfänger können einen Kurs buchen. Dann dürfen sie sich auf die Bretter stellen und ihre Runde drehen, oder es zumindest versuchen. Ein großer Spaß! S. 171

Rheinfähre

Spaß am Toeppersee

Duisburg für Familien

Bei diesen Ausflügen haben nicht nur die Erwachsenen, sondern auch Kinder Spaß.

Das **Explorado Kindermuseum** ist kein gewöhnliches Museum. Hier können Jungen und Mädchen zwischen vier und zwölf Jahren auf drei Etagen laut sein, alles anfassen und ausprobieren. Das macht Spaß und nebenbei schlau! S. 45

Ofensäue haben mit lebenden Schweinen nichts zu tun. Ob Hunde immer bellen und was es mit der Ofensau genau auf sich hat, lernen Besucher von acht bis zwölf Jahren bei einer Führung durch den **Landschaftspark**. Die Kinder dürfen zum Beispiel den Mantel und die Handschuhe von echten Hüttenwerkern anprobieren. Reservierung unbedingt empfohlen. S. 130

Minigolf spielen in cooler Kulisse: Beim **Moonlight-Minigolf** ist es ganz dunkel – nur die Dekoration, etwa Dinosaurier, Meeresbewohner und Ritter, leuchtet schön bunt. Die Bälle und Löcher kann man natürlich trotzdem sehen. S. 102

Das Spiel „Das verrückte Labyrinth“ ist ein Klassiker. In den **Escape Rooms**

Im Explorado Kindermuseum dürfen die Kinder alles anfassen und ausprobieren.

der Geschlossenen Gesellschaft findet man sich plötzlich in dem Spiel wieder und muss innerhalb einer Stunde versuchen, hinauszukommen. Um das zu schaffen, müssen einige Rätsel gelöst und Aufgaben erledigt werden. Geeignet für Kinder ab sieben Jahren. S. 50

Im verrückten Labyrinth

Im **Kom'ma Theater** werden Stücke für junge Zuschauer ab drei Jahren gezeigt. Die Schauspieler inszenieren die teils selbst entwickelten Geschichten fantasie-, liebe- und anspruchsvoll. S. 180

Oper ist nicht nur etwas für Ältere: **Junge Oper am Rhein** heißt das Programm, das sich an Kinder ab sechs Jahren richtet. Die farbenfrohen und aufwändigen Produktionen werden auf der großen Theaterbühne gezeigt. Außerdem gibt's das Format „Opernbaukasten", bei dem Kika-Moderator Malte Arkona erklärt, wie eine Oper entsteht. S. 75

Eintritt frei! Der **Wasserspielplatz am Parallelkanal** ist bei gutem Wetter ein beliebtes Ausflugsziel für Familien. Kinder können hier Wasser pumpen, Pirat spielen und matschen. Eltern bekommen gegenüber bei Michas Seehütte einen Kaffee. S. 92

In der Trampolinhalle **Superfly** geht's ganz schön rasant zu. Damit Kinder bis neun Jahren ungestört hüpfen können, ist die Fläche samstags und sonntags von 9 Uhr bis 10 Uhr nur für kleine Sportler reserviert. S. 50

GASTRO-TIPP:
Das Café Liebelein richtet sich gezielt an Eltern mit Kindern. Es gibt einen Spielbereich für den Nachwuchs, einen Parkplatz für Buggys und leckeren selbstgebackenen Kuchen. Für die Erwachsenen steht Cappuccino auf der Karte, für die Kinder Babyccino. S. 105

Kinder entdecken spielerisch Kunst: **„Kunst im Doppelpack"** lautet das Motto, wenn Teresa Grünhage im Lehmbruck-Museum Führungen für Babys und Kleinkinder samt Eltern anbietet. Die Erwachsenen bekommen Hintergründe erklärt, die kleinen Besucher dürfen sogar einige Kunstwerke anfassen. Die Themen der Führungen variieren und werden je einmal für bis Einjährige und für Ein- bis Dreijährige angeboten. Weitere Infos: www.lehmbruckmuseum.de. S. 44

Kunst erleben mit Kind

Mode made in Duisburg

Sicher gibt es Ecken im Ruhrgebiet, da ist die Jogginghose nicht nur Kleidungsstück, sondern Lebensphilosophie. Zum Glück haben es sich einige Designer zur Aufgabe gemacht, für neuen Chic zu sorgen.

Strick-Unikate und minimalistische Kleidungsstücke mit verspielten Details gibt's im **AT-elier**. Hinter der Kollektion steckt die Designerin Anna Termöhlen. Sie hat schon als Kind einen Nähkurs belegt und fertigt Outfits mit dem gewissen Extra. Die neue Kollektion ist eine Hommage an die Gemütlichkeit, im Dänischen „Hygge“. S. 80

Blick ins AT-elier

Hüte stehen jedem, davon ist Modistin Susanne Arnken überzeugt. Für alte Zeiten, die Geschichte(n) und Mode konnte sich die Duisburgerin schon immer begeistern. Ausdruck dessen ist ihre Liebe zum Hut. In ihrem Atelier **Rotkäppchens Tanten** gibt's eine große Auswahl an selbst gefertigten Hüten und Kappen. S. 81

In dem Laden von Andrea Schulte fühlt frau sich zurückversetzt in die 1950er Jahre. Unter dem Namen **Herzkleid** präsentiert sie Rockabilly-Mode, schwingende Petticoat- oder längere Boho-Kleider im 1920er Jahre-Stil samt passenden Accessoires. Kundinnen können sich Unikate für jeden Anlass schneidern lassen. S. 81

Herzkleid

Ursprünglich war Astrid Szibbat mal Kostümbildnerin und hat am Theater gearbeitet. Seit mehr als 20 Jahren fertigt sie nun Hüte, Kappen und Kopfbedeckungen für Frauen im besten

Alter. Regelmäßig veranstaltet sie in ihrer Werkstatt unter dem Titel **„Der Salon"** eine Hutprobe und lädt als Gäste andere Kreative ein. S. 153

Die Duisburger Werkstatt für Menschen mit Behinderung hat vor drei Jahren ein eigenes Modelabel namens **Esthétique** gegründet: Gemeinsam mit jungen Designern entwickeln inklusive Teams die Outfits, anschließend werden sie in der Duisburger Schneiderei von Menschen mit und ohne Behinderung genäht. Die Kollektion kommt so gut an, dass sie auch in Hamburg oder Berlin verkauft wird. In Duisburg gibt es die Mode im **AV Concept Store** zu kaufen. S. 82

Kleider für besondere Anlässe schneidert Designerin Gabriele Hoffmann von **Zauberkleid** den Frauen auf den Leib – gerne auch in großen Größen. Jede Anfertigung ist ein Einzelstück. Einige ihrer Kleider waren auch schon auf roten Teppichen zu sehen. Nur welche Schauspielerin bei ihr zur Anprobe kommt, verrät die Chefin nicht. S. 81

Zauberkleid

Esthétique

Mode mit Lokalkolorit: Die Shirts und Hoodies von **Stahlkind** zieren Stahlmotive wie eine alte Gießpfanne oder ein Hochofen. Erhältlich sind die Kleidungsstücke in Babygrößen bis XXXXL. Mittlerweile gibt es nicht nur Klamotten, sondern auch Fußmatten, Feuerzeuge oder Flaschenöffner. S. 182

Stahlkind

Jeder Schuh ein Unikat – Maßschuhe für Herren stellt Schuhmachermeister Dieter **Penschek** her. Bei ihm kann man(n) sich Budapester oder andere Modelle aussuchen und das passende Leder wählen. Leisten und Nähte werden dann industriell gefertigt. S. 118

Duisburg ganz weit draußen

Wer hätte das gedacht? Rund 70 Landwirte gibt es in Duisburg, die haupt- und nebenberuflich Höfe bewirtschaften. Unsere Ausflugstipps „janz" weit draußen – zum Einkaufen und Einkehren.

Der **Ellerhof** liegt im Mündelheimer Rheinbogen. Zur Saison gibt's Spargel von eigenen Feldern. Das ganze Jahr lohnt ein Besuch im Bauernhofcafé. Im Sommer kann man schön im Garten sitzen. Aufgetischt werden selbst gebackene Kuchen und kleine Gerichte. S. 106

In Serm wohnt eine echte Kartoffelkönigin. Lisa Blomenkamp vom **Hof Blomenkamp** hatte das Amt inne. Die Familie baut seit Generationen zahlreiche Kartoffelsorten an. Im Hofladen bekommt man die Knollen säckeweise. Außerdem anderes Gemüse, ebenfalls aus dem Stadtsüden. S. 116

Rosen Ruland

Zahlreiche Kartoffelsorten gibt es auf dem Hof von Bauer Blomenkamp.

Casa Castillo

Walsumer Hof

Ruhrschäfer

Ein Blick hinter das Kraftwerk in Walsum lohnt sich: Im Schatten des Kühlturms liegt der **Walsumer Hof**, ein beliebtes Fischlokal, in dem man unbedingt reservieren muss. Zum Rhein ist es nicht weit, der Garten lauschig. Tolles Ausflugsziel und leckeres Essen. S. 147

Der **Hof Enninghorst** ist der einzige bio-zertifizierte Hof in Duisburg. Hinter dem Wohngebiet werden Erdbeeren, Tomaten und Gemüse in großen Tunneln angebaut. Es gibt ein kleines Geschäft, in dem auch Bioland-Produkte anderer Höfe angeboten werden. Vor Ort kann man Kaffee trinken. S. 153

Am Rande des Lohheider Sees im Stadtteil Baerl liegt das **Casa Castillo** in einem umgebauten Bahnhof. Die Haltestelle ist von der Terrasse noch zu sehen, doch ein Zug fährt hier lange nicht mehr. Stattdessen kehren Spaziergänger in das Tapas-Lokal ein. S. 176

Frischer geht's nicht: Auf dem **Rosenhof** können Kunden ihr Gemüse selbst pflücken. Je nach Saison wachsen Bohnen, Spinat und anderes Gemüse. Angeschlossen ist ein kleiner Hofladen. S. 153

Bei **Rosen Ruland** blüht es, soweit das Auge reicht: Auf 130.000 Quadratmetern wachsen im Duisburger Süden langstielige Rosen. Der Großteil der Blumen wird in Holland vermarktet, vor Ort bekommt man aber auch Sträuße. S. 119

Viele Jahre hat der idyllische **Steinschenhof** den Supermarkt in Baerl ersetzt. Während die Erwachsenen durch das Geschäft bummeln, dürfen die Kinder den Schweinen und Eseln einen Besuch abstatten. S. 181

Florian Preis möchte ein moderner Hirte sein. Vor fünf Jahren gründete er seinen **Schäferbetrieb**. Um das Startkapital zusammenzubekommen, gab er zum Start sogenannte Schafaktien aus. Inzwischen gehören mehrere Dutzend Tiere zu seiner Herde. Er vermarktet Wolle und Fleisch. S. 155

Die besten Shops

„Berlin kann jeder, Duisburg muss man wollen", lautet der Wahlspruch von **Onkel Stereo**. Hier gibt's Schönes, Unnützes und originelle Duisburg-Andenken. Die beiden Ladenbesitzer lassen sich regelmäßig etwas Neues einfallen. S. 82

Für Michael Voigt ist die Welt eine Scheibe. Bei **33 1/3** stehen Jazz-, Klassik- und Beat-Platten der 60er und 70er Jahre im Regal. S. 87

Männer bekommen das Grausen, Frauen leuchtende Augen. Der **Knüllermarkt** ist vollgestopft mit Deko-Artikeln zu jeder Jahreszeit und jedem Anlass. Und während die Frauen stöbern, können die Männer im angeschlossenen Café ein Stück Kuchen essen. S. 85

Bienen Lindner

Bei **Bienen Lindner** werden Hobby-Imker und Honig-Liebhaber fündig. In einer umgebauten Scheune bekommt man sortenreinen Honig, Tee, Senf, Seife und für Imker entsprechendes Zubehör. S. 115

Doris mag Hundekekse.

Thunfisch-Schinken-Happen, Leberwurst-Herzen oder Hähnchentaler: Auch Hunde mögen Kekse. Bei **Gaby's Hundekekse** werden sie frisch gebacken. S. 84

Asien liegt im Hinterhof: Zu **Habitarium** kommen Kunden, die selbst gerne reisen und die asiatische Kultur mögen. Truhen, Schränke und andere Möbel aus dem Reich der Mitte warten auf neue Besitzer. S. 117

Im Habitarium gibt's Möbel aus Fernost.

Für Balkon-Brutzler und Profi-Griller ist die **BBQ-Company** die erste Adresse. Hier gibt es vom Einsteiger-Modell bis zur Outdoor-Küche alles. In der angeschlossenen Grillschule kann man Seminare belegen und lernt zum Beispiel, wie man perfekte Steaks, Burger oder sogar Fingerfood grillt. S. 118

Einmal Pirat sein oder in die Kleidung einer Diva aus vergangenen Zeiten schlüpfen: Der **Kostümverleih Kunterbunt** bietet Stoff, aus dem Träume sind, nicht nur zur Karnevalszeit. S. 182

Kostümverleih

Wie grillt man eigentlich das perfekte Steak? In der Grillschule der BBQ-Company wird es erklärt.

Rundgang durch die City

Vorbei an Sehenswürdigkeiten durch die Innenstadt

Der Rundgang beginnt an der Tourist Information, am Anfang der Königstraße. Die Königstraße gehörte seit jeher zum Zentrum von Duisburg. Schon 1850 waren hier Menschen mit Pferden unterwegs. Heute wird die Fußgängerzone von Einkaufszentren und Geschäften gesäumt.

Läuft man die Königstraße Richtung Steinsche Gasse, liegt zunächst auf der rechten Seite das **City-Palais**. Der moderne Bau wurde 2007 eingeweiht und vereint eine Shoppingmall, Gastronomie, das Casino und die Mercatorhalle. In der sogenannten „guten Stube der Stadt" geben die Duisburger Philharmoniker ihre Konzerte.

Direkt nebenan befindet sich der **König-Heinrich-Platz**. Im Sommer laden die Rasenflächen, Schwebende Gärten genannt, zum Verweilen ein. Von hier hat man einen schönen Blick auf historische und moderne Gebäude. Dabei sind auch die alten Häuser noch gar nicht so alt. Das Landgericht wurde in drei Abschnitten von 1874 bis 1912 errichtet. Auch das Theater im neoklassizistischen Stil wurde erst 1911 bis 1912 nach einem Entwurf des Architekten Martin Dülfer gebaut. Es ist die Spielstätte der Deutschen Oper am Rhein.

City-Palais

Kleine Verschnaufpause auf den „Schwebenden Gärten" in der City.

TIPP: Von Juni bis Ende August gibt's jeweils am ersten Donnerstag im Monat Live-Musik auf dem König-Heinrich-Platz. Unter dem Motto „Umsonst und draußen" starten die beliebten Konzerte jeweils um 19.30 Uhr.

Gegenüber der Rasenflächen befindet sich das **Forum**, eines der größten innerstädtischen Einkaufszentren bundesweit. Es lockt mit vielen bekannten Marken. In rund 80 Geschäften kann man nach Herzenslust shoppen. Zudem gibt es auch eine Kindertagesstätte, die Betreuung für den Nachwuchs anbietet, damit die Eltern in Ruhe stöbern können. Ins Einkaufszentrum ist übrigens eine Goldene Leiter integriert. Das Kunstwerk, entworfen von Johannes Brunner, misst 64,5 Meter und ragt von weitem sichtbar in den Himmel. Vom Karstadt-Dachterrassen-Restaurant kann man sich die Leiter aus der Nähe ansehen und hat gleichzeitig noch einen schönen Blick von oben auf die Fußgängerzone.

TIPP: Die Stadtwerke stellen entlang der Königstraße einen kostenlosen Wlan-Hotspot zur Verfügung. Einloggen und lossurfen.

Königsgalerie

Weiter geht's. Durch die Königstraße zieht sich die **Brunnenmeile**. Seit 1983 wurden nach einer Idee des Architekten Hartmut Rüdiger die Brunnen-Skulpturen installiert. Der Brunnen von André Volten wird im Volksmund „Waschmaschine" genannt. Legendar war die Mercatorkugel, die nun, allerdings ohne Wasserlauf, vor dem Kuhlenwall-Karree steht. Beliebter Treffpunkt ist der Lifesaver von Niki de Saint Phalle. Der bunte Vogel ist auch eines der häufigsten Fotomotive in Duisburg. Der Schiffsmaskenbrunnen und ein Wasserspiel am König-Heinrich-Platz machen die Brunnenmeile komplett. Am Ende der Fußgängerzone befindet sich das dritte Einkaufszentrum an der Königstraße – die **Königsgalerie**. Markenzeichen der Shoppingmall ist die auffällige Fassade, die die Krone von Heinrich I. symbolisieren soll.

Sie verlassen die Fußgängerzone und kreuzen die Steinsche Gasse Richtung Burgplatz. Der Platz, der heute vor allem von parkenden Autos genutzt wird, ist die Keimzelle der Stadt Duisburg. Hier stehen zwei bedeutende Gebäude: das **Rathaus** und die **Salvatorkirche**. Zum ersten Mal wurde das Rathaus als donum consulum im Jahr 1361 erwähnt.

Lifesaver

1566 zeigt der Corputiusplan neben der Salvatorkirche auf der Stelle des ehemaligen Königshofs ein kleines Gebäude – das Rathaus. Im Zuge der Industrialisierung verdoppelte sich die Einwohnerzahl der Stadt, deshalb musste ein größeres Gebäude her. Der Architekt Friedrich Ratzel bekam den Zuschlag, sein historisierender Bau gefiel den Stadtoberen am besten. Das Rathaus verfügt über zwei Innenhöfe und einen 67 Meter hohen Turm. Dahinter, am **Alten Markt**, kann man sich über die Geschichte des Platzes informieren. Hier ist auch eine alte Markthalle stilisiert dargestellt.

Die Salvatorkirche feierte im Jahr 2016 ihren 700. Geburtstag. Die Kirche ist damit eine der ältesten, ganz sicher aber die bedeutendste Kirche der Stadt. Die erste urkundliche Erwähnung datiert von 1316, doch auch zuvor wird es schon einen ersten Bau aus Holz gegeben haben. Bauherr des Gotteshauses war der Deutsche Orden, den Bau des Turms finanzierten auch die Bürger der Stadt mit. Nach der Fertigstellung diente dieser als Wachturm für die Stadt. Allerdings wurde er in seiner Geschichte mehrfach zerstört und wieder aufgebaut. Demnächst ist erneut eine Sanierung fällig, das Mauerwerk zeigt Risse. Salvator ist eine offene Kirche und kann dienstags bis samstags von 9 Uhr bis 17 Uhr besichtigt werden. Durch den Torbogen des Rathauses verlassen Sie den Burgplatz Richtung Schwanenstraße. Gehen Sie vorbei am Alten Markt Richtung **Innenhafen**. Nach wenigen Metern erreichen Sie die Buckelbrücke, die erste höhenverstellbare Brücke der Welt. Übrigens: Duisburg hat mehr Brücken als Venedig!

TIPP: Wer mehr über die Geschichte der Salvatorkirche erfahren will, kann am 1. Sonntag im Monat ab 15 Uhr an einer kostenlosen Führung teilnehmen.

Die Salvatorkirche (li.) und das Rathaus aus der Luft betrachtet.

Die Salvatorkirche ist Duisburgs bedeutendstes Gotteshaus.

Die Weiße Flotte legt am Steiger Schwanentor ab.

Rechts können Sie nun eine Runde durch den Innenhafen drehen – oder Sie folgen dem vorgeschlagenen Weg zurück – der geht auf der anderen Straßenseite weiter. Auf der anderen Seite liegt der Steiger Schwanentor. Hier beginnen die Hafenrundfahrten der Weißen Flotte. Am Calaisplatz steht noch ein Überbleibsel der alten Stadtmauer. Der Turm stammt aus dem 13./14. Jahrhundert. Über die Münzstraße geht es durch die Altstadt zurück.

In der Altstadt bemühen sich die Geschäftsleute den lange in Vergessenheit geratenen Teil der Innenstadt wieder aufleben zu lassen. Vorne mit dabei ist die Inhaberin des Knüllermarkts, die die **Münzstraße** stets jahreszeitlich schmückt. Inzwischen gibt es einige kleine Läden, die den Besuch lohnen.

Zurück an der Steinschen Gasse, mit Blick auf die Königsgalerie, halten Sie sich rechts. Nach ein paar Schritten erreichen Sie die neue Stadtbücherei. Architekten und Büchereileiter aus zahlreichen Städten waren hier schon zu Gast, um sich anzuschauen, wie man eine moderne **Bibliothek** gestalten kann. Ein Blick hinein lohnt. In der dritten Etage befindet sich eine hochkarätige Sammlung historischer Bücher. Die rund 3.500 Druckwerke geben einen Überblick über die Geschichte des Buchs seit dem 14. Jahrhundert.

Vor der Bücherei überqueren Sie die Straße und biegen an der Kreuzung links in die Friedrich-Wilhelm-Straße ab. Noch einmal links gelangen Sie zur Untermauerstraße, wo sich der City Grill befindet. Hier hat schon Alt-Kanzler Schröder Currywurst gegessen.

Die neue Stadtbibliothek

Wenn Sie den Friedrich-Wilhelm-Platz kreuzen und in die Goldstraße gehen, gelangen Sie zum **Dellplatz**. In dem beliebten Ausgehviertel befinden sich zahlreiche Kneipen und das kommunale Kino Filmforum. Außerdem befindet sich hier die Kleinkunstbühne Säule sowie das Atelierhaus an der Goldstraße.

Im Webster gibt es selbst gebrautes Bier und im Grammatikoff oft Live-Musik und Partys. Bei so viel Kultur mag auch die Kirche nicht außen vor bleiben. Die Gemeinde St. Joseph beteiligt sich mit „Abendmusik". Regelmäßig freitags finden hier Konzerte statt, mal klassisch, mal modern. Einmal im Jahr wird der Dellplatz selbst mit dem Platzhirsch-Festival belebt.

Im Webster wird selbst gebraut.

Überqueren Sie den Platz Richtung Dellstraße. In der kleinen Straße lohnen das Café oder, weiter zur Düsseldorfer Straße hin gelegen, das Mimi e Rosa einen Besuch.

Auf der anderen Seite der Düsseldorfer Straße beginnt der Kantpark. Die Beete und Wege in der grünen Oase mitten in der Stadt werden derzeit modernisiert, und es wird auch ein neuer Spielplatz geschaffen. Am Rande des Parks (an der Tonhallenstraße) ist das Urban-Gardening-Projekt „Kants Garten" entstanden. In dem Park befinden sich auch zwei wichtige Kulturinstitutionen der Stadt. Das **Lehmbruck-Museum** ist eines der bedeutendsten Skulpturenmuseen und zieht Interessierte aus aller Welt nach Duisburg. In der **Cubus Kunsthalle** bekommt man auch einen Überblick über die Duisburger Kunstszene.
Von der Cubus Kunsthalle folgen Sie der Friedrich-Wilhelm-Straße – und gelangen zum Hauptbahnhof. Die Tourist Information erreichen Sie wieder, wenn Sie links der Mercatorstraße folgen.

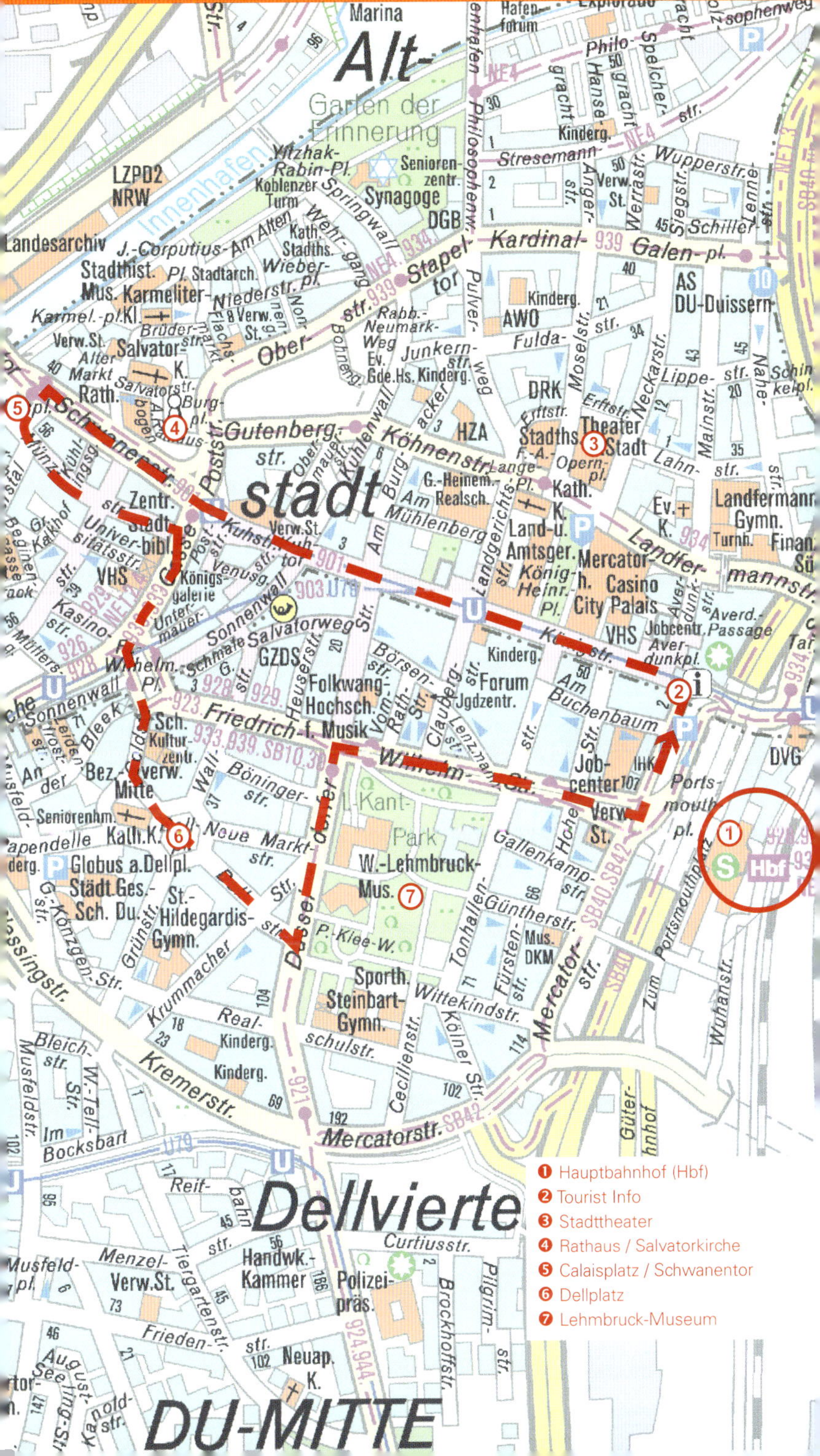

Altstadt
Dellviertel
DU-MITTE
Garten der Erinnerung
Innenhafen
Marina
Synagoge
Landesarchiv
LZPD2 NRW
Stadthist. Mus.
Kardinal-Galen-pl.
Königstr.
Friedrich-Wilhelm-Str.
Mercatorstr.
Kremerstr.
Kant-Park
W.-Lehmbruck-Mus.
Hbf
1 Hauptbahnhof (Hbf)
2 Tourist Info
3 Stadttheater
4 Rathaus / Salvatorkirche
5 Calaisplatz / Schwanentor
6 Dellplatz
7 Lehmbruck-Museum

Fahrradtour durch die Stadtmitte (15,3 km)

Die Tour beginnt am Hauptbahnhof und führt zu den Sehenswürdigkeiten um die Innenstadt herum.

TIPP: Bei der Radstation am Ostausgang des Hauptbahnhofs kann man sich Räder leihen.

Fahren Sie in die Klöcknerstraße auf die **Ludgerikirche** zu. Rund um das Gotteshaus haben sich einige interessante gastronomische Angebote wie die Pommeserei, der Nudelgarten oder die Kneipe Ostende etabliert. Für eine Pause ist es allerdings noch zu früh. Queren Sie den (Park-)Platz zur Oststraße und fahren weiter geradeaus durch die kleine Neudorfer Fußgängerzone über die Grabenstraße hinweg bis zum Sternbuschweg. Biegen Sie links ab.
Nach rund 500 Metern liegt rechter Hand der **Finkenkrug**. Hier werden Biere aus aller Welt ausgeschenkt.

Bergmannsampel

Nach 450 Metern biegen Sie rechts ab in die Mülheimer Straße. Fährt man die Mülheimer Straße 600 Meter weiter Richtung Mülheim, liegt auf der linken Seite der **Duisburger Zoo**.
Ein paar Meter weiter befindet sich übrigens die erste Duisburger Bergmannsampel. Erfunden wurde sie, um den Kumpeln zum Abschied von der Kohle ein Denkmal zu setzen. Andere Städte wollen nun ebenfalls Bergmannsampelmännchen einführen.

Möchten Sie die Radtour fortsetzen, drehen Sie wieder um, und fahren zurück bis zur Lotharstraße und biegen ab. Auf der linken Seite befinden sich Rundbauten der Universität Duisburg-Essen, im Volksmund **Keksdosen** genannt. In den Gebäuden lernen etwa die Maschinenbauer, Physiker und angehenden Ingenieure. Der Name Keksdosen geht auf eine pfiffige Idee von Studenten aus den 1980er Jahren zurück. Als die Gebäude eingeweiht wurden, standen nur 35 Plätze für ein physikalisch messtechnisches Praktikum zur Verfügung.

Die Keksdosen

Allerdings gab es pro Semester rund 160 Studenten, die dieses Praktikum unbedingt benötigten, um weiter studieren zu können. Damalige Maschinenbaustudenten kamen deshalb auf die Idee, die Fassade als Werbefläche an Bahlsen oder andere Kekshersteller zu vermieten, um das Geld in bessere Arbeitsbedingungen zu investieren. 2003 wurde die Gerhard-Mercator-Universität mit der Universität-Gesamthochschule Essen zusammengelegt. Der Duisburger Standort verteilt sich auf zahlreiche Gebäude in der Stadt. Insgesamt studieren heutzutage rund 43.000 Nachwuchswissenschaftler an der Uni Duisburg-Essen.

Wenn Sie der Lotharstraße folgen, sehen Sie noch weitere Institute der Uni und auch das neu gebaute Audimax. Die Lotharstraße wird im Verlauf zur Mozartstraße und trifft an deren Ende auf die Koloniestraße. Sie überqueren die Straße und fahren nach links in die Kruppstraße Richtung **Sportpark Wedau**. Hinter einer Unterführung geht's rechts zur beliebten Sport- und Freizeitanlage. Zunächst sehen Sie links die Regattabahn und den Parallelkanal. Hier werden regelmäßig internationale Wettbewerbe ausgetragen.
Neben Ruderern drehen hier zahlreiche Jogger ihre Runde im Schatten der MSV-Arena. Die Strecke ist fünf Kilometer lang. Kletterfreunde, Wasserski- und Eishockey-Fans kommen ebenfalls im Sportpark auf ihre Kosten.

Wenn Sie den Sportpark hinter sich gelassen haben, biegen Sie von der Kruppstraße nach rechts in den Kalkweg. Wenn dieser endet, halten Sie sich links und fahren hinter der Unterführung wieder links zur Düsseldorfer Straße. Nach 200 Metern biegen Sie rechts ins Industriegebiet an der Paul-Esch-Straße ab. Auf der rechten Seite können Sie schon von weitem den alten **Wasserturm** sehen. In rund 50 Metern Höhe befindet sich das Panorama-Café, von dem man einen schönen Ausblick hat und in dem türkisches Frühstück serviert wird.

Panorama-Café

Folgen Sie der Paul-Esch-Straße, die nach weiteren 100 Metern nach links abknickt. Am Ende erreichen Sie an einer Kreuzung die Wanheimer Straße. Auf der anderen Straßenseite befindet sich der **Rheinpark**, ein Naherholungsgebiet, das den Strukturwandel in der Stadt dokumentiert. 150 Jahre zuvor war das Gelände von der Schwerindustrie genutzt worden. Als das Walzdrahtwerk schloss, bot sich für die Stadt die Chance, den Duisburgern ein Stück Grün am Rhein zurückzugeben. Viele Flusskilometer sind nämlich bis heute industriell genutzt. Skater aus dem ganzen Ruhrgebiet kommen zum Rheinpark, um hier ihre Tricks zu üben. Für kleinere Kinder gibt es Spielplätze. Rund 3.000 Bäume wurden neu gepflanzt. Neben einer 25 Hektar großen Wiesenlandschaft entstand auch ein Strand.

Im Rheinpark ist ein Stück Stadtstrand entstanden.

TIPP: Im Rheinpark lohnt ein Stopp!

Hier können Besucher die Seele baumeln und es sich im Ziegenpeter gut gehen lassen. In dem Café arbeiten Menschen mit und ohne Behinderung. Serviert werden leckerer Kuchen oder herzhafte Kleinigkeiten.

Nachdem Sie eine Runde durch den Park gedreht haben, verlassen Sie das Gelände wieder zur Wanheimer Straße Richtung Hochfeld. Der Stadtteil ist in den vergangenen Jahren oft in die Schlagzeilen geraten – in Hochfeld wohnen Menschen vieler Nationen. Zuletzt zogen tausende Menschen aus Bulgarien und Rumänien her. Die Migrationsgeschichte des Stadtteils ist freilich länger, bereits in den 1960er Jahren zogen Türken und Italiener hierhin, weil sie in den benachbarten Werken Arbeit fanden. Die Wanheimer Straße säumen internationale Geschäfte, Restaurants, Bäckereien und Wettbüros. Hier ist immer etwas los und in den Lokalen gibt's bis spät in die Nacht unter anderem türkische Spezialitäten zu essen.

TIPP: Mittwochs und samstags findet an der Saarbrücker Straße / Ecke Fröbelstraße einer der besten Märkte der Stadt statt.

Die Wanheimer Straße mündet in die Heerstraße. Diese führt Sie direkt vorbei am **Theater am Marientor**, das auf der rechten Seite liegt. Es ist die Adresse für Shows und Musicals in Duisburg.

Überqueren Sie die Kreuzung. Nun nähern Sie sich über die Steinsche Gasse wieder der Innenstadt. Auf der linken Seite sehen Sie zunächst die **Zentralbibliothek** im Stadtfenster und auf der rechten Seite die Königsgalerie. Wenn Sie der Straße weiter folgen, kommen Sie links am Rathaus und der Salvatorkirche vorbei. Biegen Sie links von der Hauptstraße in den Flachsmarkt, der direkt zum Johannes-Corputius-Platz führt. Zwischen Stadtmauer und Marina bekommen Sie im **Kultur- und Stadthistorischen Museum** einen Überblick über die Duisburger Stadtgeschichte. In den Sommermonaten findet auf dem Platz auch der Marina-Markt statt.

Kultur- und Stadthistorisches Museum

Nach rechts erstreckt sich der Innenhafen. Zunächst passieren Sie den **Garten der Erinnerung**, der direkt vor dem Zentrum der Jüdischen Gemeinde und der Synagoge liegt. Der Park ist 1999 nach Plänen des Land-Art-Künstlers Dani Karavan entstanden. Das halb abgerissene Gebäude, Überbleibsel früherer Firmen, wurde bewusst in die Grünfläche integriert und dient heute als Bühne bei Veranstaltungen. Im Ludwigturm finden Ausstellungen statt. In einem weiteren Gebäude hat das Künstler-Duo Gerhard Stäbler und Kunsu Shim mit dem **Earport** einen Ort für experimentelle neue Musik und Performances geschaffen.

Synagoge im Innenhafen

Das Gebäude „Five Boats" am Abend.

Weiter geradeaus geht es über den Portsmouthdamm zur **Gastronomiemeile des Innenhafens**. Wo heute der Innenhafen liegt, floss vor vielen Jahrhunderten der Rhein. Etwa im Jahre 1.000 verlagerte der Rhein sein Bett und Duisburg war vom Fluss abgeschnitten. Erst im 19. Jahrhundert wurde die Verbindung zum Rhein wiederbelebt. Zuerst ließ sich die Holzindustrie im neuen Hafen nieder, doch als diese wegen neuer Produktionsmaschinen nicht mehr so viel Platz brauchte, zogen Getreidemühlen in die Speicher ein. Dieser Umstand verlieh dem Innenhafen auch den Namen „Brotkorb des Ruhrgebiets". Doch in den 1960er Jahren vergrößerte sich wieder der Leerstand am Innenhafen. Erst im Rahmen der Internationalen

Bauausstellung Emscher Park wurde dem Gebiet neues Leben eingehaucht. Ein Teil der Gebäude wurde unter Denkmalschutz gestellt. Es entstanden Wohnhäuser und Büros. Heute tragen die (Innen-)Hafenarbeiter Anzug und Krawatte. In die unteren Etagen zogen Restaurants und Kneipen ein. Auch das **Kindermuseum Explorado** und das **Museum für Moderne Kunst Küppersmühle** haben ihren Sitz am Innenhafen. So wurde aus dem ehemaligen Industrieareal am Wasser ein beliebtes Ausflugsziel.

Am Ende des Innenhafens wechseln Sie auf die Straße Philosophenweg und fahren unter der Autobahnbrücke A 59 auf die Hansastraße. Nach 500 Metern befindet sich auf der linken Seite, mitten im Wohngebiet, die empfehlenswerte Bäckerei Omma Paula. Die Stücke Kuchen kann man hier allerdings nur mitnehmen.

Von der Hansastraße geht's geradeaus durch den Kreisverkehr. Sie bleiben auf der Hansastraße. Nach 500 Metern biegen Sie rechts in den Goerdeler Park ab – eine Abkürzung zur Mülheimer Straße Richtung Hauptbahnhof. Haben Sie den Park hinter sich gelassen, sehen Sie schon wieder den Hauptbahnhof.

TIPP: „Metropolradruhr" hat seine Räder beispielsweise am Innenhafen, Hauptbahnhof, auf der Königstraße oder an der Uni stationiert. 30 Minuten kosten 1 Euro, pro Tag sind es maximal 9 Euro.

❶ Start Hauptbahnhof
❷ Zoo
❸ Rheinpark
❹ Theater am Marientor
❺ Rathaus / Salvatorkirche
❻ Kultur- und Stadthistorisches Museum
❼ Explorado
❽ Museum Küppersmühle
DUISBURG
Duissern
Alt-stadt
Dellviertel
DU-MITTE
Neudorf-Nord
Neudorf-Süd
Wanheimerort
Wedau
Hauptbahnhof
Hbf
Zoo
Universität Duisburg-Essen
Kaiserberg
AK Duisburg
AK Duisburg Kaiserberg
Marina
Hafenkanal
Ruhr
Ruhrschleuse
Schleuse
Stahlwerk
Alter Friedhof
Waldfriedhof
Rehwiesen
Bertasee
Barbarasee
Schauinsland Arena
Schwimmstadion
Strandbad
Dtsch. Kanuverb.
Kanu-Leist. Zentr.
AS Du.-Duissern
AS Du.-Zentrum
AS Du.-Hochfeld
AS Du.-Wanheim Sportpark
AS Du.-Wedau
Bf Du.-Hochfeld Süd
Bf Du.-Schlenk
Bf Du.-Bissingh.
Mülheimer Str.
Mercatorstr.
Neue Fruchtstr.
Neudorfer Str.
Bismarckstr.
Sternbuschweg
Kammerstr.
Koloniestr.
Lotharstr.
Lohr Str.
Karl-Jarres-Str.
Düsseldorfer Str.
Heerstr.
Wanheimer Str.
Paul-Esch-Str.
Kalkweg
Kardinal-Galen-Str.
Landfermannstr.
Oranienstr.
Schifferstr.
Ruhrdeich
Auf der Höhe
Ruhrorter Str.
Wörthstr.
Sedanstr.
Kulturstr.
Nikolaistr.
Fischerstr.
Im Schlenk
Rheintörchenstr.
Forststr.
Neuenhofstr.
Wacholderstr.
Wedauer Str.
Uhlenhorststr.
Emmericher Str.
Meidericher Str.
Schweizer Str.
Sympherstr.
Berliner Brücke
Wintgensstr.
Plessingstr.
Kremerstr.

MUSEEN & GALERIEN

Das **Lehmbruck-Museum** gehört mit seiner mehr als 100-jähigen Geschichte zu den traditionsreichsten Museen Deutschlands. Das architektonisch markante Gebäude, das Manfred Lehmbruck als Sohn des Künstlers entwarf, wurde 1964 eröffnet. Es ist eines der wichtigsten Skulpturenhäuser in Europa. Die Sammlung internationaler Skulptur- und Objektkunst bildet den Kern. Der Nachlass von Wilhelm Lehmbruck umfasst 100 Plastiken, 40 Gemälde, 900 Zeichnungen und 200 Druckgrafiken. Weitere Schätze der Sammlung stammen von unterschiedlichen Künstlern aus den Bereichen Malerei, Grafik, Fotografie und Videokunst. Die Dauerausstellung mit Schlüsselwerken Wilhelm Lehmbrucks, darunter „die Knieende" oder „der Gestürzte", wird immer wieder ergänzt mit wechselnden Schauen aktueller Bildhauer. Das Museum befindet sich im etwa sieben Hektar großen Kantpark. Dort können mehr als 40 Skulpturen so bedeutender Künstler wie Henry Moore, Hans-Peter Feldmann und Meret Oppenheim bestaunt werden. Neben Führungen für Kunstinteressierte gibt es auch tastende Begegnungen für blinde Menschen oder solche für Demenz-Erkrankte. Familien mit Kindern können sich an einem eigens für sie entwickelten Plan orientieren.

Friedrich-Wilhelm-Straße 40 (Innenstadt), Di–Fr 12–17 Uhr,
Sa & So 11–17 Uhr,
Eintritt 9 Euro (ermäßigt 5 Euro),
H Lehmbruck Museum,
Tel. 0203/2833294,
www.lehmbruckmuseum.de.

Blick in den Lehmbruck-Trakt

Das **Museum Küppersmühle** für Moderne Kunst zeigt auf rund 2.500 Quadratmetern Highlights aus der Sammlung Ströher, einer der umfangreichsten Sammlungen deutscher Kunst nach 1945. Der Fokus liegt auf der Malerei. Zu sehen sind künstlerische Positionen etwa von K.O. Götz, Georg Baselitz, Anselm Kiefer, Markus Lüpertz, Otto Piene oder Gerhard Richter. Insgesamt umfasst die Sammlung 1.500 Werke. Ergänzt wird das Programm mit Wechselausstellungen und Retrospektiven. Nach Plänen der Architekten Herzog & de Meuron wird das Museum derzeit um 2.500 Quadratmeter erweitert. Die Bauarbeiten dauern bereits Jahre. Die Eröffnung des schlichteren Anbaus soll 2019 sein. Highlight: In etwa 40 Metern Höhe entsteht eine Aussichtsplattform, die einen 360-Grad-Blick über den Innenhafen ermöglicht. Öffentliche Führungen gibt's jeden Sonntag um 15 Uhr. Darüber hinaus werden Themenführungen angeboten, etwa unter dem Titel „Kunst und Genuss".

Philosophenweg 55 (Innenhafen),
Mi 14–18 Uhr, Do–So & Feiertage 11–18 Uhr, Eintritt 9 Euro (ermäßigt 4,50 Euro),
H Küppersmühle, Tel. 0203/30194810,
www.museum-kueppersmuehle.de.

Moderne Kunst in der Küppersmühle

Die Sammlung des Museums **DKM** vereint zeitgenössische Kunst seit den 60er Jahren des 20. Jahrhunderts, historische und aktuelle Werke aus Südostasien, Gefäße aus 5.000 Jahren Kulturgeschichte und Kunst aus Alt-Ägypten, von denen momentan nur wenige ausgestellt sind. 2009 eröffneten die Sammler Dirk Krämer und Klaus Maas das Museum. Der Name leitet sich von den Vornamen der Gründer ab. Das Privatmuseum wird bundesweit beachtet. In 51 Räumen werden über 1.000 Ausstellungsstücke präsentiert, darunter Grafiken von Blinky Palermo und Objekte von Ai Weiwei.

Güntherstraße 13 (Innenstadt),
Sa, So & Feiertage 12–18 Uhr,
1. Fr. im Monat 12–18 Uhr (Sonderöffnung nach Vereinbarung),
Eintritt 10 Euro (ermäßigt 5 Euro),
H Hauptbahnhof, Tel. 0203/93555470,
www.dkm.31m.de.

Das **Kultur- und Stadthistorische Museum**, teilweise untergebracht in einem alten Getreidesilo unweit der Stadtmauer, zeigt die Stadtgeschichte Duisburgs von der Steinzeit bis zur Gegenwart. Im Mittelpunkt der Präsentation stehen die mittelalterliche Stadt, der Kartograf Gerhard Mercator und sein Wirken sowie das Leben in der ehemaligen Stadt Montan um 1900. Ein wiederkehrendes Thema ist die Migration von anderen Bevölkerungsgruppen – gewissermaßen ist ja auch der Gelehrte Mercator aus Flandern nach Duisburg zugewandert. Zur Sammlung gehören außerdem Münzen der Köhler-Osbahr-Stiftung. Führungen nach Vereinbarung.

Johannes-Corputius-Platz 1
(Innenhafen), Di–Sa 10–17 Uhr,
So 10–18 Uhr, Eintritt 4,50 Euro
(ermäßigt 2 Euro)
H Landesarchiv NRW,
Tel. 0203/2832640,
www.stadtmuseum-duisburg.de.

Museum zum Mitmachen

„So schlau macht Spaß" lautet das Motto des **Explorado-Kindermuseums**. In einer riesigen Mitmachausstellung lernen die jungen Besucher auf drei Etagen spielerisch die Phänomene des Alltags kennen. In einem Filmstudio kann man beispielsweise selbst Moderator spielen, auf der Baustelle Berufe ausprobieren und in einem Sandkasten Funde ausbuddeln. In wechselnden Ausstellungen werden Themen wie Klimawandel kindgerecht aufbereitet. Geeignet ist

der Besuch für Vier- bis Zwölfjährige. Klassen können Schulstunden in einem sogenannten Clever-Labor buchen. Für Kindergeburtstage gibt es Motto-Nachmittage.
Philosophenweg 23–25 (Innenhafen) Di–Do 15–18 Uhr, Fr–So 10–19 Uhr (in den Ferien täglich 10–19 Uhr), Eintritt 16,50 Euro, Familienticket (drei Personen) 44,50 Euro, H Hansegracht, Tel. 0203/29823340, www.explorado-duisburg.de.

Die **Cubus Kunsthalle** liegt unweit des Lehmbruck-Museums im Kantpark. Hier werden Positionen zeitgenössischer Kunst gezeigt, ohne sich auf eine Richtung festzulegen. Ein Schwerpunkt liegt auf der Förderung der örtlichen freien Szene, etwa mit einem Markt, der im Dezember und Januar zahlreiche Duisburger Künstler vorstellt und bei dem diese ihre Werke zum Kauf anbieten. Wechselnde Ausstellungen.
Friedrich-Wilhelm-Straße 64 (Innenstadt), Mi–So 13–18 Uhr, Eintritt frei, H Hauptbahnhof, Tel. 0203/26236, www.cubus-kunsthalle.de.

Mitten im Parallelhafen, wo man am wenigsten einen Kunstraum erwartet, befindet sich das Atelierhaus **Hafenkult**. Ein altes Bürogebäude aus den 1970er Jahren ist zum Heimathafen für 15 Künstler und Designer geworden. Sie organisieren Ausstellungen, lassen sich beim Arbeiten über die Schulter schauen oder veranstalten Workshops.
Am Parallelhafen 12 (Neuenkamp), Öffnungszeiten nach Vereinbarung, Eintritt frei, H Tierheim, Tel. 0178/1462029 oder 0171/3139414, www.hafenkult.de.

Das **Kunsthaus am Weidenweg** ist die Plattform des Kunstvereins Duisburg. Auf drei Etagen haben Künstler ihre Ateliers, außerdem gibt es drei Räume, in denen wechselnde Ausstellungen gezeigt werden. Neben den Werken der Mitglieder werden auch immer wieder Gast-Künstler eingeladen, ihre aktuellen Werke zu präsentieren. Die obere Etage firmiert auch unter „Galerie ganz oben".
Weidenweg 10 (Kaßlerfeld), Öffnungszeiten Ausstellungen Fr & Sa 17–20 Uhr, So 14–18 Uhr und nach Vereinbarung, Eintritt frei, H Landesarchiv NRW, Tel. 0203/7187841, www.kunstverein-duisburg.de.

Mareike Engelke, Künstlerin im Hafenkult

Im Städtischen **Atelierhaus Goldstraße** arbeiten 15 Künstler, Maler, Bildhauer und Fotografen. Im Innenhof leben außerdem ein paar Hühner namens „Vorzüglich" oder „Unglaublich". Sie sind Teil eines Kunstwerks und gehören der Fotografin Susan Feind, die die ersten 350 gelegten Eier fotografiert und dokumentiert hat. Regelmäßig finden Ausstellungen statt.
Goldstraße 15 (Dellviertel), Eintritt frei, Öffnungszeiten nach Vereinbarung, H Steinsche Gasse, Tel. 0203/27277, www.goldstrasse-15.de.

Sven Hohmann alias Lisnoir ist Duisburgs Bling-Bling-Künstler. Für seine Serie Pinkpop hat er glitzernde Hirschgeweihe gefertigt. Aktuell arbeitet er mit Tape-Art. In seiner **Galerie Lisnoir** zeigt er aber auch andere Künstler aus Duisburg und Umgebung, die zumeist einen poppigen künstlerischen Stil pflegen. Für alle, die sich selbst künstlerisch ausprobieren wollen, gibt's eine Kunstschule und Kursangebote.
Düsseldorfer Straße 32,
Mi–Fr 13–18 Uhr, Sa 11–16 Uhr,
H König-Heinrich-Platz,
Tel. 0175/5151212, www.lisnoir.de.

Lisnoir setzt auf poppige Kunst.

Die Abkürzung **SG1** steht für die Adresse Schmale Gasse 1. In dem ehemaligen Second-Hand-Laden Kaufrausch mit der pinken Fassade befindet sich nun ein Kunstraum. Betrieben wird er von den Künstlerinnen Stacey Blatt, Christina Böckler und Luise Hoyer. Sie sind in der Szene bestens vernetzt und geben Künstlern Raum, ihre Werke auszustellen. Der Eintritt ist frei, wer mag, darf etwas spenden.
Schmale Gasse 1 (Innenstadt),
Mo 17-20 Uhr und nach Vereinbarung,
H Steinsche Gasse,
Tel. 0203/60498944,
www.sg1-kunstraum.de.

SPORT & FREIZEIT

Der **Zoo** ist einer der bekanntesten und beliebtesten Sehenswürdigkeiten in Duisburg. Der Tierpark wurde 1934 gegründet. Seitdem hat sich natürlich viel geändert, so wurden in den vergangenen Jahren viele Tierhäuser umgebaut. In der Tropenhalle Rio Negro wird etwa die typische Tierwelt Südamerikas gezeigt. Durch riesige Scheiben kann man hier den Amazonas-Flussdelfinen zuschauen. An Land leben hingegen die farbenprächtigen Tukane oder verschiedene Echsenarten. Als einer der wenigen Tierparks werden in Duisburg auch Delfine gezüchtet und gezeigt. Im Zoo befindet sich auch ein Chinesischer Garten, in dem Paare gerne heiraten. 1988 entsandte Duisburgs Partnerstadt Wuhan eine Kolonne Facharbeiter, um typische chinesische Bauten zu errichten und Teiche mit allerlei Lotusblüten und Bambuspflanzen anzulegen. Es gibt also viel zu entdecken.
Der Eintritt kostet für Erwachsene inkl. Delfinvorführung 16,90 Euro,
Kinder (3–17 Jahre) zahlen 9,90 Euro.
Mülheimerstraße 273 (Duissern),
Kassenöffnungszeiten 9–17.30 Uhr (Sommer) & 9–16 Uhr (Winter),
H Zoo/Uni, Tel. 0203/305590,
www.zoo-duisburg.de.

Am Fuße des Kaiserbergs liegt der **Botanische Garten** Duissern, einer der gepflegtesten Parks in Duisburg. In den Beeten wachsen etwa Arznei- und Gewürzpflanzen sowie zahlreiche Rosen. Es gibt Teiche – und eine Galerie mit Stühlen zum Verweilen.
Eintritt frei. Schweizer Straße 24 (Duissern), Mo–So 8–21 Uhr,
H Am Botanischen Garten

Wo einst das altehrwürdige Wedau Stadion stand, wurde 2005 die Multifunktionsarena des **MSV** eingeweiht. Die Zebras bestreiten in der Schauinsland-Arena ihre Heimspiele. Das Stadion bietet 31.500 Fußballfans Platz. Die Nordkurve ist für die MSV-Anhänger reserviert und Zebra-Maskottchen Ennatz heizt den Zuschauern bei jedem Spiel ordentlich ein, damit die Jungs auf dem Platz angefeuert werden. Die Arena ist 205 Meter lang, 165 Meter breit und das Dach ist 26 Meter hoch. Wer noch mehr Details über das Stadion erfahren möchte – es werden für Gruppen oder auch Einzelpersonen regelmäßig Stadionführungen angeboten. Fans haben übrigens ein MSV-Museum gegründet.

Margarethenstraße 5–7 (Neudorf), H MSV-Arena, Tel. 0203/93100, www.msv-arena.de.

Er ist 16 Meter hoch, mit einer steilen Felswand ausgestattet und bietet Hobby-Kletterern eine Herausforderung: **Der Kletterverein Duisburg** hat aus einem ehemaligen Luftschutzbunker eine Kletteranlage gemacht. Seitdem kann man hier die Wände hoch gehen. Jeden Mittwoch findet ein Treffen statt. Im Sommer können sonntags auch Nicht-Mitglieder die Anlage nutzen.

Rudolf-Schock-Straße 10 (Hochfeld), H Hochfeldstraße, Öffnungszeiten nach Absprache (Kontakt: info@kletterverein-duisburg.de), www.kletterverein-duisburg.de.

Die **Wildschweine** sind die Attraktion für Spaziergänger im Stadtwald. Inzwischen lebt in dem Gehege eine komplette Schweine-Großfamilie. Wenn man etwas zu futtern mitbringt, kommen sie neugierig an den Zaun.

Zugang über Aktienweg (zu Fuß 10 Minuten ab Lotharstraße), H Bürgerstraße.

Der ausrangierte Bunker in Hochfeld dient als Kletterwand.

Über 220 Kletterelemente geht's durch die Baumwipfel an der Regattabahn. Bis zu 16 Meter hoch ist der Hochseilgarten. Ganz Mutige rutschen mit Rollen an einem Seil über den Parallelkanal. Man kann sich aber erst einmal langsam steigern, insgesamt hat **Tree2Tree** 15 Parcours zu bieten. Für Kinder gibt es leichte Varianten, sie sollten aber fünf Jahre alt und 1,10 Meter groß sein.

Kalkweg 153 (Neudorf), Mo–Fr 11–19 Uhr, Sa & So 10–19.30 Uhr (Öffnungszeiten variieren nach Jahreszeiten, Kinder zahlen 12 Euro, Erwachsene 25 Euro, H Städtische Kliniken, Tel. 01805/873328733, www.tree2tree.de.

PROMI-TIPP

MSV-Ikone Ivo Grlic

Duisburg ist die Stahlstadt im Ruhrgebiet – also steht an erster Stelle der Besuch im Landschaftspark Nord. Das liebevoll renaturierte alte Industrieareal zeigt ein ganz wichtiges Stück unserer Stadtgeschichte und lädt dabei zum Entdecken und Schlendern zwischen alter Hochofenkulisse und frischer Natur ein. Immer wieder faszinierend – wussten Sie, dass den Landschaftspark mehr Menschen besuchen als den Kölner Dom?
Natürlich gehört ein Besuch bei einem MSV-Heimspiel bei uns in der Schauinsland-Reisen-Arena unbedingt dazu. Wir „Zebras" sind vielleicht nicht die großen Titelsammler, aber wie die Duisburger in guten und vor allem auch in schlechten Zeiten hinter ihrem Verein stehen, das gibt es in Deutschland wohl kein zweites Mal.
Ein Heimsieg lässt sich natürlich am besten mit einem kühlen König Pilsener feiern – schließlich kommt das gute „Köpi" direkt aus unserer Stadt. Vielleicht im König Pilsener Wirtshaus im trendigen Duisburger Innenhafen? Oder im Walsumer Brauhaus Urfels, gleich über der Quelle des guten Rheinfels-Mineralwassers, Grundlage auch für die ebenfalls aus Duisburg stammende und weltbekannte Sinalco-Cola? Hier wie da gibt's auch gleich das passende Abendessen dazu. Und am Abend lockt jede Menge Kultur und Szene, ob in der Oper am Rhein, im Theater am Marientor oder den vielen Clubs mit Live-Musik oder einfach tollen Menschen. Die Nacht in Duisburg kann jedenfalls verdammt kurz werden …
Ivo Grlic spielte von 2004 bis 2011 beim MSV Duisburg und erlebte mit den Zebras in dieser Zeit, teilweise als Kapitän, Höhen und Tiefen der Mannschaft. Er blieb dem Verein treu und hat seit 2011 das Amt des Sportdirektors inne.

Die **Eissporthalle** ist die Heimat der Duisburger Füchse. Wenn die Eishockeymannschaft nicht gerade auf dem Eis steht, kann man hier seine Runden drehen. Samstagabends wird eine Eisparty veranstaltet. Die DJs legen aktuelle Hits auf und heizen trotz Kälte ein.
Margaretenstraße 17–19 (Neudorf), Laufzeiten variieren, Party am Samstag 19–22 Uhr, Eintritt ab 4 Euro für Jugendliche (Kinder unter sechs Jahren 2 Euro), ab 4,50 Euro für Erwachsene, H MSV-Arena, Tel. 0203/93339330, www.kenston-arena.de.

Im ehemaligen **Strandbad Wedau** geht nur noch baden, wer sich nicht mehr auf seinem Board oder den Skiern halten kann. Anfänger bekommen eine Einweisung vor Ort. Kinder

müssen schwimmen können und sollten mindestens zehn Jahre alt sein. Gefahren wird bei jedem Wetter, nur nicht bei Gewitter. Auf dem Gelände gibt's außerdem eine Minigolf-Anlage und Volleyballfelder.
Bertaallee 10 (Neudorf),
Mi, Sa & So 14 Uhr bis Sonnenuntergang (März/April, Oktober/November), täglich ab 13 Uhr bis Sonnenuntergang (Hauptsaison), Anfänger zahlen 29 Euro inkl. Ausrüstung, Zeitkarten ab 20 Euro,
H Städtische Kliniken,
Tel. 0203/726457,
www.wasserski-wedau.de.

Beim **Lasertag** in der Hashtag-Arena ist Adrenalin garantiert. Zwei Mannschaften verfolgen sich durch die Halle und versuchen sich mit waffenähnlichen Geräten zu treffen. Verletzt wird niemand, markiert wird mit Infrarotstrahlen. Bis zu 20 Personen können zusammen spielen, Kinder müssen mindestens zwölf Jahre alt sein. Reservierung notwendig.
Ruhrorter Straße 100 (Kaßlerfeld),
Fr 15–24 Uhr, Sa & Feiertage 11–24 Uhr, So 11–21 Uhr, Eintritt ab 7 Euro (Preis pro Spiel), H Albertstraße,
Tel. 0203/31861860,
www.lasertag-duisburg.de.

Selbermachen liegt im Trend. Die Bekleidungstechnikerin Kerstin Schöneis ist vom Fach – sie hat jahrelang in der Industrie gearbeitet, bevor sie sich mit ihrer **Nähschule** selbstständig machte. Es gibt Notfall-Nähstunden und Kurse, in denen Kinder, Jugendliche und Erwachsene lernen, Unikate anzufertigen.
Dellstraße 7 (Dellviertel),
Di, Mi, Fr 9.30–13 Uhr, Mi 15–19 Uhr, Fr 15–18.30 Uhr, Sa 9.30–14 Uhr,
Schnupperkurs ab 29 Euro,
H König-Heinrich-Platz,
Tel. 0203/93599680,
www.nähschule-dellviertel.de.

Hier können Hobbysportler in die Luft gehen: 3.000 Quadratmeter ist der Trampolin-Park **Superfly** groß. Gehüpft wird auf unterschiedlichen Trampolinen. Zusätzlich gibt's einen Ninja-Parcours oder Basketball-Körbe.
Kinder bis neun Jahre und ihre Eltern können samstags und sonntags von 9 Uhr bis 10 Uhr ungestört Spaß haben. Eintritt ab 12,50 Euro (eine Stunde für Erwachsene, Kinder unter 9 Jahren 10 Euro).
Sternbuschweg 360 (Neudorf), Di 14–21 Uhr, Mi, Do & So 10–21 Uhr, Fr & Sa 10–23 Uhr, Tel. 0203/39511760,
www.duisburg.superfly.de

Tüftler und Um-die-Ecke-Denker werden von der **Geschlossenen Gesellschaft** herausgefordert. Ziel ist es, sich aus sogenannten Escape Rooms zu befreien. Zunächst wird man eingeschlossen, dann muss man innerhalb einer Stunde Rätsel lösen. Vier verschiedene Szenarien gibt es – eine Agentengeschichte, einen Krimi aus den 1960er Jahren und das „Geheimnis von Duisburg-Westende". Bis zu zehn Personen passen in einen Raum. Jugendliche sollten 14 Jahre alt sein. Neu ist der Fall für Familien: Das verrückte Labyrinth ist für Kinder und Erwachsene konzipiert. Gespielt werden kann nur nach vorheriger Terminbuchung.
Philosophenweg 23–25 (Innenhafen),
Preise ab 29,50 Euro pro Person,
H Hansegracht, Tel. 0203/87846226,
www.gege-duisburg.de.

Eine Hüpfburg, die aussieht wie ein Piratenschiff, eine riesige Anlage, auf der man Autoscooter fahren kann, Karussells, Rutschen und Bungy-Trampoline hat der Indoor-Spielplatz **Pippolino** zu bieten. 6.000 Quadratmeter ist das schon etwas ältere Spieleparadies für Jungen und Mädchen groß. Für Kleinkinder gibt es einen eigenen Bereich. Speisen und Getränke dürfen mitgebracht werden, es gibt aber auch eine Pizzeria.
Masurenallee 21–23 (Neudorf), Mo–Fr 14–19 Uhr, Sa, So, Feiertage & in den Ferien 10–19 Uhr, Eintritt 8 Euro für Kinder, 5 Euro für Erwachsene, H Sportpark, Tel. 0203/726872, www.pippolino.de.

Das **Casino Duisburg** wurde 2007 eröffnet und ist im Einkaufszentrum Citypalais untergebracht, in dem sich auch die Mercatorhalle befindet. Auf zwei Etagen können Besucher ab 18 Jahren ihr Glück versuchen. Im Erdgeschoss stehen Automaten, im oberen Bereich warten etwa Roulette- und Pokertische. Auf angemessene Kleidung wird geachtet. Ab und zu finden Partys und Konzerte statt. Wer einen Besuch plant, muss seinen Personalausweis parat haben.
Landfermannstraße 6 (Innenstadt), Eintritt 5 Euro, Mo–Do 15–3 Uhr, Fr–So 15–4 Uhr, H König-Heinrich-Platz, Tel. 0203/713920, www.westspiel.de.

Casino Duisburg

ÜBERNACHTEN

Zentraler als im Vier-Sterne-Hotel **Duisburger Hof** kann man nicht übernachten. Theater, Shoppingmöglichkeiten und Innenstadt sind nur wenige Schritte entfernt. Das gediegene Haus mit plüschigem Ambiente aus den 1920er Jahren wurde erst kürzlich saniert und bietet Komfort in 107 Zimmern sowie 18 Juniorsuiten. Selbst Harry Belafonte und Udo Jürgens logierten hier bereits. Es können vier verschiedene Kategorien gebucht werden. Im hoteleigenen Restaurant lässt sich stilvoll speisen. Gratis Wlan. Standardzimmer ab 69 Euro (Preis jeweils pro Nacht), Deluxe ab 89 Euro, Juniorsuite ab 119 Euro.
Opernplatz 2 (Innenstadt), H König-Heinrich-Platz, Tel. 0203/30070, www.wyndhamduisburg.de.

Das **Mercure Hotel** liegt unweit des Hauptbahnhofs und der Innenstadt und ist ein idealer Ausgangspunkt für Unternehmungen in der Stadt. In der Woche sind viele Geschäftsleute zu Gast, an Wochenenden kommen Familien, um von hier aus beispielsweise einen Ausflug zum Kindermuseum oder in den Landschaftspark zu unternehmen. Im Erdgeschoss gibt's eine Spielecke für Kinder. Außerdem verfügt das Hotel über einen kleinen Pool und eine Sauna. Die 162 Zimmer sollen in den nächsten Monaten renoviert werden. Kostenfreies Wlan. Zertifizierter Bett & Bike-Betrieb. EZ ab 59 Euro, DZ ab 77 Euro.
Landfermannstraße 20 (Innenstadt), H Hauptbahnhof, Tel. 0203/3000030, www.mercure.com.

Das **Ibis-Hotel** am Hauptbahnhof ist das Traditionshaus am Portsmouthplatz und punktet mit zentraler Lage. Es hat zwei Sterne. Die 95 Zimmer sind modern und gepflegt – und trotz Bahnhofsnähe ist es recht leise in den Räumen. Deshalb ist es bei Geschäftsleuten und Touristen gleichermaßen beliebt. Die Fassade gehört zum Hauptbahnhof und steht unter Denkmalschutz. Im Innenhof kann man sich auf einer Terrasse entspannen. Die Rezeption bietet einen 24-Stunden-Service, das abwechslungsreiche Frühstück kann hinzu gebucht werden. Die Zimmer kosten 64–109 Euro. Ein Einzelzimmer-Zuschlag wird nicht erhoben.
Portsmouthplatz 5 (Innenstadt),
H Hauptbahnhof, Tel. 0203/300050,
www.ibishotel.com.

Das **Intercity-Hotel** gehört zu den neuesten Hotels in Duisburg. Es wurde erst im Sommer 2017 eingeweiht, ist modern und stylisch eingerichtet. Die 176 Zimmer der Vier-Sterne-Kategorie sind in grau und dunkelrot gehalten, hinter dem Bett befindet sich an der Wand ein großer Stadtplan von Duisburg. Die Fenster sind schallisoliert, so dass man nachts auch in Ruhe schlafen kann. Aus der fünften Etage hat man einen schönen Blick über die Dächer der Stadt. Neben kostenfreiem Wlan gibt es auch ein sogenanntes Free-CityTicket für den ÖPNV gratis, mit dem man die Nahverkehrszüge im VRR-Bereich nutzen kann. Fahrradfreundlich. EZ ab 73 Euro, DZ ab 95 Euro.
Mercatorstraße 57 (Innenstadt),
H Hauptbahnhof, Tel. 0203/607160,
www.duisburg.intercityhotel.de.

Intercity-Hotel

Duisburg hat jede Menge Industriekultur zu bieten – genau das greift das **Ferrotel** in seinem Design auf. In der Lobby des modernen Hotels werden Barometer und Messgeräte aus dem ehemaligen Meidericher Hüttenwerk ausgestellt. Die Inhaber möchten ein Stück Landschaftspark in die City holen. Immer wieder wird in dem Haus und den 30 Zimmern Industriekultur in Szene gesetzt. Es liegt zentral in Nachbarschaft zum Lehmbruck-Museum und Dellplatz. Bis zur Innenstadt sind es 500 Meter. Freies Wlan, Fahrradabstellmöglichkeiten und wenn gewünscht, kann man vor Ort auch Räder leihen. EZ ab 80 Euro, DZ ab 105 Euro.
Düsseldorfer Straße 122–124 (Dellviertel), H Kremerstraße,
Tel. 0203/28089620,
www.sorat-hotels.com.

Das **Conti** liegt direkt gegenüber dem Ferrotel. Die Vier-Sterne-Unterkunft gehört ebenfalls zur Sorat-Gruppe. Mit seinem minimalistischen Design wirkt es cool. Große Schwarz-Weiß-Fotos zeigen Ansichten des Ruhrgebiets. Ein Kaminzimmer sorgt für lauschige Atmosphäre. Die meisten Zimmer sind ruhig Richtung Hof gelegen. Ein Tipp für alle, die individuell und komfortabel übernachten wollen. EZ ab 101 Euro,

DZ ab 122 Euro.
Düsseldorfer Straße 131–137 (Dellviertel), H Kremerstraße, Tel. 0203/28089610, www.sorat-hotels.com.

Hotel Conti

Das **Hotel Plaza** ist ein inhabergeführtes Vier-Sterne-Hotel, direkt gegenüber vom Kantpark und Lehmbruck-Museum gelegen. Bis zur Innenstadt oder zum Dellplatz sind es ebenfalls nur wenige Meter. In der Lobby empfängt die Gäste eine Pferdestatue, an der Bar kann man sich abends einen Drink genehmigen. Die 75 Zimmer sind modern eingerichtet. Für Langzeitgäste werden Appartements angeboten. Zum Entspannen stehen Pool, Sauna oder ein kleiner Fitnessbereich zur Verfügung. Das Auto oder die Fahrräder können in der hoteleigenen Garage geparkt werden. EZ ab 99 Euro, DZ ab 135 Euro.
Düsseldorfer Straße 54 (Innenstadt), H König-Heinrich-Platz, Tel. 0203/28220, www.hotel-plaza.de.

Wer Wert auf ein inhabergeführtes Haus mit familiärer und gehobener Atmosphäre legt, ist im **Hotel Friedrichs** an der richtigen Adresse. Die Familie baute das Hotel, das in die Vier-Sterne-Kategorie fällt und sich auf der Neudorfer Seite des Hauptbahnhofs befindet, bereits im Jahr 1965. Die 38 Zimmer sind modern, hell und komfortabel. Im Erdgeschoss befindet sich das Bistro NT, in dem gehobene Küche serviert wird. Man kann den Abend aber auch bei einem Drink an der Bar ausklingen lassen. EZ ab 59 Euro, DZ ab 79 Euro.
Neudorfer Straße 33–35 (Neudorf), H Hauptbahnhof, Tel. 0203/318650, www.hotel-friedrichs.de.

Das **B&B Hotel** wurde 2016 in unmittelbarer Nähe des Hauptbahnhofs eröffnet und punktet mit zentraler Lage. Bis zur Innenstadt sind es wenige Meter. Die 101 Zimmer gehören zur Zwei-Sterne-Plus-Kategorie. Das Angebot richtet sich an preisbewusste Reisende, die jedoch nicht auf modernes Design verzichten wollen. Haustiere sind willkommen, Parkmöglichkeiten vorhanden. EZ ab 56 Euro, DZ ab 66 Euro.
Zum Portsmouthplatz 20 (Innenstadt), H Hauptbahnhof, Tel. 0203/759440, www.hotelbb.de.

Mitten in der Altstadt befindet sich das **Hotel Mirage**. Die Lage ist vielleicht nicht ideal, vor der Haustür verläuft ein kleines Stück Autobahn und

die rote Leuchtreklame dahinter verrät, dass das Rotlichtviertel ganz in der Nähe liegt. Doch Sorgen müssen sich die Gäste hier nicht machen. Die Zimmer wurden in den vergangenen Monaten modernisiert, es gibt einen ruhigen, grünen Dachgarten, kostenlose Parkplätze für Autos und eine Fahrradgarage. Zum Theater am Marientor oder zum Steiger Schwanentor, wo die Hafenrundfahrten starten, sind es nur wenige Meter. Herzlicher Service und gutes Frühstück inklusive. Die Räume zum Garten sind etwas teurer, aber ruhiger. Der Ruhrtalradweg ist etwa 1,8 Kilometer entfernt, bis zur Niederrheinroute und zum Rheinradweg sind es 500 Meter. EZ ab 60 Euro (zur Straße), DZ ab 79 Euro. Wer direkt beim Hotel bucht, bekommt einen Rabatt.
Ulrichstraße 28 (Innenstadt),
H Steinsche Gasse, Tel. 0203/286850,
www.mirage-duisburg.de.

Die **Jugendherberge Am Sportpark** erinnert eher an ein Hotel als an eine klassische Jugendherberge. Das Haus ist nur wenige Meter von der MSV-Arena, der Regatta-Bahn und der Eissporthalle entfernt – und bietet mit einer eigenen Sporthalle, einem Gymnastikraum, Beachvolleyballfeldern und einer Sauna ideale Bedingungen für Sportler, die gut und günstig übernachten wollen. Insgesamt gibt es 70 Zimmer mit 220 Betten, darunter 30 Doppelzimmer. Alle Zimmer sind mit eigenen Bädern ausgestattet. Wer hier übernachten will, muss Mitglied im Jugendherbergsverband werden. Die Mitgliedschaft kann vor Ort beantragt werden. Preis pro Person im DZ 40,90 Euro und im EZ 55,40 Euro – inklusive Frühstück. Spezielle Preise für Gruppen und Familien.
Kruppstraße 9 (Neudorf),
H MSV-Arena, Tel. 0203/3639960,
www.duisburg-sportpark.jugendherberge.de.

Die neue Jugendherberge am Sportpark wirkt fast wie ein Hotel.

Der **Rheinische Hof** ist ein inhabergeführtes Hotel, das sich in einem schönen Altbau befindet. Die Rezeption ist in einer alten Pförtnerloge untergebracht. Die einfachen Zimmer sind sauber und haben teilweise schöne Erker. Die alten Möbel greifen den Charme des Gebäudes auf. Nicht alle Zimmer verfügen über ein eigenes Bad. Duschen und Toiletten befinden sich dann auf der gleichen Etage. Wen das nicht stört, kann hier günstig übernachten. Radfahrer können ihre Drahtesel im Keller unterstellen. Das Haus liegt im beliebten Stadtteil Duissern zwischen Zoo und Innenstadt.
Die freundlichen Inhaber gehen auf die Wünsche ihrer Gäste ein. EZ mit Etagen-Bad ab 34 Euro, mit eigener Dusche ab 50 Euro, DZ ab 63 Euro.
Mülheimer Straße 119 (Duissern),
H Lutherplatz, Tel. 0203/332446,
www.rheinischhof.de.

CAFÉS & FRÜHSTÜCK

Hingehen und glücklich sein: **Pollok neues Glück** heißt das hübsche kleine Vintage-Café. In heimeliger Atmosphäre kann man selbstgebackene Kuchen schlemmen. Morgens wird Frühstück serviert, mittags stehen Suppenn, Curry oder Quiche auf der Karte – eine gute Adresse auch für Veganer. Ab und zu finden Konzerte oder ein „Quartalstrinken" statt.
Wallstraße 3 (Innenstadt), Mo–Fr 10–19 Uhr, Sa 10–18 Uhr, H Rathaus, Tel. 0203/36990606, www.facebook.com/bipollok.

Birgit Pollok betreibt das schöne Vintage-Café Pollok neues Glück.

Etwas versteckt hinter dem Theater liegt das **Simply Coffee**: Hier gibt es einfach guten Kaffee – wie der Name verspricht. Die beiden Jungs, die die Kaffeebar eröffnet haben, verarbeiten selbst gemischte Sorten aus Costa Rica oder Äthiopien zu Latte Macchiato, Espresso und Co. Für Kinder und alle, die keinen Kaffee wollen, haben sie Kakao, Babyccino oder verschiedene Limos im Angebot. Der Hunger wird mit Baguettes, Quiche oder süßen Kleinigkeiten zum Kaffee vertrieben. Schnelles Wlan lockt auch Leute an, die hier gerne in stylisher Umgebung arbeiten.
Moselstraße 43 (Wasserviertel), Mo–Sa 9–19 Uhr, So 10–18 Uhr, H König-Heinrich-Platz, Tel. 0203/36987631, www.facebook.com/simplycoffee.

Bei Dobbelstein am Sonnenwall steht Duisburgs größe Kaffeemühle.

Seit 150 Jahren gibt es schon die Konditorei **Dobbelstein**. Bis vor einigen Jahren hat der Senior-Chef den Kaffee noch von Hand selbst gefiltert, inzwischen werden die beiden Caféhäuser in der Innenstadt von den Töchtern geführt. Ein Café befindet sich direkt in der Fußgängerzone auf der Königstraße, das andere am Sonnenwall. Die Rezepte für die Torten und Pralinen werden schon seit Generationen weitergegeben. Hinzu kommen immer wieder neue Einfälle – die Praline „Mercatorkugel" wurde von Dobbelsteins erfunden. Wer sich eine gönnt, unterstützt gleichzeitig die Duisburger Kultur. Das Haus am Sonnenwall beherbergt hunderte Kaffeemühlen wie in einem Museum.
Königstraße 23–25 (Innenstadt), Mo–Fr 8.30–19 Uhr, Sa 8.30–18.30 Uhr, So 10–18.30 Uhr, H König-Heinrich-Platz, Tel. 0203/20309. Das andere Café be-

findet sich am Sonnenwall 8 (Innenstadt), Mo–Fr 8.30–18.30 Uhr, Sa 8.30–17.30 Uhr, H Rathaus, Tel. 0203/20230, www.cafehaus-dobbelstein.de.

Bonjour! Mit einem Frühstück in der Konditorei **Heinemann** kann der Tag gut beginnen. Bis 12 Uhr gibt's Süßes oder Herzhaftes in zahlreichen Variationen, später wird dann ein gutbürgerlicher Mittagstisch serviert. Nicht zu vergessen die Kuchen, Torten und vielen Naschereien, die in der traditionsreichen Konditorei vom Niederrhein angeboten werden. Umfangreiches Pralinen-Sortiment.
Sonnenwall 5 (Innenstadt),
Mo–Fr 9–18.30 Uhr, Sa 9–18 Uhr,
So 10–18 Uhr,
H Rathaus, Tel. 0203/20027,
www.konditorei-heinemann.de.

Salvatore Messina bei der Arbeit.

Salvatore Messina lebt für Kaffee. Er reist regelmäßig in die Herkunftsländer, um zu testen, wo die besten Sorten herkommen. Die Mischungen röstet er dann in Neudorf in seiner eigenen Rösterei. In seiner Kaffeebar **Passione** riecht es stets nach frischem Kaffee. Dazu gibt's Amarettini und anderes Gebäck. Wer mag, kann sich auch mit frischen Bohnen für Zuhause eindecken.
Claubergstraße 1 (Innenstadt),
Mo–Sa 9–19 Uhr,
H König-Heinrich-Platz,
Tel. 0203/98688636,
www.passioneespresso.de.

Um sich ihren Traum zu erfüllen, hat Sylvia Tönnies ihren Job bei einer Bank an den Nagel gehängt und das **Café Winzigschön** eröffnet. Seitdem verwöhnt sie ihre Gäste mit Kaffee und Kuchen. Zweimal in der Woche kann man hier auch abends einkehren, dann gibt's Herzhaftes und Wein. Mit der Eröffnung hat sie einen Nerv getroffen, das hübsche Café ist nicht nur bei Nachbarn beliebt.
Moltkestraße 18 (Duissern),
Mi 14–18 Uhr, Do & Fr 14–22 Uhr,
Sa 11–18 Uhr, H Lutherplatz,
Tel. 0171/5304824,
www.winzigschoen.de.

Sebastian Heider hat viele Jahre in der Gastronomie gearbeitet, bevor er nun das **Café Evergreen** eröffnete. Die Wände sind klassisch im Farbton British-Racing-Green getüncht. Filigrane goldene Leuchter und gemütliche Sessel sorgen für Wohnzimmer-Atmosphäre. Im kleinen Hinterhof kann man den Latte Macchiato ebenso genießen wie handgefilterten oder kalt gebrühten Kaffee. Dazu werden Kuchen, Stullen oder Bowls angeboten. Mit etwas Glück trifft man hier auch MSV-Spieler.

Wallstraße 20 (Innenstadt),
Mo-Sa 8-19 Uhr, H Steinsche Gasse,
www.cafe-evergreen.de.

Schönes und Leckeres erwartet die Gäste im LiMa´s.

Die Betreiber des Café **LiMa's**, Rebekka Mahnke und Sebastian Link, haben sich schon immer gerne mit schönen Dingen umgeben – und das merkt man dem Café auch an. Hier kann man nicht nur frühstücken und zu Mittag essen, sondern allerlei Geschenk- und Dekoartikel kaufen. Für die Mittagskarte lassen sie sich von verschiedenen Ländern inspirieren. Das Frühstück kann man sich selbst zusammenstellen. Hausgemachte Kuchen und Desserts runden das Angebot ab.
Sternbuschweg 310 (Neudorf),
Di–Sa 9–15 Uhr, So 10–17 Uhr,
H Alter Friedhof, Tel. 0203/98581046,
www.limas-duisburg.de.

In einer Seitenstraße der Fußgängerzone liegt das **Kännchen**, ein gemütliches Café, eingerichtet im Landhausstil, mit umfangreicher Frühstückskarte. Wählen kann man beispielsweise zwischen flottem, süßem oder einem Energiefrühstück. Mittags stehen gutbürgerliche Gerichte auf der Karte.
Börsenstraße 14 (Innenstadt),
Mo–Sa 8–15 Uhr,
H König-Heinrich-Platz, Tel. 0203/20531,
www.kaennchen.eu.

Wer eine Pause vom Shoppen braucht, ist im **Café Fino** an der richtigen Adresse. In der modernen, gemütlichen Kaffeebar kann man drinnen und draußen gut verweilen und dabei sich Zeit für ein Tässchen gönnen. Kuchen und Snacks gibt's selbstverständlich auch. Außerdem kann man Schokolade und andere Leckereien kaufen.
Salvatorweg 6 (Innenstadt),
Mo–Sa 9–19 Uhr, So 10–18 Uhr,
H König-Heinrich-Platz,
Tel. 0173/2862408,
www.fino-espressobar.de.

Die Lounge **Baba Su** ist zu sämtlichen Tageszeiten eine gute Adresse. Besonders beliebt ist der Brunch. Weil sonntags die Tische schnell belegt waren, wird nun auch samstags gefrühstückt. Gäste können zwischen frischem Obst und Gemüse wählen, die Brötchen kommen vom Lieblingsbäcker des Chefs und ab mittags werden warme Speisen aufgetischt. Und während die Erwachsenen ausgiebig schlemmen, können die Kinder im Foyer des Bürohauses spielen. Unbedingt reservieren.
Bismarckstraße 120 (Neudorf), täglich ab 10 Uhr, Brunch Sa & So 10–15 Uhr,
H Bismarckstraße, Tel. 0203/2986759,
www.babasu.de.

206 Stufen (oder 20 Sekunden mit dem Aufzug) dauert es, bis man den Ausblick vom **Café Panorama** genießen kann. 47 Meter ist die Terrasse des Wasserturms hoch, der 1917 gebaut wurde und die Dampflokomotiven mit frischem Wasser versorgte. Doch als die Bahn in den 1960er Jahren von Dampf- auf E-Loks umstellte,

war es vorbei mit der Funktionalität. Nun gibt's hier ein türkisches Frühstücksbuffet und bei guter Sicht kann man bis zum Flughafen Düsseldorf schauen. Ein Geheimtipp.
Paul-Esch-Straße 54 (Hochfeld),
Mo, Mi–So 9–13 Uhr, H Grunewald,
Tel. 0203/6693850, www.akkurt.de.

Die Espresso- und Weinbar **Strada Levante** lockt mit italienischen Kleinigkeiten wie belegten Panini, frischen Waffeln oder Dolci. Genau das Richtige für eine Schlemmerpause zwischendurch. Frühstück wird bis 14 Uhr serviert. Das Restaurant Bongiorno Maria gegenüber gehört ebenso zum Familienbetrieb.
Oststraße 127 (Neudorf),
Di & Mi 10–20 Uhr, Do & Fr 10–22 Uhr,
Sa 10–15 Uhr, H Oststraße,
Tel. 0203/48577357,
www.strada-levante.de.

AUSFLUGSTIPP:
Idyllisch im Rheinpark liegt das **Café Ziegenpeter**, mit direktem Blick auf den Rhein. Im Sommer kann man in Liegestühlen sitzen und den Schiffen hinterherschauen, während die Kinder im Sand buddeln. Das Bistro wird von der Werkstatt für Menschen mit Behinderung betrieben – in der Küche und im Service arbeiten Menschen mit und ohne Behinderung. Auf der Karte stehen einfache, aber pfiffige Gerichte. Eine der schönsten Adressen in Duisburg.
Liebigstraße 70 (Hochfeld), 9–20 Uhr (Oktober–März), 9–22 Uhr (April–September), H Hochfeld Süd,
Tel. 0203/72999546,
www.ziegenpeter-duisburg.de.

Im Café Ziegenpeter kann man seinen Kaffee entspannt im Liegestuhl genießen.

Silke Maas hat das Rheinorange-Eis kreiert.

Kalte Köstlichkeit für Lokalpatrioten: Bei Silke Maas, Betreiberin der Eisdiele **Zum Kuckuck**, können Kunden „Rheinorange" schlecken. Die Sehenswürdigkeit liegt nur ein paar hundert Meter Luftlinie entfernt, es wurde also Zeit für cremig-fruchtiges Orangen-Eis in der Nachbarschaft. Aber auch alle anderen Sorten werden jeden Tag frisch hergestellt. Früher fuhr die Familie übrigens mit einem Wagen durch die Straßen, statt Klingel rief ein Kuckuck nach Kundschaft – daher stammt der Name.
Lilienthalstraße 10 (Neuenkamp),
Mo–Fr & So 11–21 Uhr, H Lilienthalstraße, Tel. 0203/314157, www.facebook.com/eisdiele-zum-kuckuck.

Das Interieur wirkt aus der Zeit gefallen, die Lage an der Wanheimer Straße ist nicht wirklich idyllisch und doch kommen Kunden von weit her, weil das **Eiscafé Behrens** zu den besten der Stadt gehört. Die Eisdiele schafft den Spagat zwischen Klassikern und neumodischen Sorten wie Käsekuchen und Cookies, spielend.
Wanheimer Straße 11 (Hochfeld),
Mo–So 11–22 Uhr, H Brückenplatz,
Tel. 0203/660687,
www.eiscafe-behrens.de.

Renato und Fiorella Venier wissen, was den Kunden schmeckt. Seit 25 Jahren kreieren die Chefs immer wieder neue Sorten. Wer Lust auf Eis hat, aber nicht in der Schlange stehen will, kann bei der Eismanufaktur **Primavera** auch online bestellen und liefern lassen. Im Winter gibt es sogar warmes Eis.
Mülheimer Straße 128 (Neudorf),
Mo–Fr 10–20 Uhr, Sa & So 13–20 Uhr,
H Lutherplatz, Tel. 0203/374208,
www.eis-primavera.de.

GASTRONOMIE

GUTBÜRGERLICHE KÜCHE

Man isst nur mit dem Herzen gut: Im **Kleinen Prinz**, der mittlerweile Teil des **AV Concept Stores** ist, kochen und kellnern Menschen mit und ohne Behinderung. In dem modernen und stilvollen Café und Restaurant wird gutbürgerliche Küche modern interpretiert, und wegen des guten Geschmacks vergessen die Gäste schnell, dass sie Teil eines Inklusionsprojekts sind. Ein Teil der Karte wechselt wöchentlich, beliebter Klassiker bleibt die Duisburger Fischsuppe. Zudem wird morgens Frühstück serviert und nachmittags Kaffee und Kuchen. Besonders lecker sind die selbst gemachten Pralinen, die an einem hübschen Wagen serviert werden. Oft voll – deshalb lieber reservieren.
Kuhlenwall 20 (Innenstadt),
Mo–Sa 8.30–18 Uhr, H Rathaus,
Tel. 0203/2985050,
www.wfbm-duisburg.de.

Speisen in historischem Ambiente: Das **Dreigiebelhaus** wurde 1536 zum ersten Mal erwähnt und bereits 1566 in den Corputius-Plan, den ersten Stadtplan Duisburgs, eingezeichnet. Es liegt unweit der Stadtmauer und wird seit 1972 als Restaurant genutzt. Für Fleischfreunde gibt's zahlreiche Posten vom Grill und aus der Pfanne. Der Koch versteht sich auf gut gemachte gutbürgerliche Küche. Bei schönem Wetter stehen einige Tische im lauschigen Innenhof.
Nonnengasse 8 (Innenstadt),
Mi–Sa ab 17.30 Uhr, So 12–15 Uhr und ab 17.30 Uhr, H Rathaus, Tel. 0203/26859,
www.dreigiebelhaus.com.

Dreigiebelhaus: Gutbürgerlich speisen in historischem Ambiente.

Die Kartoffelkiste ist laut Stadtarchiv das älteste Gasthaus Duisburgs. Im Pottmannschen Anwesen wird seit 1770 getafelt. Es ist eines der wenigen gut erhaltenen Fachwerkhäuser in Duissern. Die Einrichtung ist rustikal und urig. Reibekuchen, Folien- und Schmandkartoffeln rücken die Knolle in den Mittelpunkt, wahlweise mit Fleisch oder in vegetarischer Variante.
Schweizer Straße 105 (Duissern),
Di–Sa ab 17 Uhr, So 12–14.30 Uhr und ab 17 Uhr, H Schnabelhuck,
Tel. 0203/333827,
www.kartoffel-kiste.com.

Wer Lust auf Futtern wie bei (Groß-) Muttern hat, findet im Restaurant **Zur Laterne** das richtige Angebot mitten in der Innenstadt. Leber, Muscheln, Rouladen oder Endivien Untereinander sind genauso rheinisch-klassisch wie das Interieur. Ehrliche Küche ohne Schnörkel. Mittagskarte von 11.30 bis 15 Uhr.
Sonnenwall 23 (Innenstadt),
Mo–Sa 11.30–22 Uhr, So 11.30–21 Uhr,
H Rathaus, Tel. 0203/25550,
www.zur-laterne.com.

Früher war die **Lindenwirtin** eine Ziegelei. Erbaut im Jahr 1728 gehört das Haus zu den ältesten Bauwerken der Stadt. Seit 1934 beherbergt das pittoreske Fachwerkhaus Gastronomie. Karl Herbertz führt die Gaststätte inzwischen in vierter Generation und serviert deftige deutsche Küche. Im Sommer kann man draußen sitzen und unter schattigen Bäumen sein Bierchen trinken.
Mülheimer Straße 203 (Duissern), Mo–Fr & So ab 11 Uhr, H Zoo/Uni, Tel. 0203/333370, www.duisburgs-lindenwirtin.de.

Deftige deutsche Küche wird in der Lindenwirtin serviert.

FLEISCH & BURGER

Für den großen Appetit gibt's im **Haus Rösgen/Pesas Allsteaks** das Fleisch pfund- oder sogar kiloweise. Da nehmen sich die 300 Gramm-Portionen von amerikanischen, irischen oder argentinischen Rindern geradezu klein aus. Fans loben die hervorragende Fleischqualität und geben gerne ein paar Euro mehr aus. Die Besonderheit des Hauses ist der 800-Grad-Spezialgrill.
Sternbuschweg 296 (Neudorf), Mo–So 11–22 Uhr, H Alter Friedhof, Tel. 0203/354250, www.pesas-allsteaks.de.

Die **Faktorei** gehört zu den ältesten Restaurants am Innenhafen, die Betreiber haben das Konzept immer mal wieder geändert. Inzwischen steht Fleisch im Mittelpunkt. Steak-Liebhaber dürfen sich über Premium-Fleisch aus den USA oder Argentinien freuen. Unter dem Motto „Heimmeat" kommen Schweine- und Lammfleisch, etwa für Burger, aus der Nachbarschaft. Dienstags heißt es „Dinner 4 Winner": Dann steht der Koch-Nachwuchs am Herd – unter Aufsicht des Chefs natürlich.
Philosophenweg 21 (Innenhafen), Di–Sa 18–23 Uhr, H Hansegracht, Tel 0203/3468379, www.faktorei.de.

Meat Love: Der Name ist Programm.

Schon dem Namen nach handelt es sich bei dem Team von **Meat Love** um Fleischliebhaber. In der lässigen Bar gibt's Cocktails und Burger in allen Varianten, für Vegetarier auch fleischlos. Auf Wunsch wird das Patty auch medium gebraten. Probierfreudige ordern statt normaler Mayo Apel-Relish oder Curry-Ananas-Sauce zur Pommes. Im Sommer gibt's einen Biergarten.
Koloniestraße 99 (Neudorf), Di–Do 16–23 Uhr, Fr 16–0 Uhr, Sa & So 14–1 Uhr, H Koloniestraße, Tel. 0203/49975970, www.meatlove-burger.de.

Fleisch vom Spieß werden in dem Restaurant **Brasil Live** in kitschig-rustikalem Ambiente serviert. Rodizio, auch unter dem Namen Churrasco bekannt, heißt: Fleischspieße werden über einem Grill drehend gegart, mit Meersalz gewürzt und am Tisch bei den Gästen auf den Teller geschnitten. Chef José Carlos Barreira da Ponte serviert etwa Roastbeef, Rinderhüfte, Lammrücken oder Geflügelbrust. Im All-you-can-eat-Angebot sind Vorspeisen, Beilagen und Nachtisch enthalten, man kann aber auch Tellergerichte wählen. Für Vegetarier gibt's Gemüse-Rodizio. Außerdem wird das Angebot durch eine umfangreiche Cocktailkarte abgerundet.
Schwanenstraße 19 (Altstadt),
Mo–So 12–15 Uhr & 17.30–23 Uhr,
H Rathaus, Tel. 0203/98689564,
www.rodizio-duisburg.de.

VEGETARISCH/VEGAN

Das **LoLu** ist vorne Imbiss und hinten Restaurant, spezialisiert auf vegetarische und vegane Gerichte. Auf der Karte stehen standardmäßig Falafel, Seitanfrikadellen, Pizza und Suppen. Dazu lassen sich die Betreiber jede Woche neue Gerichte einfallen, darunter Linsen-Bulgur-Kroketten oder Spinat-Bällchen mit Walnuss. Viele Speisen können auf Wunsch vegan zubereitet werden. Benannt wurde das Restaurant übrigens nach Lorin-Lucia, der Tochter des Hauses.
Claubergstraße 12 (Innenstadt),
Mo–Do 11–21 Uhr, Fr & Sa 11–22 Uhr, So 12.30–21 Uhr, H König-Heinrich-Platz, Tel. 0203/93499777,
www.facebook.com/Lolu-vegetarische-cafe-104062309749357/.

Gemütliche Atmosphäre im LoLu

Auf der Speisekarte stehen Falafel in allen Variationen: „Spezial" mit Hummus, Salat und Sesamsauce oder „Deluxe", zusätzlich mit Blumenkohl, Auberginen und Kartoffeln. Weil Muhamed Khalil die besten Kichererbsen-Klopse selbst macht, hat er den Imbiss **Falafel 1001** eröffnet. Was alles dazu gehört, hat ihm seine Oma in Jordanien beigebracht. Bei ihr hat er oft in der Küche gesessen und zugeschaut. Neuerdings wird auch Catering angeboten.
Hansastraße 82 (Duissern),
Mo–Mi, Fr & Sa 12–21 Uhr, Do 13–21 Uhr, H Duissern Bf,
Tel. 01573/3966193,
www.facebook.com/falafel-1001.

Die **Krümelküche** ist nicht einfach nur ein veganes Café und Restaurant, sondern ein Herzensort – nicht nur für die neuen Chefs Martin und Nora, sondern auch für die Gäste. Das Essen kombiniert Nachhaltigkeit mit Genuss: Kuchen und Burger stehen ebenso auf der Karte wie etwa Gemüsepfanne. Konzerte, Poetry-Slams und eine Spielkonsole sorgen für Programm.
Johanniterstraße 28 (Hochfeld),
Mi & So 12–20 Uhr, Do–Sa 12–22 Uhr,
H Musfeldstraße, Tel. 0203/39216308,
www.kruemelkueche.de.

FÜR GUT

Restaurantchef Kai Wergener will ein bisschen Sylt-Gefühl an den Innenhafen bringen. „Wir sind das Kü", sagt der Chef des Restaurants **Küppersmühle** selbstbewusst. Mit dem Koch hat er eine Karte für anspruchsvolle Gaumen zusammengestellt. Fisch findet sich darauf genauso wie Edles vom Kalb oder Nebraska Rind. Serviert werden die Speisen auf der Terrasse mit Blick aufs Wasser oder im elegant-modernen Inneren.

Philosophenweg 49–51 (Innenhafen), Di–So 12–23 Uhr, H Küppersmühle, Tel. 0203/5188880, www.kueppersmuehle-restaurant.de.

Restaurant Küppersmühle: Anspruchsvolle Küche mit Blick auf den Innenhafen

Früher mussten Fans auf die andere Rheinseite zu fahren, um bei Spitzenkoch Brendel zu essen. Inzwischen liegt die Bistrovariante **Einfach Brendel** zentral hinter dem Stadttheater. In der ehemaligen Eckkneipe lässt es sich in schicker, aber lässiger Atmosphäre gut speisen. Die Karte bietet deftige Kleinigkeiten und hervorragende Hauptgerichte. Für Nachtschwärmer gibt's eine Spätkarte. Neuerdings kann man auch reservieren.

Fuldastraße 20, Mo, Mi–Sa 12–15.30 & 17–22 Uhr, So 12–21 Uhr, H König-Heinrich-Platz, Tel. 0203/36358985, www.einfach-brendel.de.

Einfach Brendel

In die **Villa Patrizia** geht niemand, der mal eben eine Pizza essen möchte. Die steht hier nämlich gar nicht auf der Karte. Stattdessen Fisch, Fleisch, Antipasti oder Pasta mit Trüffeln auch als Menü. Vom Gault Millau gelobte Speisen in einem auf edel gemachten Ambiente.

Mülheimer Straße 213 (Duissern), Mo–Fr 12–14.30 & 18–23 Uhr, Sa 18–23 Uhr, H Zoo/Uni, Tel. 0203/330480, www.villa-patrizia.de.

INTERNATIONALE KÜCHE

Das **Mimi e Rosa**, benannt nach den beiden Töchtern des Besitzers, ist zweifelsohne einer der charmantesten Italiener der Stadt. Eigentlich ist Felix Rahne Architekt, doch beim Studium in Genua hat er die italienische Küche lieben und kochen gelernt – sehr zur Freude seiner Gäste. Auf der überschaubaren Karte stehen vor allem ligurische und piemontesische Spezialitäten. Welche Gerichte

serviert werden, notiert der Koch auf einer Tafel. Wer am einzigen Öffnungsabend einen Tisch ergattern möchte, sollte früh genug da sein. Eine Reservierung ist nämlich nicht möglich. Das beliebte Lokal mit Wohnzimmer-Atmosphäre ist oft voll – und am Ende kommt man meist mit den Tischnachbarn ins Gespräch. Ab und zu gibt's Ausstellungen und Konzerte.
Dellstraße 36 (Dellviertel),
Di–Do 12–15.30 Uhr, Fr ab 18 Uhr,
H Lehmbruck-Museum,
Tel. 0203/22921,
www.mimierosa.de.

Ins chinesische **Hot Pot Haus** sollte nur mit Bekannten gehen, die man schon länger kennt: nach dem Essen hat man sich garantiert bekleckert – geübte Stäbchenesser, die ohne Probleme Garnelen aus Suppe fischen, können den Hinweis getrost ignorieren. Zunächst werden zwei Brühen (scharf, nicht scharf, auf Tomatenbasis) gewählt. Anschließend die Zutaten wie Nudeln, Gemüse, Fisch und Fleisch. Diese werden in einer Art Fondue-Topf gegart. Im Preis von 18,90 Euro sind mehrere Gänge, nicht alkoholische Getränke und Nachtisch inklusive. Sehr leckeres Sesameis.
Sternbuschweg 1, Mo–Do 17.30–22.30 Uhr, Fr–So 12-15 & 17.30–23 Uhr,
H Schweizer Straße,
Tel. 0203/51885198,
www.hotpothaus.eatbu.com.

Die Pizzeria **La Barca** ist eher Bude als Restaurant – und doch stehen die Kunden vor dem Wagen oft Schlange. Seit mehr als 25 Jahren parkt Chef Nejat Morkan nun auf

Das Mimi e Rosa ist ein beliebter Italiener mit Wohnzimmerflair.

dem Parkplatz vor der Ludgerikirche. Angefangen hat er als Aushilfe. Es gibt Pizza und Pasta zum Mitnehmen oder zum sofortigen Verzehr an Tischen vor Ort. Damit sich die Gäste auch bei usseligem Wetter wohlfühlen, hat der erfinderische Gastronom alte Ski-Lift-Kabinen herangeschafft, in denen man sich unterstellen kann.
Klöcknerstraße 30 (Neudorf),
Mo-So 11-0 Uhr, H Hauptbahnhof,
Tel. 0203/ 376403,
www.facebook.com/labarca83.

Den Eckkneipen-Charakter hat das **Lem Lem** nicht ganz abgelegt, doch der Rest ist exotisch: Wandteppiche zieren die Wände des äthiopischen Restaurants. Die Karte ist überschaubar, gegessen wird mit den Fingern. Zu den Gerichten wird eine Art Fladenbrot aus Sauerteig serviert, mit dem man das Fleisch oder Gemüse greift. Keine Sorge, auf Nachfrage bringt die freundliche Inhaberin auch Besteck.
Börsenstraße 9 (Innenstadt),
Mo–So ab 17 Uhr, H König-Heinrich-Platz,
Tel. 0203/36991342.

Freunde der österreichischen Küche können sich freuen: Mit dem **Wilden Wiener** hat Duisburg wieder ein Restaurant, in dem echte Wiener Kalbsschnitzel auf der Karte stehen. Dazu allerlei andere Spezialitäten wie Gröstl, Fiaker-Gulasch und Backhendl (auf Vorbestellung). Auch Vegetarier werden fündig. Saisonale Angebote ergänzen die Karte. Zum Nachtisch wie Palatschinken und Kaiserschmarrn bekommt man eine Melange oder einen Braunen.
Schweizer Straße 1 (Duissern), Mo, Mi–Fr 17–22 Uhr, Sa 15–22 Uhr, So 12–22 Uhr, H Schweizer Straße, Tel. 0203/93442512, www.wilder-wiener.de.

AUSFLUGS-TIPP!
Pizza und Pasta mit Aussicht: Mit dem **Mezzomar** ist ein Italiener ins Seehaus eingezogen. Auf der Karte stehen klassische italienische Gerichte. Ein Besuch lohnt zu jeder Tageszeit: Morgens wird Frühstück angeboten, nachmittags auch Kaffee und Kuchen oder Waffeln. Der Trumpf ist allerdings die Lage – direkt am Sportpark. Von hier kann man beim Kaffee oder Bier von der Terrasse auf den Parallelkanal schauen und die Seele baumeln lassen. Schöner Biergarten im Sommer.
Bertaallee 7, Mo–Do 9–0 Uhr, Fr & Sa 9–1 Uhr, So 9–0 Uhr, H Duisburg-Schlenk, Tel. 0203/3930890, www.mezzomar.de.

Bereits seit 1993 werden im **Sawadi** thailändische Gerichte aufgetischt. Die Einrichtung hat eher Imbiss-Charakter, dennoch kann man vor Ort nett sitzen oder sein Essen mitnehmen. Die Schärfe der authentischen Speisen variiert und wird auf Wunsch angepasst. Pfannengerührte Nudeln mit Hühnchen und in süß-saurer Soße firmieren übrigens unter „Jupp Spezial". Zur Mittagszeit wechselnde Angebote.
Mülheimer Straße 81 (Duissern), Di–Fr 12–15 & 17–22 Uhr, Sa, So & Feiertage 17–22 Uhr, H Lutherplatz, Tel. 0203/336492, www.sawadi.de.

Das **Costa Azzurra** ist ein Traditions-Italiener unweit des Hauptbahnhofs. Seit 40 Jahren unter gleicher Leitung ist das Restaurant eine gute Adresse für italienische Küche mit überbordender Speisekarte: Es gibt frischen Fisch, Fleisch, eine Saison sowie eine wechselnde Mittagskarte und das Standard-Menü mit dutzenden Posten. Nicht zu vergessen Pizza und Pasta. Hat man sich erst einmal entschieden (der Kellner berät gerne), ist alles frisch und schmackhaft.
Danziger Straße 26, Mo–So ab 12 Uhr, H Hauptbahnhof, Tel. 0203/370044, www.costa-azzurra.de.

Das Hafenforum ist ein ehemaliger Speicher, in dem viele Jahre die Spedition Roters und Buddenberg ihren Sitz hatte. In den 1990er Jahren wurde das Gebäude vom Stararchitekten Sir Norman Foster umgebaut. In den oberen Etagen befinden sich seitdem Büros, unten ein Restaurant mit Fusion-Küche in modernem Ambiente. Im **Chili's** treffen koreanische Gerichte auf japanische Suppen und andere asiatische Köstlichkeiten. Bestellt werden kann á la carte oder all you can eat. Dazu bekommen Gäste ein IPad und können sich zweieinhalb

Stunden quer durch die Karte futtern. Pro Runde sind pro Person fünf Gerichte bestellbar. Die nächste startet, wenn die Teller leer sind.
Philosophenweg 19 (Innenhafen), Mo–Sa 12–15 Uhr & 18–22 Uhr, So & Feiertage 13–22 Uhr, H Hansegracht, Tel. 0203/73995955, www.chilis-duisburg.de.

Von außen sieht das **Lemon Tree** aus wie ein durchschnittlicher Asia-Imbiss, doch davon sollte man sich nicht täuschen lassen. In dem vietnamesischen Lokal steht Van-Quan Do am Herd, der schon in hochklassigen Restaurants gekocht hat und nun authentische Gerichte aus seiner Heimat zubereitet. Die Suppen sind veritable Hauptmahlzeiten und der Geheimtipp der Karte. Mittagstisch bis 15 Uhr.
Salvatorweg 16 (Innenstadt), Mo–Sa 11–21 Uhr, H König-Heinrich-Platz, Tel. 0203/39227432, www.lemontree-asianfood.de.

Im Lemon Tree wird vietnamesisch gekocht.

Nuh's Thairestaurant, benannt nach der Besitzerin, ist eine Institution für alle, die thailändische Küche mögen. Die authentischen Currys und anderen Spezialitäten mit Reis oder Nudeln werden schnell und frisch zubereitet. Die Inhaberin Nuh Chaweekunmahan stammt aus Bangkok und hat sogar ein Kochbuch mit thailändischen Rezepten veröffentlicht. Kein klassisches Restaurant, eher ein Imbiss mit ein paar Tischen, bei dem man das Essen auch mitnehmen kann. Die Qualität spricht für sich: Da es oft voll ist, empfiehlt sich eine Reservierung. Nuh's ist auch für seinen Mittagstisch beliebt.
Dellplatz 6 (Dellviertel), Mo–Fr 12–15 Uhr & 18–22.30 Uhr, Sa & So 12–22.30 Uhr, H Steinsche Gasse, Tel. 0203/3173888, www.nuhs-thairestaurant.de.

Früher war der Bienenkorb eine Gaststätte mit gutbürgerlicher Küche. Inzwischen hat dort das türkische Restaurant „Das alte Fischhaus", **Ihtiyar Balikci**, eröffnet. Das alte Flair ist noch erhalten geblieben. Es gibt eine umfangreiche Fischkarte und für Fleischesser eine kleine Auswahl mit Spießen und Lamm. Wer sich nicht entscheiden kann, sollte in die Theke schauen und sich dort den Fisch der Wahl aussuchen, der dann frisch gegrillt oder gebraten wird. Einziger Wermutstropfen: Bier und Wein stehen nicht auf der Getränkekarte. Wen das nicht stört, für den ist das Fischhaus ein guter Geheimtipp.
Heerstraße 301 (Hochfeld), Mo, Mi–So 14–23 Uhr, H Grunewald, Tel. 0203/73989700, www.ihtiyar-balikci.de.

Arabische Spezialitäten werden im Café Kasbar serviert.

Wie oft gibt's Streit zwischen Veganern und Fleischessern, wo man denn gemeinsam hingehen könnte. Die Antwort lautet: ins **Café Kasbar**! Maike Müller bietet seit Jahren in entspannter Atmosphäre arabische Köstlichkeiten an. Zu den Standards gehören natürlich Falafel, Hummus und verschiedene Pasten. Vieles ist vegetarisch oder sogar vegan. Für Fleischesser wird auf einem separaten Herd gegrillt. Für Neugierige und Liebhaber wird einmal im Monat samstags ein orientalisches Buffet angeboten, für das Gäste unbedingt reservieren sollten.
Heerstraße 267–269 (Hochfeld),
Mo–Sa 13–21 Uhr, H Grunewald,
Tel. 0203/7398141, nur Barzahlung,
www.cafekasbar.de.

Poukhoun ist ein kleines Bergdorf in Laos, das zwischen drei Provinzstädten liegt. Das Team des gleichnamigen Restaurants hat es sich zur Aufgabe gemacht, seinen Gästen die unterschiedlichen Geschmäcker des südostasiatischen Landes näher zu bringen. Vorweg mit landestypischen Salaten, Suppen oder Reispapierrollen. Bei den Hauptgerichten wählt man die Hauptkomponente (z.B. Huhn, Ente, Rind, Fisch, Seitan oder Tofu) zu den unterschiedlichen Soßen und Zubereitungsarten.
Es empfiehlt sich zu reservieren.
Heerstraße 256 (Hochfeld), Mo, Di, Do–So 17–22 Uhr, H Grunewald,
Tel. 0203/72999533, nur Barzahlung,
www.facebook.com/poukhounduisburg.

Für Abenteurer und Liebhaber chinesischer Küche empfiehlt sich ein Besuch in der Snackbar **Panda**. Die Karte richtet sich vor allem an Chinesen. Die gebratenen Nudeln sind eher Standard, doch schon beim Reis und der Fleischbegleitung sollte man nur „scharf" ordern, wenn man einiges gewohnt ist. Wer etwas mit Hühnchen bestellt, muss damit rechnen, dass das komplette Hühnchen zerhackt und verarbeitet wird. Hühnerfüße, Magen und Zunge sind separat bestellbar. Fotos in der Speisekarte erleichtern die Auswahl.
Gutes Preis-Leistungsverhältnis.
Finkenstraße 25 (Neudorf),
Mo–Fr 11.30–15 Uhr & 17–21 Uhr,
Sa 12–21 Uhr, H Schweizer Straße,
Tel. 0203/93446728.

Buon Giorno Maria – das sagen nicht nur die Gäste, so heißt auch die kleine italienische Trattoria in der Neudorfer Fußgängerzone. Auf der Karte stehen bodenständige Klassiker, raffiniert belegte Pizzen, Fleisch und Pasta. Maria ist bekannt und beliebt. Im Sommer lässt es sich gut draußen sitzen in der Fußgängerzone Oststraße. Reservierung empfohlen.
Oststraße 132 (Neudorf),
Mo–Sa 17–22 Uhr, H Bismarckstraße,
Tel. 0203/5188223,
www.buon-giorno-maria.de.

Leckere Pasta von Maria

Über dem **Sun Grill** steht Schnellrestaurant, doch in dem kleinen Restaurant kann man auch nett vor Ort speisen. Aufgetischt wird traditionelle koreanische Küche, darunter natürlich der scharf eingelegte Chinakohl Kimchi, Bulgogi oder gebackene Ente. Herzlicher, aufmerksamer Service.
Wittekindstraße 37 (Innenstadt), Mo–Fr 12–15 & 17–22 Uhr, H Hauptbahnhof, Tel. 0203/287846.

Das **Rosso Picanto** ist kein Pizza-Italiener, sondern hat sich auf andere italienische Köstlichkeiten verlegt – etwa Fleisch, Fisch und ausgewählte Nudelgerichte. Das charmante Restaurant samt Weinbar liegt in der Fußgängerzone in der Innenstadt. Viele Büroarbeiter kehren hier mittags ein, doch auch abends lohnt sich ein Besuch.
Sonnenwall 6 (Innenstadt), Mo–Sa 12–22 Uhr, H Rathaus, Tel. 0203/36356766.

Das China-Restaurant **Asia Palace** setzt auf Größe: In einem ehemaligen Autohaus untergebracht, finden an den Tischen bis zu 800 Gäste Platz. Mit Sitzgruppen versucht man den Hallen-Charme zu vertreiben. Auch die Karte bietet eine Menge Gerichte der asiatischen Küche. Wahlweise mongolische Varianten, japanisches Sushi oder chinesische Klassiker. An einem Buffet mit All-you-can-eat-Angebot kann man sich durchprobieren. Beliebt bei Familien, weil es hier für die Kinder eine Spielecke samt Bällebad gibt.
Auf der Höhe 47 (Kaßlerfeld), Mo–Sa 11.30–15 & 17.30–23.30 Uhr, So 11.30–23.30 Uhr, H Kaßlerfelder Straße, Tel. 0203/36397525, www.asia-palace-duisburg.de.

AUF DIE SCHNELLE

Beim **City-Grill** hat schon Götz George alias Horst Schimanski seine Pommes-Currywurst bestellt: Der Imbiss ist in so manchem Tatort zu sehen. Hier ist immer was los – mittags kommen Passanten, abends nach dem Kneipenbesuch die Nachtschwärmer. Wer vor Ort isst, schaut übrigens direkt auf ein Stück Stadtmauer. Der Besitzer, ein Zahnarzt, betreibt inzwischen drei Imbissbuden. Kultig und lecker.
Untermauerstraße 1 (Innenstadt), Mo–So 11–0 Uhr, H Steinsche Gasse, Tel. 0203/25750.

Dieser Schnellimbiss ist stylish – und hat ein Herz für Veganer: In der **Pommeserei** gibt's Currywurst in einer Bio- und einer veganen Variante, mit drei verschiedenen Soßen zur Auswahl. Bei Bedarf kann selbst nachgeschärft werden. Die Pommes sind ebenfalls bio. Einmal die Woche werden vegane Burger aufgetischt. Vegane Tagesgerichte runden das Angebot ab. Tipp: Für Pommes-Currywurst muss man nicht einmal das

Sofa verlassen: Die Fritten kann man sich am Wochenende per Fahrradkurier in Neudorf, Duissern oder Stadtmitte liefern lassen.
Ludgeriplatz 39 (Neudorf), Di, Mi & Fr 11.30–20 Uhr, Do 11.30–14 Uhr, Sa & So 15–20 Uhr, H Hauptbahnhof, Tel. 0203/40639707, www.pommeserei.de.

In der Pommeserei gibt's auch Currywurst für Veganer.

Ein Fischbrötchen auf die Hand: Dafür ist das Traditionsfischhaus **Wilken** die richtige Adresse. Seit 1950 gibt es das Geschäft am Friedrich-Wilhelm-Platz. In dem Imbiss bekommt man frisch gebratenen (Back-)Fisch mit Beilagen oder auch Heringsstipp, Matjeshappen oder marinierte Garnelen. Die geräucherte Ware kommt frisch aus der firmeneigenen Räucherei.
Sonnenwall 49/Ecke Friedrich-Wilhelm-Platz, Mo–Fr 9–18.30 Uhr, Sa 9–15 Uhr, H Steinsche Gasse (Innenstadt), Tel. 0203/24647, www.fisch-wilken.com.

Fisch Wilken

AM ABEND

KNEIPEN & BARS

30 Biere vom Fass, rund 250 auf der Karte: Der **Finkenkrug** ist die Studentenkneipe, in der man sich an einem Abend rund um die Welt trinken kann. Das Angebot reicht von fruchtigen belgischen Bieren, britischen Stouts, Craftbeer bis Exoten aus Südostasien. Gegründet wurde der Finkenkrug bereits 1975 als Genossenschaft und als Möglichkeit für Studenten, sich nebenbei etwas dazuzuverdienen. Der eine oder andere verbrachte fortan mehr Zeit in der „Finko" als im Hörsaal. Um eine Grundlage zu schaffen, werden Burger, sehr gute Schnitzel oder Salate serviert. Wechselnde Wochenkarte und Mittagstisch. Sonntag gibt's Frühstück.
Sternbuschweg 71 (Neudorf), Mo–Do 12–1 Uhr, Fr 12–3 Uhr, Sa 17–3 Uhr, So 11–1 Uhr, H Schweizer Straße, Tel. 0203/360603, www.finkenkrug.de.

Mehr als 200 Biere stehen im Finkenkrug auf der Karte.

Das **Fährmann** war früher eine klassische Eckkneipe. Heute wird die urige Bar vor allem von Studenten besucht – der Campus befindet sich nur wenige Meter weiter. Das überwiegend junge Publikum schätzt die günstigen Preise und dass man hier immer nette Leute trifft. Spätestens beim Kickern oder an der Dart-Scheibe kommt man miteinander ins Gespräch.
Mülheimer Straße 180 (Neudorf),
Mo–So 18–3 Uhr, H Schweizer Straße,
Tel. 0203/ 3632225.

Das **Pampus** ist eine alteingesessene Kneipe, die es seit den 1960er Jahren gibt. Die Chefin Mary steht noch immer hinter der Theke. Was sich die Inhaber bei dem Namen gedacht haben, darüber kann man bei einem Bierchen sinnieren.
Krummacherstraße 43 (Dellviertel),
Mo, Mi–So ab 18 Uhr,
H Steinsche Gasse,
www.pampus.net-vk.de.

Den **Bürgerhof** gibt's schon länger als den Chef: Bevor der 36-Jährige zum Kneipenbesitzer wurde, restaurierte er Kirchtürme. Doch er wollte lieber sein eigenes Ding machen und übernahm die beliebte Kneipe unweit der Uni. Jeden zweiten Donnerstag wird gequizzt. Außerdem werden MSV- und Champions League-Spiele übertragen.
Sternbuschweg 27 (Neudorf),
Mo–So 15–24 Uhr, H Heinestraße,
Tel. 0203/93574171,
www.buergerhof-duisburg.de.

Selbstgebrautes wird im Webster ausgeschenkt.

Die kupferfarbigen Bottiche im **Webster** sind kein Vorrat, hier wird tatsächlich gebraut. Seit 1992 zum Beispiel selbstgemachtes Blondes (Pils), Braunes (Alt) oder „Probierchen": Zu jeder Saison lassen sich die Braumeister etwas Besonders einfallen. Wer mehr über das Lieblingsgetränk der Deutschen erfahren möchte, kann ein Bierseminar buchen. Auf der Speisekarte stehen Brauhaus-Tapas und eine Auswahl gutbürgerlicher Küche. Einmal im Monat gibt's Veranstaltungen mit Live-Bands und Comedy. Sonntags guter Brunch, für den man reservieren sollte.
Dellplatz 14 (Dellviertel), Mo–Sa ab 12 Uhr, So ab 10.30 Uhr, H Steinsche Gasse, Bus Friedrich-Wilhelm-Platz,
Tel. 0203/23078,
www.webster-brauhaus.de.

Heute ein König: Im Wirtshaus der **König-Brauerei** am Innenhafen dreht sich alles um Bier. Zwar gehört die Duisburger Marke längst zur Bitburger-Braugruppe, doch an der Wand ist Firmengründer Theodor König verewigt: Er schaut den Gästen bei einem launigen Abend zu. Es gibt Stammtische und Selbstzapftische für Gruppen, dazu eine Lounge mit mo-

dernem Interieur. Im Sommer kann man draußen sitzen. Wirtshaus-Klassiker, Flammkuchen und Burger runden das Angebot ab. Morgens Frühstück.
Am Innenhafen 8–10 (Innenhafen), Mo–Sa 9–24 Uhr, So ab 10 Uhr (Küche ab 11.30 Uhr), H Schifferstraße, Tel. 0203/34683252, www.koenigpilsener-wirtshaus-duisburg.de.

Frisch Gezapftes im Köpi Brauhaus.

Das Düsseldorfer Brauhaus **Schiffchen** ist im Duisburger Innenhafen vor Anker gegangen und hat im ehemaligen Diebels eine Depandence eröffnet. Das Alt-Bier steht noch immer auf der Karte, zusätzlich gibt's andere Biere und gute Brauhaus-Küche, etwa Schweinehaxe mit Sauerkraut, Sauerbraten oder Kalbsleber. Im Sommer lockt ein schöner Biergarten mit Blick aufs Wasser.
Philosophenweg 29, Mo-So 12-0 Uhr, H Küppersmühle, Tel. 0203/39515250, www.brauerei-zum-schiffchen.de.

Das **Bolero** ist einer der vielen Systemgastronomie-Anbieter im Innenhafen. Die Küche bietet Burger und Fastfood mit mexikanischem Einschlag, darunter Enchiladas, Fajitas oder Nachos. Empfehlenswert sind die Cocktails und Longdrinks. An einem lauen Sommerabend lässt es sich mit Blick aufs Innenhafenbecken gut aushalten. Alle Cocktails auch zum Mitnehmen. Täglich Happy-Hour von 17–19 Uhr. An verschiedenen Tagen gibt's Specials.
Philosophenweg 31 (Innenhafen), Mo–So ab 12 Uhr, H Küppersmühle, Tel. 0203/3173500, www.duisburg.bolerobar.de.

In Duisburg gibt's viele Gelegenheiten, ein Bier zu trinken.

Mitten im Einkaufszentrum City-Palais liegt das **City-Vinum** – ein gut sortierter Weinhandel mit angeschlossener Bar, in der man lässig ein Gläschen trinken kann. Rund 50 Weine gibt's im offenen Ausschank. Wer etwas essen will, kann bei den umliegenden Restaurants ordern und bekommt das Essen ins City-Vinum gebracht. Meist gut besucht.
Königstraße 39 (Innenstadt), Mo–Sa 12.30–22 Uhr, So & Feiertage 16–21 Uhr, H König-Heinrich-Platz, Tel. 0203/39377950, www.city-vinum24.de.

Ein Café und Bistro für gediegene Abende. Das **Movies** befindet sich im Foyer des Programmkinos „Filmforum". Hier kann man gemütlich sitzen und ein Glas Wein oder Bier trinken, außerdem sehr gut essen. Charmante Adresse, auch wenn man nicht ins Kino will.
Dellplatz 16 (Dellviertel), Mo, Di, Do & Fr 17–1 Uhr, Mi, Sa & So 14.30–1 Uhr, H Steinsche Gasse, Tel. 0203/287217, www.cafe-movies.de.

Offiziell heißt die Eckkneipe mittlerweile **Das Café**, für viele Stammkunden wird der Laden aber auf immer das „Graefen" bleiben. Hier kann man gut auf ein, zwei Bierchen, Longdrinks oder Cocktails versacken. Später am Abend knirschen die Erdnussschalen unter den Schuhen. Ab und zu finden Live-Konzerte abseits des Mainstreams statt. Eine Adresse für alle, die gerne alternativ ausgehen wollen.
Krummacherstraße 14 (Dellviertel), Mo–So ab 20 Uhr, H König-Heinrich-Platz, www.facebook.com/dascafeinduisburg.

In der Werkstatt der **Schraubbar** wird gerade ein altes Rad repariert, vorne an der Theke gibt's Bierchen. In der Mischung aus Werkstatt und Bar haben sich fünf Jungs zusammengetan, die alte Räder wieder aufmöbeln oder individuelle Drahtesel zusammenstellen. Die originelle Bar ist die Kneipe vom „Verein für Fahrrad- und Trinkkultur", denn zum Flaschenbier darf hier noch gequalmt werden. Bei gutem Wetter werden die Stühle nach draußen gestellt.
Eigenstraße 52 (Hochfeld), Mi ab 17 Uhr, H Siechenhausstraße, www.facebook.com/schraubbarhochfeld.

Die Schraubbar ist Fahrradwerkstatt und Bar in einem.

LIVEMUSIK & TANZEN

Der Kellerclub **Djäzz** ist ein Kleinod für alle Musikliebhaber. Hier finden regelmäßig Jamsessions, Konzerte und Partys abseits des Mainstreams statt. Alternativ, szenig und beliebt. Als der Club beinahe schließen musste, ging die Kulturszene auf die Straße und kämpfte fürs Djäzz.
Börsenstraße 11 (Innenstadt), Di–Do ab 19 Uhr, Fr & Sa ab 22 Uhr, H König-Heinrich-Platz, www.wp.djaezz.de.

Etwas versteckt liegt der **Steinbruch** – der so vieles ist: Kneipe, lauschiger Biergarten und erstklassige Adresse für handgemachte Musik. Sonntags treten hier immer Bands auf, dazu stehen Konzerte internationaler Bands und Veranstaltungen an vielen anderen Tagen in der Woche auf dem Programm. Lokalmatador Jupp Götz ist mit seinem Trionova regelmäßig zu Gast.
Lotharstraße 318–320 (Neudorf), Mo–Do & So 9–24 Uhr, Fr & Sa 9–1 Uhr, H Sportpark, Tel. 0203/3632882, www.steinbruch-duisburg.de.

Seit 2011 heißt das Hundertmeister nun **Grammatikoff.** Das vielseitige Programm ist geblieben. Im Saal finden regelmäßig Comedy, Poetry Slams und Konzerte statt. Am Wochenende auch verschiedene Partys, zum Beispiel „Tanzen Küssen Yeah" oder „The Buzza Buzz". In der Kneipe gibt's donnerstags Live-Musik.
Dellplatz 16a (Dellviertel), Öffnungszeiten Kneipe: Mo–Do & So 16–1 Uhr, Fr & Sa 16–3, H Steinsche Gasse, Tel. 0203/36399681, www.grammatikoff.de.

Beliebtes Grammatikoff

Die Legende ist zurück: Viele Jahre gingen die Duisburger ins **Old Daddy**, dann benannte sich die Disco in „Kultkeller" um, nun ist es wieder das Daddy. Gespielt wird Rock und Pop aus den 80er und 90er Jahren, manchmal treten Live-Bands auf. Hier sind auch ältere Gäste gern gesehen.
Steinsche Gasse 48 (Innenstadt), bei Veranstaltungen ab 22 Uhr, H Steinsche Gasse, www.daddy-duisburg.de

Event-Schloss Pulp

Von außen sieht die Diskothek aus wie ein Schloss: Auf drei Tanzflächen, die verschiedene Musik-Geschmäcker bedienen, lässt es sich im **Pulp**

freitags und samstags gut feiern. Je nach Tag trifft man hier eher junges Publikum. An den anderen Tagen finden im Pulp Krimidinner, Ritter-Gelage und Kindertheater statt.
Wanheimer Straße 231a (Hochfeld), Öffnungszeiten Disco ab 22 Uhr, H Hochfeld Süd, Tel. 0203/3637900, www.pulp-duisburg.de.

Am früheren Abend kann man im **Baba Su** loungig etwas trinken oder essen. Samstags wird zu späterer Stunde getanzt. Regelmäßige Partyreihen sind „Punto Cubano", die Salsaparty mit vorherigem kostenlosen Workshop. Die DJs der „Silberfuchs Connection" haben schon einige Jahre im Nachtleben hinter sich (Werbeslogan „Fast 100 Jahre Musikerfahrung") und legen Tanzbares aller Jahrzehnte auf.
Bismarckstraße 120 (Neudorf), Mo–Fr & So ab 10 Uhr geöffnet, Sa ab 15 Uhr, Partys zu wechselnden Zeiten, H Oststraße, Tel. 0203/2986759, www.babasu.de.

Tanzen, feiern, Spaß haben: Im **Oberbayern** werden Charts, Hits der 1980er und 90er gespielt, dazu immer mal wieder Schlager. Motto-Partys zu besonderen Anlässen, etwa Karneval, Oktoberfest oder Halloween. Die Diskothek gibt's mittlerweile seit 15 Jahren und lockt mit günstigen Drinks jüngere und ältere Tanzwütige an. Einlass für alle ab 20 Jahren.
Koloniestraße 97 (Neudorf), Sa ab 21.30 Uhr, H Koloniestraße, www.oberbayernduisburg.de.

KINO & BÜHNE

Das **Filmforum** ist das älteste kommunale Kino in Deutschland und das letzte Programmkino, das in Duisburg übrig geblieben ist. Hier werden feine Arthouse- und Autorenfilme gezeigt, außerdem Originalversionen. Die Programmmacher haben auch das erfolgreiche Sommerkino im Landschaftspark aus der Taufe gehoben. Einmal im Jahr ist das Filmforum außerdem Schauplatz für die Duisburger Filmwoche und zieht Dokumentarfilmer und Zuschauer aus ganz Deutschland und dem benachbarten Ausland an.
Dellplatz 16, Öffnungszeiten Kasse 17.15–21.30 Uhr, H Steinsche Gasse, Tel. 0203/285473 (Büro) oder 0203/3927125 (Programmansage), www.filmforum.de.

Programmkino das Filmforum

Cineasten, die gerne Blockbuster sehen, sind in der **UCI Kinowelt** direkt am Hauptbahnhof am besten aufgehoben. Das Multiplex-Kino verfügt über acht Säle mit rund 2.000 Sitzplätzen. In dem größten wurde eine Technik namens I-Sens eingebaut – ein Soundsystem mit räumlichen Effekten. So klingt es, als würde das Flugzeug von der Leinwand direkt über den Kopf der Zuschauer fliegen. Regelmäßig gibt's Überraschungspremieren oder Übertragungen von Opern und Konzerten.

Neudorfer Straße 36–40 (Neudorf), Öffnungszeiten Kasse Mo–Sa ab 12.15 Uhr, So ab 10.15 Uhr, H Hauptbahnhof, Tel. 0203/3019191 (Programmansage), www.uci-kinowelt.de/duisburg.

Spieltrieb heißt das junge Ensemble des Theater Duisburg.

Das **Stadttheater** gehört mit seinen neogotischen Säulen zu den markantesten Gebäuden in der City. Über dem Eingang prangt ein Zitat von Schiller aus „Huldigung der Künste": „Mit all seinen Tiefen seinen Höhen roll ich das Leben ab vor Deinem Blick. Wenn Du das große Spiel der Welt gesehen so kehrst Du reicher in Dich selbst zurück." Auf der Bühne werden Schauspiel, Oper, Ballett und Konzerte gegeben. Die Stadt Duisburg hat in den 1950er Jahren mit den Nachbarn aus Düsseldorf eine Opern-Ehe geschlossen. Die Deutsche Oper am Rhein gehört zu den renommiertesten Opern- und Balletthäusern in Deutschland. Die Vorstellungen finden abwechselnd in Duisburg und Düsseldorf statt. Mit dem Jugendclub „Spieltrieb" hat es Theaterleiter Michael Steindl zudem geschafft, ein eigenes Schauspielensemble am Haus zu etablieren. Die anspruchsvollen Eigenproduktionen sind sehenswert und werden von Publikum und Kritik regelmäßig gefeiert. Einmal im Jahr ist das Theater Schauplatz für das Theatertreffen der „Akzente". Einen Blick hinter die Kulissen kann man bei den öffentlichen Bühnenführungen erhaschen.

Neckarstraße 1 (Innenstadt), Öffnungszeiten Theaterkasse Mo–Fr 10–18.30 Uhr, Sa 10–18 Uhr, H König-Heinrich-Platz, Tel. 0203/28362100 (Theaterkasse), www.theater-duisburg.de.

Gegenüber des Stadttheaters liegt in der oberen Etage des City-Palais die **Mercatorhalle**. Die gute Stube der Stadt war schon immer die Heimat der Duisburger Philharmoniker. Die Musiker und das Publikum mochten den Saal, dennoch gab es Pläne von Seiten der Stadt, das Haus abzureißen und durch einen Neubau zu ersetzen. In den 1990er Jahren hatte die Stadt nämlich die Lizenz für ein Spielcasino erhalten, für das nun ein geeigneter Ort gefunden werden sollte. 1999 beschlossen die Politiker, trotz erheblicher Bedenken des Denkmalschutzes, den Abriss. 2005 wurde der Grundstein für das City-Palais gelegt und 2007 wurde die große Eröffnungssause gefeiert. Doch der Saal entpuppte sich als Skandalbaustelle. 2016 wurde der Konzertsaal nach erneuter Sanierung wieder eröffnet.

Landfermannstraße 6 (Innenstadt), Öffnungszeiten Theaterkasse Mo–Fr 10–18.30 Uhr, Sa 10–18 Uhr, H König-Heinrich-Platz, Tel. 0203/28362100 (Theaterkasse), www.duisburger-philharmoniker.de.

Martina Linn-Naumann holt bekannte Kabarettisten und Schauspieler in die Säule.

Viele Jahre war das **Theater am Marientor (TaM)** die Musicaladresse in Duisburg. Von 1996 bis 1999 wurde Les Miserables gezeigt, später gab's zahlreiche Gastspiele von Tournee-Ensembles und Comedians. Fernsehsender nutzen das plüschige Theater, um TV-Shows aufzuzeichnen. Mittlerweile gehört das Haus, das vielen auch als TaM bekannt ist, der „Autark"-Gruppe. Theaterleiterin Sabine Kühn will wieder frischen Wind in die Musicalszene bringen. Das Stück „Wahnsinn", eine Hommage an Wolle Petry und seine Hits, erlebte hier jüngst seine Uraufführung. Duisburg hat endlich wieder eine Adresse mit rotem Teppich, die auch Prominente anlockt.
Plessingstraße 20 (Hochfeld),
H Platanenhof, Tel. 0203/28250,
www.theater-am-marientor.de.

Die Säule ist das Kleinkunsttheater der Stadt. Der Name geht auf zwei goldene Säulen zurück, die sich vor der Bühne befinden. Das kuschelige Theater fasst nur 99 Besucher und befindet sich in einem Hinterhof am Dellplatz. Theaterchefin Martina Linn-Naumann ist bestens vernetzt in der deutschen Theaterszene und stellt stets ein abwechslungsreiches Programm aus Lesungen, Kabarett und Theater zusammen. Andere Veranstalter buchen den Saal beispielsweise für Jazz-Konzerte oder Impro-Theater. Mit den „Best Agern" verfügt die Säule nicht nur über ein eigenes Ensemble, sondern hat auch einen prominenten Unterstützer in den eigenen Reihen. Zuschauer können hier den ehemaligen Traumschiff-Arzt Horst Naumann regelmäßig live erleben.
Goldstraße 15 (Dellviertel),
H Steinsche Gasse,
Tel. 0203/28362100 (Theaterkasse)
oder 0203/20125,
www.duisburg.de/diesaeule.

EINKAUFEN

FEINKOST & SPEZIALITÄTEN

Die **Metzgerei Simon Berns** ist in den vergangenen Jahren von der Gourmet-Zeitschrift „Der Feinschmecker" ausgezeichnet worden. Die Traditionsfleischerei, die seit 1870 im Familienbesitz ist, bezieht beispielsweise das Rindfleisch von ausgewählten Höfen vom Niederrhein. Auch Schwein, Huhn und Kalb kommen von regionalen Erzeugern. Die Heiße Theke bietet einen wechselnden gutbürgerlichen Mittagstisch zum Mitnehmen an.
Friedrich-Wilhelm-Platz 2 (Innenstadt),
Mo–Fr 8–18.30 Uhr, Sa 8–14 Uhr,
H Steinsche Gasse, Tel. 0203/299411,
www.simon-berns.de.

Im **Nudelgarten** von Klaus Schüller „wachsen" selbst gemachte Tagliatelle, Fusilli und Spaghetti. Wahlweise gibt's die Pasta pur oder mit Chili, Thymian oder Basilikum. Vor mehr als 30 Jahren kaufte Schüller einer Pastamacherin eine Nudelmaschine ab, seitdem produziert er selbst, ohne Ei. Abgerundet wird das Sortiment mit einer Auswahl an selbstgemachten Soßen und Antipasti. Und damit man probieren kann, wie es schmeckt, ist ein Imbiss angeschlossen.
Ludgeristraße 29 (Neudorf), Do & Fr 9.30–14 & 15.30–18 Uhr, Sa 10.30–14 Uhr (Imbiss ab 11.30 Uhr), H Hauptbahnhof, Tel. 0203/350596, www.nudelgarten.de.

Pro Vita heißt das kleine Bio-Geschäft von Ulrike Schley. Jeden Tag tischt sie eine Auswahl leckerer Gerichte, darunter Tartes und Quiches auf. Angeschlossen ist ein Naturkostladen, in dem es immer freitags frische Produkte wie Obst und Gemüse gibt. Dazu eine Auswahl Nudeln, Mehl und andere Trockenprodukte, die jeden Tag angeboten werden. Die Inhaberin eröffnete ihr erstes Naturkost-Geschäft bereits 1988 und bietet auch Catering an.
Gutenbergstraße 8 (Innenstadt), Mo–Fr 10–19 Uhr, H Rathaus, Tel. 0203/666707, www.wordpress.provita-naturkost.de. **Das Geschäft möchte im Frühjahr 2019 zum Peterstal 32 (Altstadt) umziehen.**

Dänisches Flair in Duissern: Der Bäcker David Kropp betreibt das Café **Copenhagen Coffee Lab and Bakery.** Das Brot ist weder dänisch noch deutsch, sondern so wie er sich ein gutes Brot vorstellt: Mit grober Krume, ohne Zusatzstoffe und die Brötchen mit Körnern. Süße Teilchen und herzhafte Snacks wie Kartoffelpizza runden das Angebot ab. Den Kaffee kann man in dem Ladenlokal im Vintage-Stil direkt vor Ort trinken.
Martinstraße 51 (Duissern), Mo–Fr 7–19 Uhr, Sa 7–16 Uhr, So 8–14 Uhr, H Lutherplatz, Tel. 01520/5205412, www.facebook.com/cclbduisburg.

Bei **Omma Paula** wird noch gebacken wie früher: Mit guter Butter und ohne viel Chichi entstehen hier hausgemachte Kuchen, Quiches, Torten und Tartes. Der Schokokuchen ist schön schokoladig und am Nusskuchen sind die Nüsse nicht nur mal eben vorbeigelaufen. Nicht wundern: Omma Paula ist nur die Namensgeberin. Hinter der Theke steht Detlev Grütjen, Ex-Bergmann und ausgebildeter Konditor. Wenn er backt, duftet's in der ganzen Straße – lecker! Ganze Bleche auf Vorbestellung.
Hansastraße 98 (Duissern), Di–Fr 10–18 Uhr, Sa 11–16 Uhr, So 12–16 Uhr, H Duissern Bf, Tel. 0203/3486532.

Likada: griechische Botschaft in Neudorf

In Neudorf betreibt Lothar Stockmeyer gewissermaßen eine griechische Botschaft: Gemüse, Öl, Wein,

Käse und andere Zutaten importiert er für seinen kleinen Laden **Likada** direkt aus Kreta. Wo die Ware herkommt, weiß er genau, er hat mal auf Kreta gelebt. Was nicht von der Insel kommt, stammt aus Deutschland und hat Bio-Qualität.
Gneisenaustraße 212 (Neudorf), Di & Do 9–19 Uhr, Mi 9–14 Uhr, Fr 9–18 Uhr, Sa 9–15 Uhr, H Heinestraße, Tel. 0203/6694049.

Einmal pro Woche macht sich in Siebenbürgen ein Transporter vollbeladen mit Lebensmitteln auf den Weg nach Duisburg. Im **Magazin Ardealul** kann man Käse, Schinken und andere Spezialitäten aus Transsilvanien kaufen. Der Inhaber hat das Geschäft übrigens nach der Region Ardeal benannt. Von dort stammen die meisten Lebensmittel.
Mülheimer Straße 149 (Duissern), Mo 12–19 Uhr, Di–Sa 10–19 Uhr, H Schweizer Straße, Tel. 01578/1500881.

Im **Yasmeen Frischmarkt** gibt's getrocknete Lorbeerblätter aus dem Libanon, tunesische Datteln und Couscous aus Marokko. Das Angebot gleicht fast einem arabischen Basar, bloß geht es hier deutlich ruhiger zu. Neben arabischen und türkischen Lebensmitteln kann man auch frisches Fleisch und Obst kaufen.
Oststraße 143 (Neudorf), Mo–Sa 8–19 Uhr, H Bismarckstraße, Tel. 0203/60156696, www.facebook.com/yasmeen.frischmarkt.

Schokoriegel, Brot und Suppen – **Viktualia** wirkt ein bisschen wie ein Tante-Emma-Laden. Doch die Inhaberin führt ausschließlich polnische und schlesische Produkte. Hier kann man sich mit sämtlichen Zutaten für Borschtsch, Zurek, Pierogi und andere deftige Gerichte eindecken.
Universitätsstraße 40 (Altstadt), Mo–Fr 10–18 Uhr, Sa 9–15 Uhr, H Steinsche Gasse, Tel. 0203/44005420, www.viktualiaduisburg.lima-city.de.

Pekan-, Wal-, und Erdnüsse: Verschiedene Nüsse, wahlweise mit Zucker oder Salz überzogen, bekommt man im Trockenfrüchteladen **Param Kuruyemis**. Man kann sich individuelle Mischungen zusammenstellen oder sich für eine sortenreine Tüte entscheiden. Die Nüsse werden in Duisburg geröstet. Sultaninen oder andere süße türkische Leckerbissen runden das Sortiment ab.
Wanheimerstraße 15 (Hochfeld), Mo–Sa 10–19 Uhr, H Brückenplatz, Tel. 0203/9841735, www.facebook.com/paramkuruyemis.

Param Kuruyemis: gemischte Tüten voller Nüsse

Eine Winkekatze begrüßt die Kunden: Wer gerne asiatisch kocht, ist im **Asia-Markt** von Van Mimh Lam

an der richtigen Adresse. Er öffnet mit seiner reichhaltigen Auswahl an Gewürzen, Pasten, frischen und abgepackten Produkten das Tor zu einer exotischen Welt. Außerdem vorrätig: säckeweise Reis und Nudeln. Rezepte-Tipps gibt's gratis dazu.
Mercatorstraße 50 (Innenstadt), Mo–Fr 9.30–19.30 Uhr, Sa 9.30–18.30 Uhr, H Hauptbahnhof, Tel. 0203/3186138, www.asiamarkt-du.jimdo.com.

An seinen ersten Wein kann sich Dominik Schmidt von der **Weinvilla** noch gut erinnern – es war ein gruseliger Fusel von der Tankstelle. Zum Glück führte sein Vater die Weinvilla und brachte seinen Sohn doch noch auf den Geschmack. Nach dem Abi arbeitete er schließlich bei einem Winzer in Bordeaux mit, nun führen Vater und Sohn mit Mitarbeitern das Geschäft im Team. Im Regal stehen Weine aus Frankreich, Spanien, Italien und Deutschland. Regelmäßig wird ein Wein-Flohmarkt veranstaltet. Die Gutscheine werden hübsch als Flaschenpost verpackt.
Mülheimer Straße 103 (Duissern), Mo–Fr 14–19.30 Uhr, Sa 10–14 Uhr, H Lutherplatz, Tel. 0203/3463900, www.die-weinvilla.de.

Die Weinhandlung von Karl-Heinz **Hauschild** wird lobend in der Zeitschrift Feinschmecker erwähnt und als eine der besten Fachgeschäfte Deutschlands gelobt. Der Chef half während seines Studiums im Weingeschäft seiner Schwester aus, dann eröffnete er seinen eigenen Laden. Schnell entschloss er sich, ohne Großhändler zu arbeiten, stattdessen bezieht er seinen Wein direkt bei den Winzern. In Kooperation mit jungen deutschen Winzern hat er eine eigene „Hauschild"-Edition aufgelegt. Im Sortiment sind aber auch Tropfen aus zahlreichen anderen Ländern und Hochprozentiges.
Moltkestraße 36 (Duissern), Mo–Fr 11–18.30 Uhr, Sa 10–15 Uhr, H Lutherplatz, Tel. 0203/342328, www.weinhandel-hauschild.de.

MÄRKTE

Zweimal in der Woche wird der Marktplatz zwischen Fröbel- und Saarbrücker Straße zum geselligen Treffpunkt für Einkäufer. Der Hochfelder Markt ist einer der größten und abwechslungsreichsten in Duisburg. Vor allem türkische Händler bieten hier ihre Waren an. Dazwischen gibt es beispielsweise frisch gebackene Gözleme, lecker gefüllte Teigtaschen.
Saarbrücker Straße/Fröbelstraße (Hochfeld), Mi & Sa 8–13 Uhr, H Pauluskirche, www.duisburgkontor.de.

Samstags auf dem Hochfelder Markt

Unter dem Motto **„Spätschicht"** findet von Mai bis Oktober jeden Donnerstag der Feierabendmarkt in der Innenstadt statt. Die Obst- und Gemüsestände werden ergänzt durch Streetfood-Angebote. Zu Bier und Wein können Besucher ab 16 Uhr entspannt in den Abend starten. Oft gibt es dazu Livemusik. Dienstag und Samstag kann man an gleicher Stelle von 10–18 Uhr auf dem Bauernmarkt einkaufen.
Königstraße (Innenstadt), Do ab 16 Uhr, H König-Heinrich-Platz, www.duisburgkontor.de.

Bummeln mit Hafenflair: **Der Marina Markt**, direkt am Innenhafen und der historischen Stadtmauer gelegen, lockt Passanten von April bis Oktober mit Kunsthandwerk, gastronomischem Angebot und Blick auf die Bötchen der Marina. Getreu dem Motto „Frisches, Schönes, Köstliches" kann man es sich hier gut gehen lassen. Und mit Blick auf die schaukelnden Boote fühlt man sich ein bisschen wie im Urlaub.
Johannes-Corputius-Platz, 2. So im Monat 11–18 Uhr, H Rathaus, www.duisburgkontor.de.

Antiquitäten, Liebhaberstücke und so manches, was bisher im Keller verstaubte, wird beim **Trödelmarkt am Sportpark Wedau** angeboten. Von März bis Oktober findet der Markt einmal pro Monat am Wochenende statt und, in kleinerer Form, jede Woche mittwochs.
Kalkweg/Ecke Kruppstraße (Neudorf), Mi 8–14 Uhr, Sa ab 8 Uhr, So ab 11 Uhr, H MSV-Arena, www.duisburgkontor.de.

MODE & DESIGN

Die Kleidungsstücke von **Anna Termöhlen** haben stets das gewisse Etwas: Der Stil der Designerin ist gradlinig, minimalistisch und wandelbar. An einem Kleid befindet sich zum Beispiel ein Schal. Öffnet man an einer Jacke einen Reißverschluss wird sie zum Mantel. Kundinnen können sich Farbe und Material des Outfits individuell anpassen lassen. Die neue Kollektion wird regelmäßig bei Modenschauen vorgestellt.
In dem kleinen Geschäft, einer ehemaligen Wäscherei, kann man stöbern und anprobieren. Außerdem gibt's Grafiken und Postkarten zu kaufen.
Ludgeriplatz 25 (Neudorf), Di 10–14 Uhr, Do & Fr 10–18 Uhr, Sa 11–15 Uhr, H Hauptbahnhof, Tel. 0171/3660402, www.at-atelier.de.

Mode von zwei Duisburger Labels findet sich im AT-elier.

Hutmacherin Susanne Arnken ist Rotkäppchens Tante.

Hüte stehen jedem, davon ist Modistin Susanne Arnken überzeugt. Für alte Zeiten, die Geschichte(n) und Mode konnte sich die Duisburgerin schon immer begeistern. Ausdruck dessen ist ihre Liebe zum Hut. In ihrem Atelier **Rotkäppchens Tanten** hat sie eine große Auswahl an selbst gefertigten Hüten und Kappen vorrätig. Im Winter eher aus Filz und Wolle, im Sommer aus Stroh. Außerdem kann man sich hier individuelle Kopfbedeckungen entwerfen lassen.
Moltkestraße 15 (Duissern),
Di 14–18.30 Uhr,
Mi, Do & Fr 11–18.30 Uhr, Sa 11–16 Uhr,
H Lutherplatz, Tel. 0163/2852223,
www.facebook.com/rotkaeppchen-tanten.

In dem Laden von Andrea Schulte fühlt frau sich zurückversetzt in die 1950er Jahre. Unter dem Namen **Herzkleid** präsentiert sie Rockabilly-Mode, schwingende Petticoat- oder längere Boho-Kleider im 1920er Jahre-Stil samt passenden Accessoires. Kundinnen können sich von den Ausstellungsstücken inspirieren lassen und Maßanfertigungen in Auftrag geben. Kleidungsstücke britischer Labels ergänzen das Portfolio. Diese können sofort mitgenommen werden.
Friedrich-Wilhelm-Straße 77–79 (Innenstadt), Di–Sa 10–18 Uhr,
H Hauptbahnhof, Tel. 0203/39388858,
www.rockabillymode.de.

Andrea Schulte schickt ihre Kundinnen auf Zeitreise.

Gabriele Hoffmann macht aus Frauen Göttinnen – das ist ihr Anspruch. Am Tag der Tage sollen sie gut aussehen. „Wir schneidern nicht nur Kleider, wir zaubern – deshalb auch unser Name **Zauberkleid**." Sie und ihr Team fertigen individuelle Abend- und Hochzeitskleider auch in großen Größen. Gemeinsam mit den Frauen und deren Freundinnen, die oft zum Termin mitkommen, wird das Kleid entwickelt.
Wallstraße 17 (Innenstadt), Öffnungszeiten nach Terminvereinbarung,
H Rathaus, Tel. 0203/4495852,
www.zauberkleid.de.

Ars Vivendi ist ein besonderer Laden: Hier werden Geschenkartikel, Wohn-Accessoires und kleine Nettigkeiten verkauft, die von Menschen mit Behinderung hergestellt wurden. Die Deko-Artikel und Leckereien werden vor allem in Duisburg produziert. Außerdem ist Ars Vivendi der Flagship-Store für die eigene Modelinie Esthétique. Duisburger Menschen mit Behinderung entwerfen und schneidern mit Hilfe von Profis die Kollektion. Im Geschäft arbeiten ebenfalls Menschen mit Behinderung. Ars Vivendi ist inzwischen Teil des modernen **AV Concept Store**. Hier kann man shoppen und schlemmen.
Kuhlenwall 20 (Innenstadt),
Mo–Sa 8–19.30 Uhr, H Rathaus,
Tel. 0203/2985050,
www.arsvivendi-shop.de.

Esthétique ist ein inklusives Mode-Label.

„Berlin kann jeder, Duisburg muss man wollen" lautet der Wahlspruch der **Onkel Stereo**-Gründer Max und Sabine Nuscheler. Sie haben allerlei Schönes und Unnützes zu Duisburg entworfen: Taschen, T-Shirts und Postkarten mit Sinn für Ironie. Dazu gibt es Vinyl, in Form von Schallplatten oder als Getränke-Untersetzer und allerlei andere Artikel mit Lokalkolorit – zum Beispiel Stadt-Land-Fluss in einer Ruhrgebiets-Edition.
Wallstraße 6 (Innenstadt),
Mo–Fr 11–18.30 Uhr, Sa 11–16 Uhr,
H Steinsche Gasse,
Tel. 0203/39853443,
www.onkelstereo.de.

Onkel Stereo: Wie wäre es mit einer Duisbronx-Schürze?

Sabine Haack, gelernte Goldschmiedin, hat schon immer von einem eigenen Laden geträumt. Mit dem **Sabinski** hat sie sich diesen Traum erfüllt. Der Name ist eine Mischung aus Sabine und der im Ruhrgebiet typischen Endung -ski, weil das so schön nach Pott klingt. Sie bietet keinen Schmuck für Modepüppchen, sondern individuelle Ketten, Ohrhänger und Ringe, die man nicht an jeder Ecke bekommt.
Wallstraße 6 (Innenstadt),
Di–Fr 11–18.30 Uhr, Sa 10–16 Uhr,
H Steinsche Gasse,
Tel. 0203/29648253,
www.sabinski.com.

Individuellen Schmuck findet frau bei Sabinski.

Im Schaufenster von Anja Pafferath blinkt und funkelt es. Der Name der kleinen Goldschmiede-Werkstatt lautet **Aurum**, lateinisch für Gold. Seit mehr als 20 Jahren fertigt sie Kostbarkeiten für Hand und Hals. Frauen und Männer mögen ihr Geschäft gleichermaßen – die Damen, weil sie sich hier selbst beschenken können und die Herren, weil sie garantiert etwas finden.
Gerhart-Hauptmann-Straße 9 (Duissern), Di, Do & Fr 12–18 Uhr und nach Vereinbarung, H Lutherplatz, Tel. 0203/333306, www.goldschmiede-aurum.de.

Frau Scharbatke, Inhaberin des gleichnamigen Geschäfts, ist die Fachfrau für „Schöner Wohnen". Die Raumausstattermeisterin designt beispielsweise Hocker selbst oder polstert abgeliebte Sofas und Sessel wieder auf. Im hinteren Bereich des Ladens wird repariert und entworfen, im vorderen gibt es ausgefallene Lampenschirme, Kissen und andere schöne Wohnaccessoires oder Geschenkartikel.
Martinstraße 40 (Duissern), Di–Fr 11–18.30 Uhr, Sa 9–13 Uhr, H Lutherplatz, Tel. 0203/7398070, www.frauscharbatke.de.

In einem Biedermeier-Schrank steckt ein ganzes Leben – älter als ein Mensch sind die Möbel, die im Geschäft von Petra Garncarz stehen. Bei **Olle Möbel** findet man Anrichten, Vertikos, kunstvoll verzierte Kaffeekannen oder Lampen. Die Liebhaberstücke werden sorgsam aufgearbeitet, ohne dass sie ihren Charakter verlieren. Und manchmal werden die Möbel auch als Requisiten für Theater- oder Fernsehproduktionen verliehen.
Koloniestraße 202 (Neudorf), Di–Fr 10–13 Uhr & 15–18 Uhr, Sa 10–14 Uhr, H Koloniestraße, www.ollemoebel.de.

Olle Möbel und alte Schätzchen

ORIGINELLES & ORIGINALE

Das Schild der alten Bäckerei hängt noch – doch statt Brötchen backt Gaby Zekorn Hundekekse. Sie steckt hinter **Gaby's Hundekekse**. Die gibt's in Form von Thunfisch-Schinken-Happen, Leberwurst-Herzen oder Hähnchentalern, auch glutenfreie und vegetarische Varianten kann man kaufen. Für die Besitzer wird immerhin Coffee To Go angeboten.
Neudorfer Straße 207a (Neudorf),
Di–Fr 10–18 Uhr, Sa 10–14 Uhr,
H Koloniestraße, Tel. 0163/4394343,
www.gabys-hundekekse.de.

Gaby's Hundekekse werden stets frisch gebacken.

Hochwertige Leckerli für Vierbeiner, darunter Ochsenschwanz, Rehbeine und Lammohren führt Sebastian Genz, ausgebildeter Tierpfleger, in seinem Fachgeschäft **Lekkerchen**. In einer Kühltruhe lagert Frischfleisch, das die Besitzer zu eigenem Futter verarbeiten können. Spielzeug, Leinen in sämtlichen Längen oder gar Wasserbetten runden das Sortiment ab.
Oststraße 56 (Neudorf), Mo–Fr 10–18 Uhr, Sa 10–14 Uhr, H Oststraße,
Tel. 0203/39377577,
www.lekkerchen.de.

Muffinbehälter, Keksausstecher, funkelnde Zuckerperlen: **Cakemart** ist die Adresse für Hobbybäcker. Und wenn nicht nur die Optik, sondern auch der Geschmack zählen soll, gibt's zahlreiche Aromen. Die Verkäuferinnen können hilfreiche Tipps geben.
Sonnenwall 21 (Innenstadt),
Mo–Fr 10–18.30, Sa 10–16 Uhr,
H Rathaus, www.cakemart.de.

Mit aller Macht stemmt sich Boris **Roskothen**, Inhaber des gleichnamigen Spielegeschäfts, gegen den gesellschaftlichen Wandel der digitalen Spielewelt. Er veranstaltet Spielenachmittage, kooperiert mit Schulen und bietet hervorragende Beratung. In dem Traditionsgeschäft werden große und kleine Spielkinder fündig.
Sonnenwall 38–42 (Innenstadt),
Mo–Fr 10–18.30 Uhr, Sa 10–17 Uhr,
H Steinsche Gasse, Tel. 0203/20280,
www.diekunstzuspielen.de.

Lastenräder sind in Holland populär. Arthur van Bommel, selbst gebürtiger Niederländer, hat daraus ein Geschäftsmodell entwickelt und bietet in seinem Geschäft **Kutschkasten** die typischen Bakfietsen an, aber auch Hollandräder. Dazu gibt's Klingeln, Blumenketten und Fahrradkörbe, die mit Frühstückskuchen, Streuseln oder Kaffee dekoriert sind.
Oststraße 138 (Neudorf),
Di–Fr 15.30–18.30 Uhr, Sa 9–13 Uhr,
H Oststraße, Tel. 0203/93422795,
www.facebook.com/kutschkasten.

Mädchen, Märchenfiguren oder sogar den jungen Elvis: Mehr als 1.000 Porzellan-Puppenmodelle hat **Hilde-**

gard Günzel in den vergangenen Jahrzehnten entworfen. Gefertigt werden die Liebhaberstücke in einer Duisburger Manufaktur. Die Figuren sind allerdings weniger zum Kuscheln geeignet, sondern eher Sammlerstücke. Fans aus aller Welt warten jedes Jahr auf die neuen Kataloge, in denen die Kollektion vorgestellt wird. Nach Terminvereinbarung kann man die Werkstatt im Duisserner Hinterhof besuchen.
Falkstraße 77 (Duissern),
Servicezeiten 9–17 Uhr,
H Duissern Bf, Tel. 0203/93556375,
www.hildegardguenzel.com.

In der Manufaktur von Hildegard Günzel werden Sammler-Puppen aus Porzellan gefertigt.

Unter dem Namen **Weichmöbel** stellt Ingrid Szperkowski Sitzsäcke in verschiedenen Größen her, in die man sich zu Hause gemütlich plumpsen lassen kann. Jedes Modell ist nach einem wirbellosen Tier benannt, etwa dem Seeohr, oder nach Muschelarten. Es gibt nicht nur Kissen für Menschen, sondern auch für Tiere.
Tersteegenstraße 11 (Hochfeld),
Di–Fr 10–12.30 & 14.30–17 Uhr,
Sa 10–14 Uhr, H Pauluskirche,
Tel. 0203/9352900,
www.weichmoebel.de.

Eigentlich bräuchte Christiane Alt noch 20 Quadratmeter mehr für ihre Ideen: Die gelernte Schneiderin und Friseurmeisterin betreibt unter dem Namen „**Glück**" einen Frisiersalon, der Café und Boutique zugleich ist. Im vorderen Bereich bekommt man Kaffee, Kuchen und Drinks, dahinter wird geschnitten und gefärbt. Ab und zu finden Workshops für Hochsteckfrisuren und andere Veranstaltungen statt.
Obermauerstraße (Innenstadt),
Mo 9–18 Uhr, Di 9–16, Do & Fr 9–20 Uhr,
H Rathaus, Tel. 0203/3484763,
www.facebook.com/glueck-friseur-und-cafe.

Vasen, Kerzen, tausende Dekorationsartikel: Der **Knüllermarkt** ist vollgestopft mit neuen Trends, ganz gleich zu welcher Jahreszeit und zu welchem Anlass. Während Frauen mit leuchtenden Augen durch die Gänge schlendern, verziehen die Männer meist das Gesicht. Macht nichts, zum Glück gibt's in dem Deko-Paradies ein Café.
Münzstraße 37–43, Mo–Sa 10–19 Uhr,
H Rathaus, Tel. 0203/287102,
www.knuellermarkt.de.

Deko-Paradies Knüllermarkt

Batterien, Lampen, Ersatzteile für Plattenspieler und anderes technisches Equipment: Lars Hoffmann betreibt mit dem **City Electronicer** ein alt eingesessenes Fachgeschäft für klassische Elektronik-Artikel. Mittendrin steht eine Bühne, auf der ab und zu Konzerte mit Bands aus der schwarzen Szene stattfinden. Streng genommen sind es „Präsentationen zur Produktvorführung", für die man sich anmelden muss.
Heuserstraße 13 (Innenstadt),
Mo–Fr 9.30–18.30, Sa 9.30–14 Uhr,
H König-Heinrich-Platz,
Tel. 0203/27710,
www.cityelectronicer.de.

Ihr Bierwissen haben sich Janna Klett und Dominik Förderer hart erarbeitet – manche munkeln sogar: ertrunken. 120 verschiedene Flaschenbiere kann man in der **Bierbude** kaufen. Die Sorten stammen von kleinen regionalen und internationalen Manufakturen. Einige können auch direkt vor Ort verkostet werden.
Wallstraße 3 (Innenstadt),
Di–Fr 11–19 Uhr, Sa 11–17 Uhr,
H Rathaus,
www.bierbude-duisburg.de.

Janna Klett und Dominik Förderer sind Bierliebhaber.

Eigentlich ist der Chef von Silke Heimsoth Schuld, dass sie sich selbstständig machte. Der war nämlich so, dass sie keinen mehr haben wollte. Also machte sie sich 2004 aus einer Sektlaune heraus mit dem Erotik-Fachgeschäft **Pussy Pleasure** selbstständig -- in einer Zeit, in der Sexshops noch in die Schmuddelecke gehörten. Bei ihr bekommen Frauen allerlei lustvolles Spielzeug und Wäsche. Für alle, die nicht gesehen werden wollen, gibt's einen diskreten Hintereingang. Männer sind übrigens auch willkommen.
Sonnenwall 25 (Eingang Schmale Gasse), Di–Sa 11–18 Uhr, H Rathaus,
Tel. 0203/2988158,
www.pussypleasure.de.

Lustvolles Spielzeug für Frauen

Bei Gabriele Rotert schweben Handarbeiterinnen auf **Wolle 7**: In dem gut sortierten Fachgeschäft stapeln sich zahlreiche Sorten Wolle. Die Fachfrau berät, welches Garn sich für Pullover, Socken und Co. eignet, und weiß, wie es gefärbt wurde oder die Schafe gehalten werden. Außerdem werden Strickkurse angeboten.
Grabenstraße 90 (Neudorf), Mo–Fr 10–13 Uhr & 14–18 Uhr, Sa 10–13 Uhr,
H Bismarckstraße, Tel. 0203/355799,
www.auf-wolle-7.de/joomla.

MUSIK & LITERATUR

Die Buchhandlung **Scheuermann** ist klein, aber preisgekrönt. Für ihren engagierten Service wurde die Inhaberin Elisabeth Evertz schon mehrfach mit dem Preis des Deutschen Buchhandels ausgezeichnet. Scheuermann gehört damit zu den 118 besten Buchhandlungen in Deutschland. Mit dem Preisgeld werden regelmäßig Lesungen veranstaltet.
Sonnenwall 45 (Innenstadt),
Mo–Fr 9.30–19 Uhr, Sa 9.30–16 Uhr,
H Steinsche Gasse, Tel. 0203/20359,
www.scheuermann.de.

Ein Besuch im **Comictreff** ist oft eine Reise in die Kindheit. Hier kann man die Abenteuer mit Michel Vaillant, Sigurd und Co. noch einmal erleben. Im Sortiment sind alte und neue Hefte, aber auch hochwertige Hardcover vorrätig und allerlei Figuren.
Ludgeristraße 26 (Neudorf),
Mo–Fr 11–18.30 Uhr, Sa 11–14 Uhr,
H Hauptbahnhof, Tel. 0203/361212.

Helden der Kindheit kann man im Comictreff entdecken.

Für Michael Voigt ist die Welt eine Scheibe. Seit mehr als 30 Jahren gehört ihm der Schallplattenladen **33 1/3**. Er begann schon während des Studiums mit Vinyl zu handeln. Im Regal stehen Jazz, Klassik, Beat der 60er und 70er Jahre oder Neuerscheinungen – schließlich liegen Platten wieder im Trend.
Moltkestraße 47 (Duissern), Mo, Di, Do & Fr 11.30–18.30 Uhr, Sa 10–14 Uhr,
H Lutherplatz, Tel. 0203/341371,
www.facebook.com/33eindrittel.

Jazz, Klassik und Weltmusik: Mehr als 13.000 Titel zählen zu den Lagerbeständen des kleinen, feinen Musikfachgeschäfts **Die Schallplatte**, das bis zum Rand vollgestopft ist mit Scheiben. Der Inhaber betreibt ein eigenes Label für Jazz, Blues, Oldies, Soundtracks und Weltmusik und kennt sich exzellent aus.
Sonnenwall 12 (Innenstadt),
Mo–Sa 10–18 Uhr, H Rathaus,
Tel. 0203/22633,
www.schallplatte-duisburg.de.

Die Welt bei 33 1/3 ist eine Scheibe.

PROMI-TIPP

Kai Magnus Sting

Zwei entscheidende Dinge machen für mich Duisburg aus: Das Wasser und die Sprache, also somit auch die Menschen, die hier leben, weil sie in dieser Region in und durch ihre Sprache leben. Klingt komplizierter als es ist. Gleich gebe ich dazu ein kleines Beispiel.

Drei Flüsse haben in Duisburg im Laufe der Zeit eine große Rolle gespielt und spielen sie heute noch: der Rhein, die Ruhr und die Emscher.

Was hier nicht alles transportiert worden ist, was hier alles seinen Besitzer gewechselt hat, und was sich auf dem Wasser alles abgespielt hat. Und – was auch dazu gehört – all die Brücken, die über diese Flüsse führen: 650 Brücken hat diese Stadt und damit mehr als Venedig! (Gut, zugegeben, nicht alle führen übers Wasser; manche auch über Straßen und Autobahnen, aber immerhin.)

Und wer nicht alles da war: die Römer, die Wikinger, die Friesen, der Türke, der Pole, die Italiener und der ... na ... der ... der Dings. (Da sieht man mal wieder: Der Türke und der Pole tritt gerne alleine an, der Rest kommt im Rahmen einer geführten Städtereise.)

Die sind alle mit dem Schiff gekommen oder auch mit dem Pferd oder Kutsche oder zu Fuß oder mit dem Auto irgendwann, haben sich hier umgesehen und haben sich gesagt: *„Das ist so schön hier, da fahren wir lieber wieder weiter."*

Diese Flüsse aber, das Wasser, macht diese Stadt im Ruhrgebiet aus, auch als Schnittstelle zum Niederrhein und zum Rheinland.

Als Verbindungsader für Transporte in alle Welt; die Schiffe, die auf dem Wasser fahren, als Grüße aus aller Herren Länder; das Wasser und das Ufer als Ruhepol, Naherholungsgebiet, Sehnsuchtsort.

Das Wasser ist in unserer Region und in unserer Stadt wie das Denken – und umgekehrt! –, denn alles fließt hier: das Wasser, die Sprache und die Philosophie.

Ich sitze gerne am Fluss. Einfach so. Schön auf der Bank, schaue aufs Wasser, guck, woher es kommt und wohin es geht.

Und letztens sitzen zwei Rentner neben mir auf der Bank, gucken auf die Ruhr. Sagt plötzlich der eine: *„Den ganzen Tach so vor mich hinfließen ... Ich könnt dat gar nich."*

Ein typischer Ruhrgebietssatz: komplett überflüssig, ohne Sinn und Zweck. Da muss man eigentlich nicht drauf antworten.

Aber bei uns im Ruhrgebiet antwortet immer einer auf so einen Satz und schon kommt eine dieser typischen Unterhaltungen in Gang.

PROMI-TIPP

„Den ganzen Tach so vor mich hinfließen ... Ich könnt dat gar nich."
„Wieso?"
„Die Ruhe hätt ich gar nich."
„Warum?"
„Weiß nich. Dat is nich meins. Auch Fisch. Dat geht gar nich."
„Für zum essen?"
„Nee, für zum leben."
„Wieso getz Fisch?"
„Ja, is doch auch im Wasser, son Fisch. Dann schwimmt de ma flussaufwärts, dann ma flussabwärts, weiß au nich wirklich, wo er hinsoll un dann den ganzen Tach so nass un dat ganze Wasser immer im Mund. Wirs doch krank bei."
„Son Fisch donnich. De würd krank, wenner hier auffe Bank zu sitzen käm. Ebent ohne Wasser un ohne nass."
„Also tauschen möcht ich nich."
„De Fisch abba au nich."
„Obwohl: ma eima für so'n Stündken."
„Wat denn?"
„Innet Wasser. Un wennet nur mitti Füße wär."
„Dat würd dem Fisch abba nich reichen."
„De könnt ja in der Zeit auffe Bank sitzen."
„Da wär der platt."
„Un wir hätten für abends wat lecker wat für et Abendbrot für zum essen."
„Nee, da kannze mich mit jagen gehen. Un mein Frau hat schon wat Leckeret."
„Wat denn?"
„Panhas."
„Ou, hömma, da kann de Fisch gleich einpacken."
„Un de Panhas, de schwimmt weder rauf noch runner, de weiß gleich, wo er hinsoll."
„Aum Tisch un ab innen Magen."
„Un danach als Absacker lecker 'n Kurzen."
„Sisse. Fließt ja doch wat."
„Ja, sicher."
„Is doch all für wat gut."
„Jou. Komm, halten wir besser wieder den Mund. Hamwa au unser Ruhe wieder."

Mehr muss man nicht sagen.
Panta rhei auf Pott: Panhas Rhein / Ruhr eben.
Allet is am fließen dran.

Kai Magnus Sting träumte schon als Kind davon, auf der Bühne zu stehen. Mit 17 hatte er seinen ersten Auftritt. Nun ist der Neudorfer in ganz Deutschland unterwegs. Sein aktuelles Programm heißt „Sonst noch was?" – ein Spruch, den seine Omma immer gebracht hat.

SÜD

Die begehbare Achterbahn Tiger & Turtle

Radtour durch den Süden (39,2 km)

Der Rundweg beginnt am Ostausgang des Hauptbahnhofs und führt in den Duisburger Süden, vorbei an der Sechs-Seen-Platte, dem Kult-Biergarten Aschlöksken, den Hüttenwerken Krupp Mannesmann, der Landmarke Tiger & Turtle und durch den Rheinpark. Grün und Grau liegen bei dieser Tour nah beieinander.

Fahren Sie in die Klöcknerstraße auf die Ludgerikirche zu. Folgen Sie vor der Kirche der Straße nach rechts, die kurz danach eine Kurve nach links beschreibt und zur Oststraße wird. Fahren Sie geradeaus und nach der Ampel durch die kleine Neudorfer Fußgängerzone. Verlassen Sie diese geradeaus und bleiben Sie auf der Oststraße. Sie stößt am Ende auf die Lotharstraße. Hier halten Sie sich rechts. Am Ende, nach rund einem Kilometer, trifft die Mozartstraße auf die Koloniestraße, in die Sie links abbiegen. Nach der Unterführung geht's nach rechts in die Kruppstraße Richtung **Sportpark Wedau**. Zunächst sehen Sie links die Regattabahn und den Parallelkanal. Hier werden regelmäßig internationale Wettbewerbe ausgetragen. Neben Ruderern drehen hier zahlreiche Jogger ihre Runde im Schatten der **MSV-Arena**. Die Laufstrecke ist fünf Kilometer lang und wird abends beleuchtet. Kletterfreunde, Wasserski- und Eishockey-Fans kommen ebenfalls im Sportpark auf ihre Kosten.

Vor der MSV-Arena biegen Sie links in die Bertaallee ab. Links von Ihnen liegt das **Seehaus**. Auf der Terrasse kann man bei schönem Wetter mit Blick auf den Parallelkanal etwas trinken. Sie folgen dem Weg, fahren an der Wasserskianlage vorbei und sehen kurze Zeit später auf der linken Seite einen **Wasserspielplatz**. Der ist im Sommer bei Familien mit Kindern beliebt. Micha's Seehütte befindet sich gegenüber. Hier bekommt man nicht nur Kaffee oder kalte Getränke, sondern es gibt auch eine Toilette.

Der Wasserspielplatz lockt mit einem Piratenschiff.

Die Radtour führt weiter geradeaus bis zum Ende des Parallelkanals. Dann biegen Sie rechts ab in die Wedauer Straße. Auf der rechten Seite sehen Sie eine Tankstelle. Fahren Sie durch den Kreisverkehr und biegen nach links auf den Kalkweg Richtung **Sechs-Seen-Platte** ein. Sie fahren an den Parkplätzen vorbei und sehen dann das **Freibad Wolfssee**. Hier lässt es sich bei Hitze gut aushalten. Ein paar Meter weiter taucht eine steile Fußgängerbrücke auf, die den See überspannt. Hier schieben Sie besser. Direkt dahinter halten Sie sich rechts. Der Weg beschreibt eine kleine Kurve.
Folgen Sie dem Weg, links und rechts sehen Sie die Seen durchschimmern.

Die Sechs-Seen-Platte setzt sich zusammen aus dem Wambach-, Masuren, Böllert-, Wolfs-, Wildförster- und Haubachsee. Das beliebte Naherholungsgebiet misst insgesamt 283 Hektar und die Spazierwege, die an den Seen entlangführen, summieren sich auf 25 Kilometer. Die Seenlandschaft entstand durch die Kiesbaggerei des Grafen Spee. Der Haubachsee ist der Jüngste und wurde erst 2001 komplett ausgehoben. Er wurde als Vogelschutzgewässer rekultiviert. Die Ufer dürfen nicht betreten werden.

Der Weg führt Sie zum Dickelsbach, hier biegen Sie links ab und begleiten einige Zeit den Bachlauf, bis dieser auf die Saarner Straße trifft. Dort machen Sie einen kleinen Schlenker nach rechts und fahren dann links in die Fichtenstraße. Ab hier ist auch das Schloss Heltorf ausgeschildert. Die Fichtenstraße liegt am Waldrand. Auf der rechten Seite befindet sich nach einigen hundert Metern das gutbürgerliche Restaurant **Waidmannsheil** mit lauschigem Biergarten.

Die Sechs-Seen-Platte ist ein beliebtes Ausflugsziel.

Es geht weiter geradeaus. Die Straße ist nun ein huckeliger Weg und führt zwischen Wald und Feldern entlang. Vor den ersten Häusern biegt rechts, kurz vor dem Neuenbaumsweg, eine sogenannte Grünwegeverbindung nach Rahm ab. Sie stoßen auf die Donaustraße und fahren geradeaus über einen Trampelpfad an der Autobahn entlang, bis Sie auf die Angermunder Straße treffen.

St. Hubertus ist die einzige Kirche in Duisburg mit Zwiebelturm.

Hier biegen Sie links ab und fahren unter der Autobahn her. Direkt dahinter geht es rechts in die Straße Am Rahmer Bach. Auf der rechten Seite liegt die katholische Kirche **St. Hubertus**. Das Gotteshaus ist jünger als es aussieht – die erste Messe wurde 1925 gefeiert. Der Baustil wird auch als Niederrheinischer Barock bezeichnet, der Zwiebelturm ist einmalig in Duisburg. In den 1960er Jahren wurde die Kirche restauriert und eine Sakristei sowie eine Totenkapelle angebaut, die mit einem romanisch nachempfundenen Kreuzgang verbunden sind. Die Rahmer sind so stolz auf ihr Wahrzeichen, dass sie es sich sogar aufs Auto kleben. Der

Kirchturm ist in einen Rahm-Schriftzug integriert, der Sylt oder anderen Stickern auf der Heckklappe Konkurrenz macht.

Weiter geht es den Rahmer Bach entlang, auf der rechten Seite taucht der Rahmer Bahnhof auf. Rahm teilt sich in zwei Hälften. Auf der anderen Seite der S-Bahn-Station finden Sie das hübsche Café Liebelein. Wenn Sie der Radtour folgen wollen, fahren Sie aber weiter geradeaus und biegen nach einer kleinen Kurve nach rechts in den Grünen Weg ab. Hier ist schon **Rosen Ruland** ausgeschildert. Auf rund 13 Hektar baut die Familie Ruland die langstieligen Schönheiten an. Sie wachsen in Gewächshäusern und im Freiland und duften herrlich, wenn man an den Gärten vorbeifährt.

Bei Rosen Ruland duftet's lieblich.

Direkt dahinter liegt das Gelände des **Rahmer Traktor Clubs**. Auf einer Wiese sammeln engagierte Ehrenamtliche historisches landwirtschaftliches Werkzeug und pflegen alte Traktoren. Demnächst wollen die Mitglieder ein offizielles Museum gründen. Feste Öffnungszeiten gibt es nicht, aber nachmittags oder am Wochenende sind häufig Traktor-Fans vor Ort und erzählen gerne etwas über ihr Hobby.

Der Grüne Weg geht an der Grenze zu Düsseldorf in den Goldackerweg über und steigt nun etwas an. Oben angekommen biegen Sie rechts ab und sausen über die Eisenbahnbrücke den Berg hinab. Nicht zu weit, nach etwa 200 Metern geht es nach rechts zum **Schloss Heltorf**. Ein Zettel am Zaun weist den Weg. Streng genommen sind Sie jetzt schon in Düsseldorf, aber wir sind ja

Den Park vom Schloss Heltorf kann man am Wochenende besichtigen.

nicht so – auch wenn der ehemalige Oberbürgermeister von Düsseldorf, Dirk Elbers, in Duisburg „nie tot überm Zaun" hängen wollte. Duisburg konterte: „Die ...burg liegt über dem ...dorf."

Frühere Besitzer waren die Herren von Heldorp, die das herrschaftliche Gebäude nutzten, um hier ihre forst- und landwirtschaftlichen Güter zu verwalten. Das Herrenhaus wurde Anfang des 19. Jahrhunderts im klassizistischen Stil neu erbaut. Im Inneren sind die Fresken des Barbarossa-Zyklus im großen Garten-Saal bemerkenswert. Allerdings können Sie sich diese nicht anschauen, das Schloss ist nicht öffentlich zugänglich. Den Schlosspark kann man am Wochenende von Mai bis Oktober besuchen. Der Eintritt kostet drei Euro. Heute ist das Schloss der Sitz der Forstbetriebe des Grafen Spee.

Vor dem Schloss knickt nach links die Heltorfer Schlossallee ab, die Sie nun gut einen Kilometer entlang fahren. Sie biegen an der ersten Möglichkeit rechts ab. Die Straße heißt Am Brugacker, aber es ist weit und breit kein Schild zu sehen. Am Laternenmast hängt ein Aufkleber mit der Jakobsmuschel – ja, auch durch Duisburg und Düsseldorf geht ein Teil des Jakobswegs. Sie fahren diese Landstraße entlang und sehen rechts und links nur Felder. Einige werden auch von Rosen Ruland bewirtschaftet. Sie radeln die Straße komplett entlang, bis Sie zu einem Kreisverkehr kommen. Hier sollten Sie aufpassen, Autos fahren hier auf die autobahnähnliche B8n. Sie fahren durch den Kreisverkehr geradeaus weiter, unterqueren die Autobahn und kommen an der Straßenbahn-Haltestelle Froschenteich vorbei. Die Straße steigt ein bisschen an, an der Ampel fahren Sie rechts auf die alte B 8. Links sehen Sie die Gaststätte Froschenteich. Sie wechseln die Straßenseite und biegen nach einige Metern in den Wasserwerksweg ab. Wieder geht es entlang von Feldern. Im Sommer kann man hier manchmal Blumen selbst schneiden. Wenn Sie immer geradeaus fahren, gelangen Sie direkt zum **Wasserwerk Bockum.**

Das Trinkwasserwerk gehört den Stadtwerken Duisburg. Mit dem Wasser, das hier gefördert wird, werden viele rechtsrheinische Stadtteile und fast der ganze Duisburger Westen versorgt. Insgesamt gibt es in Bockum, Wittlaer und Kaiserswerth vier Brunnenanlagen, aus denen das Trinkwasser für die Duisburger gewonnen wird. Bevor es durch die Rohrleitungen fließt und zu Hause aus dem Hahn plätschert, wird es noch einmal aufbereitet.

!

TIPP: Wer mehr über die Technik erfahren möchte, kann an einer Führung durch das Werk teilnehmen. Termine können unter der Rufnummer 0203/393939 bei den Stadtwerken angefragt werden.

Das Aschlöksken heißt eigentlich „Gartenwirtschaft".

Von der Stadtwerke-Depandence folgen Sie dem Wasserwerksweg bis zum Ende. Hier rechts in die Bockumer Straße. Vor einer Bushaltestelle geht's links in den Roßpfad. Sie kommen nun durch ein Wohngebiet zu einem weiteren Feld. Vor sich sehen Sie einen rot-weißen Strommast emporragen und hinter einem Busch taucht ein Gaststättenschild auf. Unvermittelt haben Sie das Kult-Ausflugsziel einer jeden Radtour in den Duisburger Süden erreicht: das **Aschlöksken**. In der Gartenwirtschaft von Karl-Heinz Schwenke kann man sich schön an den Deich setzen. Vorher muss man sich das Bier und den Stuhl selbst holen.

Mit dem Rad geht's hinter dem Aschlöksken am Deich weiter. Der wurde erst vor kurzem verstärkt. 15 Jahre hat die Planung gedauert für den 3,3 Kilometer langen Abschnitt. Die Bauarbeiten dauern wahrscheinlich noch bis 2021 und kosten voraussichtlich 70 Millionen Euro. Der Neubau ist notwendig, weil der alte Deich einem extremen Hochwasser nicht mehr Stand gehalten hätte. So entstehen 60 Hektar zusätzliche Überflutungsfläche. Das liebe Geld kann Ihnen egal sein, Sie können die schöne Aussicht auf den Rhein genießen. Lange dauert das Vergnügen nicht – wenn nach rechts der Rheinheimer Weg abknickt, verlassen Sie den Deich. Sie kommen am Sportplatz des TuS Mündelheim vorbei und können rund 100 Meter später nach links in den Rheinfeldsweg abbiegen. Wer keine Lust auf ein Bierchen hatte, kann im Bauernhofcafé Ellerhof Kaffee und Kuchen genießen. Zur Spargelzeit wird im Hofladen auch frischer Duisburger Spargel verkauft.

Möchten Sie keinen Kaffee trinken, fahren Sie einfach geradeaus, bis der Rheinheimer Weg auf die Sermer Straße trifft. Sie befinden sich jetzt im Stadtteil Mündelheim. Auf der rechten Seite liegt die Kirche St. Dionysius. Dahinter beschreibt die Straße eine Kurve nach rechts. Hier liegt der Hof von Bauer Beumer. Zur Saison bekommt man frische Erdbeeren direkt vom Feld oder kann in der Umgebung auch selbst pflücken. Lecker!

Bauer Beumer

Die Uerdinger Straße kreuzt die B 288. Queren Sie die Ampel geradeaus.

Wenn die Hauptstraße eine Kurve nach rechts macht und zur Mannesmannstraße wird, halten Sie sich links. Die Uerdinger Straße führt nun durch den Stadtteil Ehingen. Wenn Sie auf der Uerdinger Straße bleiben, kommen Sie nach einigen hundert Meter links in den Hirtenweg und zum **Bootshaus Ehingen**, ebenfalls eine schöne Adresse für einen Blick auf den Rhein.

Von der Uerdinger Straße biegen Sie nach rechts auf Im Haselbusch ab und folgen der Straße, die am Ende wieder auf die Mannesmannstraße führt. Sie biegen nach links ab und fahren einige Zeit die Hauptstraße entlang. Hier sieht man es wieder: Grün und Grau liegen in Duisburg eng beieinander. Von der Brücke erhaschen Sie einen Blick auf die **Hüttenwerke Krupp Mannesmann.**

3.000 Mitarbeiter arbeiten bei HKM.

Bereits Mitte des 19. Jahrhunderts hatte sich der Duisburger Norden als Standort für die Eisen- und Stahlerzeugung etabliert. Anfang des 20. Jahrhunderts expandierte die Firma Schulz-Knaudt aus Essen nach Huckingen an den Rhein und gründete 1909 das Siemens-Martin-Stahlwerk mit anfangs drei Hochöfen. In den ersten Jahren wurden 110.000 Tonnen Rohstahl produziert. Das Werk wurde nach und nach erweitert. Es folgte ein Rohr und Bodenwerk sowie ein Grobblechwalzwerk. 1914 übernahm Mannesmann den Standort. 1987 beschlossen die Firmen Krupp und Mannesmann die Zusammenführung ihrer Stahl-Sparten in Huttenheim und Rheinhausen. Unter großem Protest wurde das Hüttenwerk Rheinhausen geschlossen. HKM produziert derzeit 1.000 verschiedene Stahlsorten. Der Stahl wird zu Brammen mit einer Länge bis zu zwölf Metern oder zu Rundstahl gegossen. Das Material wird etwa für die Herstellung von Karosserieaußenteilen oder großen Rohren verwendet. Derzeit arbeiten rund 3.000 Mitarbeiter bei HKM. Die Produktionskapazität liegt bei rund 5,6 Millionen Tonnen jährlich – das sind insgesamt zwölf Prozent der gesamten Stahlproduktion Deutschlands.

Wenn Sie weiterfahren, kommen Sie noch an verschiedenen Eingangstoren des Stahlwerks vorbei. Die Hütte hat den Stadtteil geprägt.
Von der Mannesmannstraße biegen Sie rechts An der Steinkaul ein. An der Ecke befinden sich eine Pizzeria und eine Infotafel zum Rhein-Radweg. Biegen Sie die zweite Möglichkeit rechts ab, die Straße heißt Hasendong. Sie gelangen in die **Siedlung Hüttenheim**. Von hier können Sie schon die Turmuhr sehen.

Die historischen Häuser wurden 1911/1912 vom Architekten H.W. Eggeling entworfen und im Auftrag der Firma Schulz-Knaudt gebaut. Die dichte Bebauung sollte mit der Idee der englischen Gartenstadtbewegung verbunden werden

In der Siedlung Hüttenheim wohnten früher die Arbeiter des benachbarten Werks.

und in die Wohnungen sollten die Arbeiter des benachbarten Werks einziehen. Die 99 Gebäude wurden mit Liebe zum Detail gestaltet und unterscheiden sich durch Erker und Dächer. In dem Turmgebäude war früher eine Feuerwache untergebracht. Außerdem ertönte die Glocke zum Schichtwechsel und die Uhr zeigte die Zeit an. In den 1950er Jahren zogen die Arbeiter reihenweise aus, weil ihnen der Wohnkomfort nicht mehr genügte. Es wurde deshalb bis in die 1980er Jahre überlegt, ob die Häuser abgerissen werden sollen. Die „Bürgerinitiative Hüttenheim" setzte sich allerdings für den Erhalt ein. Seitdem steht die Siedlung unter Denkmalschutz und wurde restauriert.

Zurück zur Mannesmannstraße. Wenn sich die Mannesmannstraße gabelt, biegen Sie links auf die Ehinger Straße ab. Nach einigen hundert Metern taucht auf der rechten Seite die Landmarke **Tiger & Turtle** auf, eine der meistfotografierten Sehenswürdigkeiten in Duisburg – nach dem Landschaftspark. Windig, aber wunderschön ist die begehbare Achterbahn, die von den Künstlern Heike Mutter und Ulrich Genth im Rahmen der Kulturhauptstadt 2010 entwickelt wurde. 90 Tonnen verzinkter Stahl wurden verbaut und lasten auf 17 Stützen. Mit dem Baumaterial soll die Skulptur einen historischen Bezug zum Standort herstellen. Der Hügel heißt Heinrich Hildebrand Höhe – Heinrich Hildebrand war ein Duisburger Heimatforscher. Nimmt man Berg und Skulptur zusammen, hat man einen Blick aus rund 80 Metern Höhe. Den Gasometer Oberhausen kann man

Heike Mutter und Ulrich Genth haben Tiger & Turtle im Rahmen der Kulturhauptstadt 2010 entworfen.

von hier sehen, den Düsseldorfer Fernsehturm, HKM natürlich und einen Teil von Logport II. Gut zwei Millionen Euro hat Tiger & Turtle gekostet, das Geld stammt aus Fördermitteln und von Sponsoren. Der grüne Hügel ist übrigens ein Beispiel dafür, wie man aus giftigem Dreck etwas Schönes machen kann: Die Halde besteht aus industriellen Hinterlassenschaften einer Metallhütte – Schwermetalle und Bauschutt wurden hier verbuddelt. Bis zu sieben Schutzhüllen sorgen dafür, dass sich bloß nichts von dem Müll löst. 220 Stufen können die Besucher emporkraxeln. Aus Sicherheitsgründen ist die Zahl der Besucher auf dem Kunstwerk limitiert. Auch nachts lohnt ein Besuch – dann wird die Skulptur mit 880 LED-Lampen beleuchtet.

Wenn Sie Tiger & Turtle erkundet haben, geht's weiter die Ehinger Straße entlang. Die Straße wird von vielen Lkws befahren – seitdem die Stadt sich zum Logistikstandort gemausert hat. Doch es gibt Hoffnung: Nach etwa 1,5 Kilometern biegen Sie nach links in die Friemersheimer Straße ab. Hier müssen Sie absteigen und durch rot-weiße Begrenzungen hindurch. Der Wanheimer Bürgertreff und ein Fahrradweg sind ausgeschildert. An deren Ende stoßen Sie auf die Wanheimer Rheinpromenade. Es gibt rechtsrheinisch nicht viele Gelegenheiten in Duisburg, den Rhein als Fußgänger oder Radfahrer zu genießen. An vielen Stellen versperrt Industrie die Sicht. Die Wanheimer Rheinpromenade ist noch recht neu. Genießen Sie das kurze Stück.
Auf der rechten Seite taucht nach einigen hundert Metern die Gaststätte **Rheinlust-Terrassen** auf, die derzeit allerdings geschlossen sind.

Sie fahren die Promenade entlang, bis Sie zu einem Parkplatz kommen – und der Weg endet. Sie biegen ab auf die Wanheimer Straße, überqueren den Bahnübergang und folgen der Wanheimer Straße am Ende nach links. Auch diese Straße ist von Industrie gesäumt. Sie gelangen automatisch zu einer Brücke, die sich mit etwas Schwung gut bewältigen lässt. Wenn Sie oben stoppen und nach rechts schauen, sehen Sie das **Pulp**. In dem „Schloss" ist eine beliebte Diskothek untergebracht. Auf der anderen Seite können Sie wieder den Rhein sehen. Am Horizont tauchen zwei charakteristische Türme auf. Der rötliche gehört zur evangelischen Pauluskirche. Die grauen Rohre, die dahinter in die Luft ragen, gehören zum **Stadtwerketurm**. Der Kraftwerksschornstein ist so etwas wie das offizielle Wahrzeichen der Stadt. Allerdings hat er keine Funktion mehr. Als die Stadtwerke die Rauchgasrohre zurückbauten, gründete sich eine Initiative, die dafür sorgte, dass der 65 Meter hohe Stahlbetonsockel und die 115 Meter hohe Stahlträger-Konstruktion erhalten bleiben und wieder beleuchtet werden sollen. Es wurden Taschen mit dem Turm bedruckt und auf einer beliebten Postkarte steht: „Home ist, where the turm is". Nun sorgen 180 LED-Scheinwerfer und 256 Meter Lichtschienen dafür, dass der Turm wieder schön grün leuchtet.

Rollen Sie die Brücke hinunter und überqueren Sie hinter der Tankstelle die Wanheimer Straße nach links. Die Liebigstraße führt Sie zum **Rheinpark**.

Der Rheinpark ist bei Skatern beliebt.

150 Jahre ist das Gelände von der Schwerindustrie genutzt worden. Als das Walzdrahtwerk, deren Reste man noch sieht, schloss, bot sich für die Stadt die Chance, den Duisburgern ein Stück Grün am Rhein zurückzugeben. Es sind Spielplätze, große Liegewiesen und Skateranlagen entstanden. Graffiti-Künstler haben sich an riesigen Wänden großformatig verewigt. Am Wochenende sind hier viele Familien, Fahrradfahrer und Fotografen unterwegs. Rund 3.000 Bäume wurden neu gepflanzt. Neben einer 25 Hektar großen Wiesenlandschaft entstand auch ein Strand. Hier können Besucher die Seele baumeln und es sich im Ziegenpeter gut gehen lassen. In dem Café arbeiten Menschen mit und ohne Behinderung. Serviert werden leckerer Kuchen oder herzhafte Kleinigkeiten. Der Rheinpark soll zu den Hauptstandorten der Internationalen Gartenbauausstellung 2027 gehören.

Nachdem Sie eine Runde durch den Park gedreht haben, verlassen Sie das Gelände wieder zur Wanheimer Straße Richtung Hochfeld. Der Stadtteil ist in den vergangenen Jahren oft in die Schlagzeilen geraten – in Hochfeld wohnen Menschen vieler Nationen. Zuletzt kamen tausende Menschen aus Bulgarien und Rumänien. Die Migrationsgeschichte des Stadtteils ist freilich länger, bereits in den 1960er Jahren zogen Türken und Italiener hierhin, weil sie in den benachbarten Werken Arbeit fanden. Die Wanheimer Straße säumen internationale Geschäfte, Restaurants, Bäckereien. Die Wanheimer Straße mündet in die Heerstraße. Diese führt Sie direkt vorbei am **Theater am Marientor**, das auf der rechten Seite liegt. Es ist die Adresse für Shows und Musicals in Duisburg. Hier wurde viele Jahre „Les Miserable" aufgeführt. Vor kurzem feierte das in Duisburg entwickelte Stück „Wahnsinn" Premiere. Das Musical präsentiert die größten Hits des Schlagerstars Wolfgang Petry.

An der Kreuzung fahren Sie geradeaus in die Steinsche Gasse und nähern sich wieder der Innenstadt. Auf der linken Seite sehen Sie zunächst die Zentralbibliothek im Stadtfenster und auf der rechten Seite die **Königsgalerie**. Hier biegen Sie rechts ab. In der Mitte der Fußgängerzone ragt Niki de Saint Phalles Lifesaver empor: Er wurde zwischen 1991 und 1993 gebaut und aufgestellt und hat sich inzwischen zum heimlichen Wappentier Duisburgs gemausert. Das Kunstwerk wurde manchmal als Pleitegeier verspottet. Die Figur besteht aus Polyester über einem Edelstahlgerüst mit Teflonfarbbeschichtung. Der **Lifesaver** ist fünf Meter hoch und kein Leichtgewicht. Er wiegt etwa sechs Tonnen. Wenn Sie den Lifesaver umrundet haben, fahren Sie weiter am Amtsgericht und dem König-Heinrich-Platz mit Stadttheater vorbei. Auf der rechten Seite befindet sich das Forum, die größte der drei Shoppingmalls in der Innenstadt. Von hier können Sie den Hauptbahnhof schon fast wieder sehen, wo die Tour endet.

Neuenkamp
Hochfeld
Dellviertel
DU-MITTE
Neudorf
Nord
Hochemmerich
Berg-
heim
DU-RHEINHAUSEN
Rheinhausen-
Mitte
Siedl.
Borgschenhof
RHEIN
Wanheimerort
Süd
Wanheim-
Wedau
Friemersheim
Mühlenberg
Buchholz
DUISBURG SÜD
Angerhausen
Hüttenheim
Huckingen
Großen-
baum
Ungelsheim
Rahm
Serm
WITTLAER
ANGERMUND
Gellep-
Stratum
Nierst
Lank - Latum
KAISERSWERTH
Langst - Kierst
1 Start Hauptbahnhof
2 MSV Arena
3 Regatta Bahn
4 Sechs-Seen-Platte
5 Schloss Heltorf
6 Aschlöksken
7 Siedlung Hüttenheim
8 Tiger & Turtle
9 Rheinpark

MUSEEN & GALERIEN

Dutzende Schmetterlingsarten, ausgestopfte Säugetiere wie Dachs, Marder oder Murmeltier oder Skelette von Vögeln zeigt das **Haus der Naturfreunde**. In Schaukästen sind auswärtige, aber auch einheimische Vogelarten zu finden. Von der Uferschnepfe, die in der Walsumer Rheinaue brütet, über die Schleiereule, von Rabenvögeln bis zum Distelfink. Die meisten der ausgestellten Tiere sind eines natürlichen Todes gestorben. Sie wurden dem kleinen Museum, das es seit den 1970er Jahren gibt, geschenkt oder von engagierten Ehrenamtlichen zusammengetragen. In weiteren Räumen kann man sich Mineralien, Salzkristalle, Werkzeuge aus der Steinzeit oder auch zwei Mammutbackenzähne anschauen. Im Winter gibt es regelmäßig Vorträge zu ökologischen Themen.

Düsseldorfer Straße 565 (Wanheimerort), Do ab 19 Uhr und nach Vereinbarung, Eintritt frei, H Waldfriedhof, Tel. 0203/735133, www.naturfreunde.de/haus/naturfreundehaus-duisburg-naturkundemuseum.

Haus der Naturfreunde in Wanheimerort

SPORT & FREIZEIT

Drinnen ist es stockdunkel, zumindest fast: Die Besucher sehen bunte Fische, Ritter, Zauberer und Krokodile. Minigolf wird im XXL-Sportcenter indoor gespielt, als **Moonlight Minigolf**. Die 18 Bahnen verteilen sich auf rund 1.100 Quadratmeter und drei Erlebniswelten. Zusätzlich gibt es neun Outdoor-Bahnen. Die Regeln sind natürlich wie beim herkömmlichen Minigolf. Es gewinnt, wer die wenigsten Schläge braucht. Eine Partie kostet für Erwachsene ab 6,90 Euro (Freitag und am Wochenende 8,90 Euro), Kinder bis 18 Jahren zahlen 5,90 Euro oder 7,90 Euro. Es gibt auch Familientickets. Um sich Wartezeit zu ersparen, kann man reservieren.

Am neuen Angerbach (Hüttenheim), Mo–Do 13–21 Uhr, Fr 1–3-24 Uhr, Sa 9–24 Uhr, So 9–21 Uhr, H Am großen Graben, Tel. 0203/7585212, www.moonlight-minigolf.de.

Minigolf im Dunkeln

Heike und Roger Theyssen bringen Urlaubsflair nach Duisburg. Als sie selbst in den Ferien waren, entdeckten sie die Sportart **Stand Up Paddling**. Ursprünglich haben polynesische Fischer diese Fortbewegungsart etabliert – sie bewegten sich stehend auf ihren Kanus durch das Wasser. Später übernahmen Surflehrer auf Hawaii den Stil. In Duisburg paddeln Anfänger und Fortgeschrittene auf aufblasbaren Boards stehend über die Sechs-Seen-Platte. Einsteigern reicht meist eine einstündige Einführung, um die Technik zu beherrschen. Die Station Aloha, die das Paar aufgebaut hat, gleicht einem Beachclub. Stand Up Paddling soll nämlich gut für Körper und Geist sein. Fortgeschrittene trainieren Yoga oder Crossfit auf den Boards.

Eine Probestunde kostet 35 Euro inklusive Equipment. Für erfahrende Paddler beträgt die Leihgebühr 15 Euro pro Stunde. Masurenallee 302 (Wedau), Mai–September täglich ab 14 Uhr, H Am See, Tel. 0177/7366752, www.sup-aloha.de.

Aloha: Wie im Urlaub fühlt man sich beim Stand Up Paddling.

Ein langer Sandstrand, Beachvolleyball-Felder, Tischtennisplatten und ein Verleih von Bällen und Sandspielzeug für Kinder: Im **Freibad Wolfssee** können große und kleine Wasserratten einen Sonnentag aktiv oder entspannt verbringen. Es gibt einen Spielplatz und Wasserbecken speziell für Kinder, Erwachsene können sich Liegen und Sonnenschirme leihen. Das Freibad wird betrieben vom Verein DJK Poseidon und ist eines der wenigen Stellen, an denen Schwimmen im See erlaubt ist. Auf dem Gelände befindet sich außerdem der Beachclub Mimo Beach. Hier lässt es sich bei einem kühlen Drink gut aushalten. Im Bistro bekommt man Snacks wie Kuchen oder Pommes. Geöffnet wird, sobald das Wetter gut ist.

Der Eintritt für Erwachsene kostet 4 Euro, Kinder bis 13 Jahren zahlen 2,50 Euro. Es sind auch Saisonkarten erhältlich. Kalkweg 262a, Mai–September 10–20 Uhr (Kassenschluss 18 Uhr), H Wolfssee, Tel. 0203/720405, www.freibad-wolfssee.de.

Golf muss nicht elitär sein – diesen Beweis will der Verein **Golf & More** erbringen und bietet Golf für Jedermann an. Von April bis Oktober können Interessierte an jedem 1. und 3. Sonntag um 12 Uhr bei einem zweistündigen Schnupperkurs für 19 Euro ausprobieren, wie ihnen die Sportart gefällt. Der Platz liegt idyllisch im Süden. Dank Flutlichtanlage kann man auch abends noch trainieren.

Altenbrucher Damm 92a (Großenbaum), Öffnungszeiten 8-20 Uhr, H Keniastraße, Tel. 0203/7386286, www.golfandmore.net.

ÜBERNACHTEN

Früher war Rolf Milser Gewichtheber – 1984 gewann er Olympisches Gold in Los Angeles. Nach seiner sportlichen Karriere eröffnete Milser sein **Landhaus** im Duisburger Süden. Die Zimmer und Aufenthaltsräume des Vier-Sterne-Hauses sind im italienischen Landhaus-Stil gestaltet, der sich auch in den Zimmern fortsetzt. Vom Balkon oder der Terrasse hat man einen schönen Blick auf den See hinterm Haus. Es gibt eine Pianobar und einen großen Saunabereich zum Entspannen. Wer sich lieber sportlich betätigen möchte, tobt sich im Fitnessraum aus. Im Restaurant Da Vinci wird gehobene italienische Küche serviert und beim Talk Landhaustreff geben sich regelmäßig Promis die Ehre. Das Hotel liegt ruhig am Stadtrand, dennoch zentral.
EZ ab 69 Euro, DZ ab 89 Euro.
Zur Sandmühle 2 (Huckingen),
H Kesselsberg, Tel. 0203/75800,
www.landhausmilser.de.

Idyllisch und zentral: Landhaus Milser

Die Hausbar im Hotel Sittardsberg

Das **Hotel Sittardsberg** ist ein Traditionshaus, das schon in der siebten Generation geführt wird. Es liegt zentral im Duisburger Süden mit guter Bahn- und Autobahnanbindung zu den umliegenden Messestandorten. Die 58 Zimmer unterteilen sich in 20 einfachere und 38 Superior-Zimmer. Letztere sind größer und frisch renoviert. Die anderen befinden sich im Altbau und sind kleiner. Die grünen Badezimmerkacheln sind etwas retro, aber auch die preisgünstigere Variante ist sauber und gepflegt. Das Hotel firmiert unter „Drei Sterne Superior" – die modernisierten Räume haben Vier-Sterne-Standard. Es gibt eine Sauna zum Entspannen und zum Hotel gehört ein gutes Restaurant. Hier kann man auch speisen, wenn man nicht im Hotel übernachtet. EZ kosten ab 65 Euro im Alt- und ab 95 Euro im Neubau. DZ ab 95 Euro (Altbau) und 120 Euro (Neubau).
Sittardsberger Allee 10 (Buchholz),
H Sittardsberg, Tel. 0203/700001,
www.sittardsberg.de.

Gäste, die im **Hotel Ramor** übernachten, laufen über einen roten Teppich und durch einen Eingang, der von Säulen gesäumt ist. Das Entree ist eine große Halle, die mit Deko in

kleinere Bereiche geteilt wird – früher war hier mal ein Supermarkt untergebracht. Die geräumigen Zimmer sind einfach, aber funktional. Das Zwei-Sterne-Haus ist auch bei Gästen, die eine längere Zeit bleiben wollen, beliebt. Das hervorragende Frühstück ist im Preis inklusive, es gibt Waffeln. Gute ÖPNV- und Autobahnanbindung zu den Messestandorten. EZ ab 65 Euro, DZ ab 75 Euro.
Angermunder Straße 37 (Großenbaum), H Großenbaum Bf, Tel. 0203/998060, www.hotel-ramor.de.

Das **Haus am Sportpark** ist unscheinbar und auffällig zugleich. Für die pink grüne Fassade ist die Senior-Chefin verantwortlich. Im Hotel ist es etwas gediegener. Das Inhabergeführte Hotel gibt es seit 1975 und bekommt von den Buchungsportalen beste Noten für seinen aufmerksamen Service. Details machen den Unterschied: Zum Frühstück (im Preis inklusive) gibt's Bio-Eier, die Brötchen stammen vom Bäcker nebenan und im Keller befindet sich ein Blockheizkraftwerk, das eigenen Strom produziert. Nach und nach werden alle 20 Zimmer renoviert. Nach einem anstrengenden Tag kann man im Pool oder in der Sauna entspannen. Mit Kunst an den Wänden oder in den Hotelfluren werden individuelle Akzente gesetzt. Das Drei-Sterne-Haus kratzt an der Vier-Sterne-Marke. Die Lage ist ruhig und dennoch zentral. Guter Service für Radfahrer. Beliebt bei Touristen und Geschäftsreisenden. EZ ab 65 Euro, DZ ab 89 Euro.
Buchholzstraße 27 (Wanheimerort), H Zum Lith, Tel. 0203 770340, www.am-sportpark.de.

CAFES & FRÜHSTÜCK

Das **Café Liebelein** ist ein Ort, in dem sich Kinder und Erwachsene wohlfühlen – kein Wunder! Julia Kersten hat das erste kinderfreundliche Café gegründet und sich damit einen Lebenstraum erfüllt. In dem großzügigen Raum gibt's viel Spielzeug für den Nachwuchs und sogar einen Indoor-Parkplatz für Kinderwagen. Auf der Karte stehen Kaffeespezialitäten und Getränke ohne Koffein für den Nachwuchs, zum Beispiel selbst gemachte Limonade. Dazu gibt es frisch gebackene Kuchen. Und während sich die Mütter und Väter miteinander unterhalten, finden die kleinen Besucher garantiert Spielgefährten.
Achtung: Momentan macht die Besitzerin Babypause. Das Café öffnet wieder Ende April 2019.
Am Böllert 9 (Rahm), Mo–Do 10–17 Uhr, H Rahm Bf, Tel. 0203/39209611, www.facebook.com/cafeliebelein.

Beliebt bei Eltern mit Kindern

Das **Bauerncafé Ellerhof** ist ein idealer Stopp für eine Kaffeepause, wenn man mit dem Rad im Süden unterwegs ist. Das Café befindet sich zwischen Feldern und Pferdewiesen, idyllischer geht's kaum. Zur Saison kann man im benachbarten Hofladen Spargel kaufen. Im Sommer können Besucher im schönen Garten speisen. Wenn das Wetter usselig ist, locken die gemütlichen Innenräume, passend eingerichtet im Landhausstil. Neben leckerem selbstgemachtem Kuchen werden donnerstags Reibekuchen serviert. Außerdem gibt's eine kleine Auswahl herzhafter Speisen zur Mittagszeit. Wenn am Wochenende und an den Feiertagen Frühstück angeboten wird, wird es schnell voll – unbedingt reservieren.

Rheinfeldsweg 18 (Mündelheim),
Mi–Fr 12–19 Uhr, Sa, So & Feiertage 9.30–19 Uhr, H Am Hasselberg,
Tel. 0203/7599858,
www.bauerncafe-ellerhof.de.

Idyllisches Café im Landhausstil

Direkt am U-Bahnhof Münchener Straße befindet sich die modern-stylische Kaffeebar **Inizio**. Hier gibt's guten Espresso oder andere Kaffeespezialitäten und dazu süße Kleinigkeiten oder Panini, die sich jeder Gast an der Bar holt. Das Glas Wasser gehört selbstverständlich dazu. Morgens kann man sich mit einem Frühstück stärken – und im Sommer seinen Kaffee in einem kleinen Garten genießen.

Münchener Straße 16 (Buchholz),
Mo–Fr 8.30–18 Uhr, Sa 9–14 Uhr, jeden 1. So im Monat 10–14 Uhr,
H Münchener Straße,
Tel. 0203/34391981,
www.facebook.com/inizio.

Das **Café Richter** ist eine klassische Konditorei, ruhig gelegen neben dem Friedhof in Wanheimerort. Die grüne Einrichtung ist genauso traditionell wie die Karte: Die Torten, Kuchen und anderen süßen Leckereien sind alle aus eigener Herstellung. Morgens kann man mit einem À-la-carte-Frühstück in den Tag starten. Am ersten und dritten Samstag im Monat gibt's Frühstücksbuffet. Im Sommer lockt die schöne Terrasse.

Im Waldfrieden 4 (Wanheimerort),
Di–Sa 9–18 Uhr, So & Feiertage 11–18 Uhr,
H Zum Lith, Tel. 0203/773702,
www.richter-konditorei.de.

In der Nähe der Sechs-Seen-Platte hat **Dobbelstein** am Kalkweg vor einigen Jahren ein drittes Café übernommen. Hier gibt's leckere Kuchen, Frühstück, kleine Gerichte und süße Präsente wie der essbare Duisburger Dreck. Dahinter verbergen sich Nussflocken, überzogen mit Vollmilch- oder Zartbitterschokolade. Als „Duisburger Ruhrkohle Nuss 3" firmiert eine Mischung aus Marzipan und Nussnougat.

Kalkweg 178 (Wedau), Mo–Fr 8–18 Uhr, Sa & So 9–18, H Kiesendahl,
Tel. 0203/93510666,
www.konditorei-dobbelstein.de.

Andrea Wojahn ist das Dorffräulein.

Andrea Wojahn ist das **Dorffräulein von Serm** – so heißt nämlich ihr kleines Café an der Dorfstraße, das erst vor kurzem eröffnet hat. Es gibt Frühstück in den Varianten „ohne Firlefanz", „Klein & Fein" oder „Glücklich & Satt". Dazu frisch geschmierte Stullen, selbstgebackene Kuchen – „Klausis Kalte Schnauze" – und im Sommer Eis. In der Ecke steht ein Tante Emma-Regal. In Notfällen kann man hier auch einen Liter Milch kaufen. Nur wenige Plätze, Reservierung sinnvoll.
Dorfstraße 132 (Serm), Mo–Fr 8–13 & 14–17 Uhr, Sa 8–13 Uhr,
H Serm Kirche, Tel. 0163/0814117,
www.dorffraeulein.de.

Lecker Satt heißt das kleine Café von Birgit Brune – und der Name ist Programm. Früher war das Café ein Döner-Imbiss, ein bisschen sieht man das auch noch. Holz-Deko und Kissen auf der Fensterbank zaubern eine schöne Atmosphäre. Es öffnet schon um 6.30 Uhr, die Ersten kommen zum Frühstück. Zur Mittagszeit werden wechselnde Gerichte serviert und später selbstgebackener Kuchen. Natürlich wird alles frisch zubereitet.
Düsseldorfer Landstraße 44,
Mo–Fr 6.30–15 Uhr,
H Münchener Straße,
Tel. 0203/75770919,
www.lecker-satt.com.

Fans der Eisdiele **Rheineis** kommen von weit her - völlig zu recht. Die Eisdiele im modernen Stil liegt mitten im Wohngebiet. Für die kühlen Spezialitäten werden nur regionale Zutaten verwendet. Gäste können zuschauen, wie die Eissorten hergestellt werden. Experimentierfreudige probieren Ausgefallenes, z.B. Lakritz oder Minze. Auch vegane und laktosefreie Sorten sind im Angebot. Becher zum Mitnehmen gibt's im Mehrweg Glas.
An den Platanen 2b (Wedau),
Di–So 12–19 Uhr, H Am See,
Tel. 0203/ 94184712,
www.rheineis.business.site.

Gäste können den Rheineis-Machern bei der Herstellung zuschauen.

Oreo, Zitrone, Vanille: Im **Eiscafé Vollmers** werden alle Eis-Fans fündig, der Konditor hat nämlich auch lactosefreie und vegane Varianten im Angebot. Einen Winter lang hat er herumexperimentiert, ob sich Reis-, Soja- oder Kokosmilch zur Eisherstellung eignen. Das Tüfteln hat sich gelohnt. Die kalten Spezialitäten kommen gut an und sind herrlich cremig.
Fischerstraße 128 (Wanheimerort), Mo–So 9.30–18 Uhr, H Im Schlenk, Tel. 0203/770396.

Im Sommer stehen Kunden beim **Eiscafé Kaesemann** Schlange. Die Traditionseisdiele befindet sich etwas versteckt im Wohngebiet. Die Sechs-Seen-Platte ist nicht weit entfernt und so kommen viele Radfahrer vorbei, um auf der Terrasse ein Eis zu schlecken. Ein Stopp lohnt sich.
Walderbenweg 14 (Großenbaum), Mo–So 12–21 Uhr, H Großenbaum Bf, Tel. 0203/3488552, www.eiscafe-kaesemann.de.

Das **Eiscafé Da Pian** liegt an einer viel befahrenen Straßenkreuzung, doch das stört die Besucher nicht. Emilio Cotali und seine Frau Mirella sind schon seit vielen Jahren im Eis-Geschäft. Neben klassischen Sorten lassen sie sich immer wieder etwas neues einfallen, zum Beispiel Salzkaramell oder Fruchteis. Hinter dem Pellkartoffel-Teller verbirgt sich übrigens Vanilleeis, das mit Amarettokakao überzogen wird.
Düsseldorfer Landstraße 173 (Bochholz), Mo–So 9.30–21 Uhr (geänderte Öffnungszeiten im Winter), H Sittardsberg, Tel. 0203/704740, www.facebook.com/eiscafedapian

GASTRONOMIE

GUTBÜRGERLICHE KÜCHE

Früher hat Halid Muminovic mit seiner Familie den lustigen Bosniak betrieben. Nun hat er das **Haus Michels** übernommen – eine typische Gaststätte, in der man an der Theke frisch gezapftes Bier bekommen und im Lokal gutbürgerlich essen kann. Das Mobiliar ist genauso traditionell wie das Restaurant. Für den kleinen Hunger gibt's Rinderkraftbrühe mit Pfannkuchenstreifen oder Herrentoast. Große Steakauswahl. Cevapcici und der Teller Lustiger Bosniak knüpfen an die lange gastronomische Erfahrung der Familie an.
Bregenzerstraße 2 (Buchholz), Di–Sa 11.30–14.30 & 17–23 Uhr, So 11.30–23 Uhr, H Münchener Straße, Tel. 0203/701520, www.haus-michels.de.

Idyllisch im Wald liegt das **Haus Waidmannsheil**. Seit 35 Jahren kehren hier im Sommer Radfahrer und Spaziergänger ein. Kinder können nebenan auf einer Spielwiese toben. Dazu wird traditionelle deutsche Küche serviert, Fisch „wie bei Muttern" oder „Filettopf Hausmannsart". Saisonale Gerichte, Wild im Winter oder Spargel im Frühjahr, ergänzen die Karte. Nachmittags kann man hausgemachte Kuchen schlemmen. Drinnen ist es urgemütlich, der Biergärten lädt zur Verschnaufpause einer Runde um die Sechs-Seen-Platte ein.
Fichtenstraße 65 (Großenbaum), Mo–Mi & Fr–So 11–24 Uhr, H Am Siepenkothen, Tel. 0203/766910, www.restaurant-waidmannsheil.de.

FLEISCH & BURGER

Frisch zubereitete Burger, selbst gemachte Cevapcici nach bosnischer Art und dazu rustikale Fritten oder Knoblauch-Pommes. **Grillkult** ist ein moderner Burger-Imbiss, in dem man in hübschem Ambiente vor Ort essen kann – vorbestellen und mitnehmen geht natürlich auch. Die Auswahl ist groß, wählen kann man zwischen einem normalen Hamburger oder Varianten wie Bacon oder Salsa. Das Fleisch wird medium gebraten, falls nicht anders gewünscht. Zu den Pommes gibt's zahlreiche Dips. Wem die klassische Mayo zu langweilig ist, kann auch eine mit Rosmarin, Limette oder Jalapeño probieren.
Kaiserswerther Straße 324 (Huckingen), Di–Fr 16–22 Uhr, Sa & So 14–22 Uhr, H Am neuen Angerbach, Tel. 0203/60166891, www.grillkult.com.

Fisch- und Fleisch-Gerichte mit Anspruch: So lässt sich das Konzept des **Schenkel's** am Sittardsberg beschreiben. Seit einigen Jahren ist das Restaurant im Erdgeschoss des Hotels am Sittardsberg wieder in Familienhand. Seitdem wurde ordentlich modernisiert. Das Interieur ist stylish, aber gemütlich. Der Koch hat kreative Fleischkreationen auf die Karte gesetzt (zum Beispiel Emsrind-Carpaccio auf Rucola mit Pinienkernen oder Schweinefilet mit leichten Aromen vom Buchenrauch), aber auch Flammkuchen, Pasta und Fisch. Für den Sommer gibt es eine neu gestaltete Terrasse.
Sittardsberger Allee 10 (Buchholz), Mo–Do ab 17 Uhr, Fr–So ab 14 Uhr, H Sittardsberg, Tel. 03/45690503, www.schenkels-restaurant.de.

Das Schenkel's ist stylish und gemütlich.

FÜR GUT

Gehobene Küche in legerer Atmosphäre wird im **Restaurant Abzweig** serviert. Das Restaurant liegt zwischen dem Remberger See und dem Golfclub Golf & More. Die Speisekarte wirbt mit Gerichten zwischen Currywurst und Hummer, die Kellner servieren in T-Shirts. Die Tische sind nur zu besonderen Anlässen mit Decken eingedeckt. Wer Überraschungen mag: Die Drei- oder Fünf-Gänge-Überraschungsmenüs zeichnen sich durch ein hervorragendes Preis-Leistungsverhältnis aus. Gäste wählen Fisch oder Fleisch und der Koch entscheidet, was auf den Teller kommt. Wechselnde Mittagskarte. Außerdem Aktionsabende mit Tapas, Steaks und BBQ. Im Sommer kann man den Golfern von der Terrasse aus zuschauen. Reservierung sinnvoll.
Am Altenbrucher Damm 92a (Großenbaum), Mo–So ab 12 Uhr (Küche bis 22 Uhr, im Winter bis 21 Uhr), H Keniastraße, Tel. 0203/3496656, www.restaurant-abzweig.de.

INTERNATIONALE KÜCHE

In einer ehemaligen Kneipe befindet sich die Tapasbar **Im Rheintörchen**. Das Ambiente ist eher einfach, die gemalten Bilder an der Wand huldigen den erfolgreichen Fußball-Weltmeistern und dem Kraken-Orakel Paul, auch die Küche hat ihre Fans. Aufgetischt werden klassische Kleinigkeiten, darunter Piemientos de Padron, Tortilla, Albondigas oder Datteln mit Speck ohne Schnickschnack. Wichtig is' auffem Teller.
Rheintörchenstraße 1/Ecke Wanheimerstraße (Wanheimerort), Di–So ab 17 Uhr, H Rheintörchenstraße, Tel. 0203/3936995, www.tapasbar-47055.npage.de.

Kroatische Spezialitäten und internationale Küche stehen im **Haus Wedau** auf der Speisekarte. Cevapcici treffen auf Steak und Leber. Hier wird jeder fündig – auch zur Mittagszeit. Gespeist wird im ebenso rustikalen wie gepflegten Ambiente. Kroatische Getränke wie Pelinkovac, Julischka und Slivowitz runden das Angebot ab.
Kalkweg 174 (Wedau), Mo–Sa 11.30–14.30 & 17–23 Uhr, So 11–23 Uhr, H Kiesendahl, Tel. 0203/727474, www.haus-wedau.de.

Gelsenkirchener Barock trifft auf exotische schmackhafte Küche aus Vietnam. **Tradition bei Le** steht auf dem Schild des Restaurants geschrieben. Die Theke, die Eckbänke und Tische stammen zweifelsohne noch aus der Zeit, in der man hier gutbürgerlich essen konnte. Die Inhaber sind voll integriert – hier finden auch Karnevals- und Oktoberfeste statt. Statt Schnitzel bekommt man nun leckere Currys, Reisegerichte, gebratene Nudeln oder gebackene Banane zum Nachtisch. Alle Gerichte ebenso zum Mitnehmen – im Süden wird auch geliefert.
Dorfstraße 131 (Serm), Mo, Mi–So 17–22 Uhr, H Serm Kirche, Tel. 0203/787984.

Oktopus beim Griechen

Die Speisekarte von **Markt 6 der Grieche** liest sich wie ein Urlaubsprospekt: Es gibt einen Mykonos-, Santorini- oder Naxosteller mit verschiedenen Fleischvariationen. Dazu eine Auswahl kalter und warmer Vorspeisen. Das mediterran-schicke Ambiente passt zum Küchenstil. Im Sommer stehen Tische auf dem Vorplatz. Griechischer Wein und Spirituosen runden das Angebot ab.
Angermunder Straße 6 (Großenbaum), Di–Sa 11.45–14.30 & 17–0 Uhr (Küche bis 22.30 Uhr), So 11.45–22 Uhr, H Großenbaum Bf, Tel. 0203/73825487, www.markt6-grieche.de.

AUF DIE SCHNELLE

Kreative Baguette-Kreationen stehen auf der Karte von **The Black Bull**. Das leckere Ciabatta-Brot wird wahlweise mit Lammrollbraten, Süßkartoffel-Vanille-Mousse und Ratatouille belegt. Eine andere Kreation vereint Roastbeef, Walnüsse und karamellisierte Portwein-Zwiebeln. Natürlich gibt's auch vegetarische und vegane Varianten. Wer lieber Salat mag, bekommt eine Auswahl jenseits des Standard-Angebots. Die Jungs liefern auch nach Hause.
Zum Lith 75 (Wanheimerort), Di–Fr 11–21 Uhr, Sa & So 15–21 Uhr, H Kulturstraße, Tel. 0203/93400279, www.theblackbull.de.

The Black Bull

Der Berliner Imbiss von Heidi und Mandy Schwitzki ist eine Institution. Die Hauptstadt ist weit weg und wer die Currywurst erfunden hat, darüber lässt sich trefflich streiten. Den Kunden vom **Berliner Kult** ist's egal – Hauptsache, es schmeckt. Am Rande des Rewe-Parkplatzes wird typische Berliner Wurst gebrutzelt, schön scharf abgeschmeckt.
Düsseldorfer Straße 504 (Wanheimerort), Mo–Fr 11–21 Uhr, H Im Schlenk, Tel. 0203/775989, www.facebook.com/berlinerkultwanheimerort.

Jahrzehnte war in dem Imbiss der Hähnchengrill Hoymann untergebracht. **Die Zauberei** bietet deshalb auch Hähnchen an. Ansonsten gibt's Burger, mit klassischem Patty oder Pulled Pork und Chicken. Die knusprigen Pommes werden in kleinen Körben serviert, der Burger kommt auf einer Palette. Das Interieur wurde ordentlich aufgemöbelt, ist modern und retro zugleich. Als Sitzgelegenheiten dienen Bierzeltgarnituren.
Im Schlenk 4 (Wanheimerort), Mo–Sa 11.30–20 Uhr, H Im Schlenk, Tel. 0203/36978096, www.facebook.com/diezaubereiwanheimerort.

Die Zauberei

Den Schnellimbiss **Hoymann** gibt es bereits seit 1966 – und das sieht man der Pommesbude auch an. Die Wand ist mit Holz vertäfelt, die Kacheln herrlich altmodisch und auf der Karte stehen neben Currywurst, Zigeunerschnitzel und Jäger-Frikadelle auch noch Bohnen- und Gurkensalat mit Sahne und Zwiebeln, wie man es von früher kennt. Vor einigen Jahren hat Normann Maaßen den Imbiss von seiner Oma übernommen – er ist quasi hier aufgewachsen. Zum Glück hat sich in den vergangenen Jahren nicht viel verändert.
Münchener Straße 12 (Buchholz), Mo–Sa 11.30–21 Uhr, H Münchener Straße, Tel. 0203/72999626.

Jeder Stadtteil sollte eine gute Pommesbude haben: Das **Grill Restaurant Engelbert** stellt die Currywurst-Pommes-Versorgung in Großenbaum seit fünf Jahrzehnten sicher. An einer Theke können Gäste zum Mitnehmen bestellen, im hinteren Bereich befinden sich einige Eckbänke und orangefarbene Tische, um vor Ort zu essen. Jede Woche gibt's außerdem eine wechselnde Mittagskarte mit Klassikern, darunter Graupen- oder Schnibbelbohnensuppe, Sauerbraten oder Wirsing untereinander. Reelle Küche ohne Schnickschnack, einfach und gut.
Zu den Buchen 1 (Großenbaum), Mo–Fr 11–20.30 Uhr, So 16–20.30 Uhr, H Großenbaum Bf, Tel. 0203/7299344, www.grill-restaurant-engelbert.de.

Das Grill Restaurant Engelbert gibt es schon seit 50 Jahren.

Wer sich nicht entscheiden kann, ob er Pommes-Currywurst, Hähnchen oder Pizza verputzen möchte, sollte zur **Schatz Schlemmerecke** kommen. Hier bekommt man nämlich alles und dazu noch einen günstigen Mittagstisch. Das erspart den Gang in drei verschiedene Imbissbuden – und lecker ist es noch obendrein.
Mündelheimer Straße 35 (Huckingen), Mo–So 11–21.30 Uhr, H Mühlenkamp, Tel. 0203/785654.

AM ABEND

KNEIPEN & BARS

Ein Besuch in dieser Kneipe ist gar nicht **Pillepalle**, auch wenn die gutbürgerliche Gaststätte unter Leitung von Christian Rohde neuerdings so heißt. Früher befand sich hier die Keglerschänke. Kegeln kann man immer noch, aber auch gemütlich ein Bierchen trinken oder frische bodenständige Ruhrpottküche genießen. Zusätzlich zum Bier wurde die Weinkarte ausgebaut.
Sittardsberger Allee 75 (Buchholz), Mo–Mi 16–23 Uhr, Fr–Sa 16–1 Uhr, So 10–23 Uhr, H Sittardsberg, Tel. 0203/703504, www.facebook.com/pillepalleduisburg

Die Weinberge sind in Wanheimerort zwar weit weg, aber das **Riesling am Kamin** erinnert fast an eine typische Straußwirtschaft. Zu guten Tropfen, die Glas- oder Flaschenweise bestellt werden können, werden kleine Speisen wie im Urlaub aufgetischt, etwa Riesling-Hühnchen, Flammkuchen oder Pfälzer „Schwardemaache". Biertrinker können aufatmen: Getreu dem Motto „Das schönste am Wein ist das Bier danach", gibt's auch Pilsken.

Düsseldorfer Straße 566 (Wanheimerort), Mi–So 11.30–23 Uhr, H Waldfriedhof, Tel. 0203/29655972, www.riesling-am-kamin.de.

Typische Straußwirtschaft: Riesling am Kamin

Der Comedian Markus Krebs steht nicht nur auf der Bühne, sondern betreibt auch eine eigene Kneipe. **Anne Tränke** ist eine kultige Event-Kneipe, die die Gäste unter dem Motto „Beer, Food & Fun" anlockt. Bei Karaoke und Bingo-Abenden, Live-Musik und Partys ist Spässken garantiert. In der Ecke steht ein Rollator mit Lichterkette – der ist noch vom Bandcontest „Rock'n'Rollator" übrig geblieben. An den Wänden hängen Musikinstrumente und Fußball-Devotionalien. In der Kneipe wird

Anne Tränke in Bissingheim

jedes MSV-Spiel übertragen. Neben allerlei Sorten Bier gibt's eine gute Kneipenküche mit „Leckerchens" á la Schnitzel „Der Mann hinterm Bauch" (Puszta-Schnitzel), Grillpfanne „Lekkofannie" (Dreierlei Steak vom Grill) oder Heringsstipp nach Omas Art.

Vor dem Tore 76 (Bissingheim), Mo–Sa ab 18 Uhr, So 10–21 Uhr, H Bissingheim Bf, Tel. 0203/49979207, www.annetränke.de.

Aschlöksken: Bebliebter Pausenstopp am Rheindeich

Die Gartenwirtschaft von Karl-Heinz Schwenke ist Kult. Das **Aschlöksken** liegt etwas versteckt zwischen Feldern an der Altbiergrenze – es sind nur 200 Meter bis Düsseldorf. Spaziergänger, Biker und Fahrradfahrer treffen sich hier. Der Name hat übrigens nichts mit einem Hinterteil zu tun, sondern leitet sich vielmehr davon ab, dass früher am Rhein mal

Asche gelagert wurde. Stühle können sich die Besucher aus dem Schuppen holen und sich auf den Deich setzen. Dazu gibt's kaltes Flaschenbier (Pils und Alt), Bratwurst oder Kuchen. Und wie man da so hockt, kommt man garantiert mit dem halben Biergarten ins Gespräch.

Am Hasselberg 290 (Serm), Mo, Di 11–21 Uhr, Do–So 11–21 Uhr, H Froschenteich, Tel. 0203/7577595.

Am Rheinkilometer 768,5 liegt das **Bootshaus Ehingen**. Von der Terrasse hat man beste Sicht auf das Deichvorland, den Rhein und die vorbeiziehenden Schiffe. Im Sommer ist es hier am schönsten, an trüben Tagen und im Winter locken die Besitzer mit zahlreichen Veranstaltungen, darunter Mitsingabende und Oldiepartys. Neben einem kalten Getränk werden Schnitzel, Burger und andere Kneipenklassiker aufgetischt. Guter Ausflugstipp.

Hirtenweg 6 (Ehingen), Mi–So 18–22 Uhr, H Ehingen Friedhof, Tel. 0203/73881233, www.facebook.com/bootshausehingen.

Das **Restaurant 28 Süd** befindet sich direkt neben dem XXL-Sportpark. Hier kann man nach einer Runde Bowling, Badminton oder im Fitnessstudio den Abend ausklingen lassen. Die Karte bietet gute Kneipenkost wie Flammkuchen, Schnitzel, Salate. Außerdem gibt es regelmäßige Grill- und andere Specials, sonntags zum Beispiel einen amerikanischen Brunch, inklusive Schokobrunnen und Showküche. Im Sommer lohnt ein Besuch im Biergarten.

Am Neuen Angerbach 28 (Hüttenheim), Mo–So ab 9 Uhr, H Am großen Graben, Tel. 0203/7585100, www.restaurant-28-sued.de.

KINO & BÜHNE

Der **Steinhof** war ursprünglich ein freies Rittergut und wurde erstmals 1454 urkundlich erwähnt. Die mit dem Steinhof verbundenen Raubrittersagen sowie Vermutungen, dass er einst im Sumpf stand und einen Tunnel zum nicht fernen Haus Böckum besaß, konnten archäologisch bisher nicht nachgewiesen werden. Seit 1949 ist die Stadt Duisburg Eigentümer. Nachdem auf dem Steinhof im Jahr 1971 der landwirtschaftliche Betrieb eingestellt wurde, drohte er zu verfallen. Bürger engagierten sich allerdings dafür, dass das Gebäude erhalten blieb. Inzwischen wurde ein Verein gegründet und dort treffen sich Bürger, es finden Konzerte oder Comedy-Veranstaltungen statt. Gaby Köster, Katja Ebstein oder Stoppok sind hier bereits aufgetreten. Kult sind Anjas Singabende, bei der alle eingeladen sind, mitzusingen.

Anja Lerch veranstaltet Singabende im Steinhof.

Düsseldorfer Landstraße 347 (Huckingen), Öffnungszeiten laut Veranstaltungsprogramm, H St. Anna Krankenhaus, Tel. 0203/72999984, www.steinhof-duisburg.de.

Es gibt immer einen Anlass, um einen Abend im **Gleis Drei** zu verbringen. Die Kneipe im Bahnhof Großenbaum hat im Sommer einen schönen Biergarten, wo Cocktails, Biere und Longdrinks auf der Karte stehen. Wer lieber etwas essen möchte, bekommt solide Kneipenkost wie Pizza, Wraps, Fingerfood, Burger und Schnitzel serviert. Der Multifunktionsraum wird aber auch für Konzerte, Partys und Kabarett genutzt. Anka Zink sorgt hier beispielsweise für Lacher oder das Duo Thekentratsch. Über das Veranstaltungsprogramm kann man sich online informieren.
Angermunder Straße 2–4 (Großenbaum), Öffnungszeiten (Kneipe) Mo–Do 16–22 Uhr, Fr ab 16 Uhr, Sa & So ab 12 Uhr, H Großenbaum Bf, Tel. 0203/73850280, www.gleisdrei.de.

Gleis Drei im Bahnhof Großenbaum

EINKAUFEN

FEINKOST & SPEZIALITÄTEN

Rund 450 Käsesorten füllen das Lager von **Käse Ludwig**. Vom klassischen jungen Gouda über strenger riechende Varianten oder solche mit essbarer Rinde aus Blüten oder gebrannten Mandeln. Die Geschmäcker sind so vielfältig wie die Herkunftsländer. Die Kugeln und Laibe kommen aus Frankreich, Italien, der Schweiz oder den Niederlanden. Wer es exklusiv mag, kann bis zu 50 Euro pro Kilo ausgeben, es gibt aber auch günstige Sorten ab 4 Euro. Den Käse gibt's im Fachgeschäft oder auf zahlreichen Märkten in der Umgebung, zum Beispiel am donnerstagvormittag in Großenbaum.
Am Handwerkshof 9 (Großenbaum), Di–Sa 7–13 Uhr, H Am Krähenhorst, Tel. 0203/710470, www.kaese-feinkost-ludwig.de.

Käse Ludwig

In einer umgebauten Scheune befindet sich das Fachgeschäft **Bienen Lindner**. Im Sortiment sind zahlreiche Honigvarianten, darunter sortenreine von der Himbeere oder vom Klee. Hinzu kommen Liköre, Honigessige, Tee, Senf, Bonbons, Kos-

metika, Seife oder Kerzen. Auch Hobbyimker können hier entsprechendes Zubehör finden und Gärtner bekommen Saatkugeln mit besonders bienenfreundlichen Blumen. Die Inhaber Sabine und Stefan Lindner kennen sich aus – sie besitzen selbst eigene Völker.
Dorfstraße 73 (Serm), Di–Fr 10–13 & 15–18.30 Uhr, Sa 10–13 Uhr, H Serm Kirche, Tel. 0203/7578822, www.imkereibedarf-lindner.de.

Alles rund um Bienen und Honig gibt's bei Bienen Lindner.

Auf dem Hof **Blomenkamp** werden seit Generationen zahlreiche Kartoffelsorten angebaut. Auf den Feldern wachsen Annabelle, Cilena, Gloria, aber auch Spezialitäten wie Bamberger Hörnchen oder lila Kartoffeln. Die ganze Familie packt mit an und Tochter Lisa ist sogar mal zur Kartoffelkönigin im Rheinland gewählt worden. Im Hofladen bekommt man die Kartoffeln säckeweise. Außerdem Tomaten, Salat, Möhren und anderes Gemüse, das ebenfalls im Süden wächst.
Dorfstraße 142 (Serm), Mo–Fr 8–13 & 15–18 Uhr, Sa 8–13 Uhr, H Serm Kirche, Tel. 0203/781617, www.bürgershof-blomenkamp.de.

Die **Landfleischerei Phips** bietet Fleisch- und Wurstwaren aus eigener Herstellung an. Das Fleisch kommt von Betrieben aus der Umgebung. So behält der Metzger den Überblick etwa über die Fütterung und Haltung der Tiere. Die Rezepturen werden jeweils an den Kundengeschmack angepasst, außerdem geben die die Mitarbeiter Tipps zur Zubereitung der unterschiedlichen Fleischstücke. Wechselnder Mittagstisch mit gutbürgerlichen Gerichten und Catering im Angebot.
Schwalbenweg 21 (Mündelheim), Mo–Sa 6–13.30 Uhr, H Zum Grind, Tel. 0203/7579176, ww.phips-landfleischerei.de.

Die Bäckerei **Kabouter** produziert vollwertige Brote und Backwaren in Bioqualität. Gegründet wurde die Bäckerei Ende der 1970er Jahre von Studenten, die zunächst ihr eigenes Korn in der heimischen Küche gemahlen haben. Sie fühlten sich der niederländischen Kabouter-Bewegung verpflichtet, die sich gegen Umweltverschmutzung und Massenkonsum einsetzte. Auch heute wird in der Backstube besonderen Wert auf Nachhaltigkeit gelegt. Gutes Angebot auch für Veganer. Das Brot wird in zahlreichen Bioläden im Ruhr-

Kabouter backt in Bioqualität.

gebiet verkauft. Vor Ort gibt es außerdem einen Backstubenverkauf.
Fliederstraße 113a (Wanheimerort), Mo–Fr 7–18 Uhr, H Fischerstraße, Tel. 0203/7398964, www.kabouter.de.

70 Tiere gehören zur Herde des **Holtumer Landhofs**. Der Betrieb stammt aus dem Jahr 1824, ursprünglich wurden hier Kaltblüter gezüchtet. Inzwischen wohnen nur noch 30 Pensionspferde auf dem Hof, dazu die Rinder und Familie Greilich. Der kleine Hofladen wurde vor einiger Zeit geschlossen, doch das Fleisch wird weiterhin selbst vermarktet. In Paketen á drei, fünf oder zehn Kilogramm gibt's Entrecote, Hackfleisch, Bratwurst oder Gulasch. Erst wenn das ganze Tier verkauft ist, wird geschlachtet. Einzelbestellungen sind auch möglich, allerdings begrenzt. Ist das Filet vergriffen, muss auf die nächste Schlachtung gewartet werden. Nach dem Schlachten reift das Fleisch zunächst 14 Tage und kann dann auf dem Hof abgeholt werden. Dann ist auch ein Besuch im Stall möglich.
Holtumer Mühlenweg 1 (Serm), Öffnungszeiten nach Vereinbarung, H Am Klapptor, Tel. 0203/789870, www.holtumerland.de.

In der Fleischerei von Franz Josef **Scheuten** wird alles selbst gemacht. Geräuchert wird noch wie vor 100 Jahren. Die Tiere, die hier zu Wurst und Braten verarbeitet werden, stammen von Bauern aus der Region. Der Meister und seine Mitarbeiter liefern handgemachte Qualität, das wissen die Kunden zu schätzen.
Düsseldorfer Landstraße 36 (Wanheim-Angerhausen), Di, Do & Fr 8–13 & 15–18 Uhr, Mi & Sa 8–13 Uhr, H Münchener Straße, Tel. 0203/701383.

MODE & DESIGN

Asien liegt im Hinterhof: Im Fachgeschäft **Habitarium** kann man sich Schränke, Anrichten, Truhen oder auch Buddha-Statuen für das heimische Wohnzimmer aussuchen. Zu Marco Solbach kommen Kunden, die selbst gerne reisen und die asiatische Kultur mögen. Da man Möbel nicht mal eben im Handgepäck transportieren kann, werden sie bei dem gelernten Bauingenieur fündig. Die Antiquitäten bezieht er von einem Händler in Peking. Solbach reist regelmäßig ins Reich der Mitte, um nach neuen Schätzen Ausschau zu halten.
Großenbaumer Allee 41 (Großenbaum), Öffnungszeiten nach Vereinbarung, H Großenbaum Bf, Tel. 0203/7599551, www.habitarium.de.

Schönes aus Fernost

Yvonne Joh hat ein Händchen dafür, schöne Dinge für Haus und Garten auszusuchen. Sie hat die ehemalige Wassermühle zu **Yoh-Art,** einem Fachgeschäft für Dekoration und Interieur, umgebaut. Dabei verkauft sie nur Dinge, die ihr auch selbst gefallen. Zum Beispiel Lampen, kuschelige Kissen, hübsche Vogelhäuser oder bunte Gartenfiguren. Hier finden sich ausgefallene Deko-Objekte für alle vier Jahreszeiten und um sich ein bisschen wie im Urlaub auf Sylt oder an einer Beach-Bar in Florida zu fühlen.
Düsseldorfer Landstraße 415 (Huckingen), Di–Fr 10–13 & 15–19 Uhr, Sa 10–14 Uhr, H Kesselsberg, Tel. 0203/784242, www.homeandgarden.de.

Die Schuhe von **Leder Penschek** passen wie angegossen – sie sind nämlich Maßanfertigungen. Dietmar Penschek ist Schuhmachermeister und sein kleines Geschäft mit angeschlossener Werkstatt gibt es schon seit Jahrzehnten. Hier werden Reparaturen von (Reit-)Stiefeln und anderen Schuhen durchgeführt oder Maß genommen für individuelle Treter. Im Regal stehen einige Modelle, darunter Budapester oder Oxfords. Der Fachmann nimmt Maß, klärt über die unterschiedlichen Leder auf und fertigt Vorlagen. Die Leisten werden dann in einer Fabrik gefertigt. So sind auch die Unikate erschwinglich. Rund 400 Euro muss man investieren. Fünf Wochen dauert es, bis man die Schuhe anziehen kann.
Münchener Straße 84 (Buchholz), Mo–Fr 9–13 & 15–18 Uhr, Sa 10–13 Uhr, H Münchener Straße, Tel. 0203/701970, www.leder-penschek.de.

Rost-Figuren, Rost-Vogelhäuschen, Rost-Schilder: Ulrike Pultke verkauft Deko-Artikel unter dem Namen **rostig und schön**. Die Accessoires wirken hübsch und edel. Die Ware lässt die Inhaberin nach ihrem Geschmack anfertigen. Die Ausstellung befindet sich in ihrem Garten. Die Idee zum eigenen Geschäft kam ihr bei einem Besuch der „Offenen Gartenpforte".
Asternweg 9 (Wanheim-Angerhausen), Mo 10–18 Uhr, Mi & Do 15–18 Uhr, H Münchener Straße, Tel. 0178/1608607, www.rostigundschoen.de.

ORIGINELLES & ORIGINALE

In der **BBQ-Company** bekommen Männer glänzende Augen. Im Grillfachgeschäft von Jörg Jockel gibt's dutzende verschiedene Grills – vom Einsteigermodell für den Balkon-Brutzler bis zur hochwertigen Outdoorküche ist alles zu haben. Außerdem Zubehör, Saucen oder auch hochwertiges tiefgefrorenes Fleisch. Damit man(n) am Rost auch eine gute Figur macht, gibt's neben dem Shop auch eine Grillschule. Die Kurse richten sich an Einsteiger, denen die Basics vermittelt werden. Fortgeschrittene wagen sich an Fisch, gegrilltes Fingerfood oder American BBQ. Die Seminare sind schnell ausgebucht. Deshalb sollte man unbedingt im Voraus reservieren.
Düsseldorfer Landstraße 286 (Huckingen), im Sommer: Mo–Do 10–18 Uhr, Fr 10–19 Uhr, Sa 10–16 Uhr, im Winter: Di–Fr 10–18 Uhr, Sa 10–16 Uhr, H St. Anna Krankenhaus, Tel. 0203/7599227, www.bbq-company.de.

Grills und Zubehör findet man(n) bei der BBQ-Company.

Werner **Ruland** ist jeden Tag von Naturschönheiten umgeben. Auf rund 13 Hektar baut er im Duisburger Süden Rosen an. Auf den Feldern leuchtet es rot, rosa oder gelb. Die meisten Rosen werden über die Blumenbörse in den Niederlanden vermarktet und aus Rahm in die ganze Welt geschickt. Vor Ort gibt es aber auch einen kleinen Hofladen, in dem man sich schöne Exemplare aussuchen und zu einem Strauß binden lassen kann. Außerdem gibt es eine Auswahl an Topfblumen und Accessoires. Wer im Frühjahr oder Sommer vorbeischaut, bekommt im angrenzenden Rosengarten einen Eindruck, wie die sensiblen Blumen wachsen.
Grüner Weg 55 (Rahm), Mo–Fr 8–18.30 Uhr, Sa 8–14 Uhr, So 9–13 Uhr (Mai bis November), im Winter Mo–Fr 13–18 Uhr, Sa 9–14 Uhr, So 10–12 Uhr, H Rahm Bf, Tel. 0203/763793, www.rosen-ruland.de.

Ein Bilderrahmen weist den Weg in die Werkstatt von Jörg Liestmann. Er ist der einzige **Vergoldermeister** in Duisburg. Er fertigt (vergoldete) Rahmen für Bilder, ganz gleich, ob wertvolle Kunst oder für ein Poster. Mit seinen Kunden sucht er die schlichten oder kunstvoll verzierten Rahmen aus. Dem Verkaufsraum ist eine kleine Galerie angeschlossen.
Düsseldorfer Landstraße 390 (Huckingen), Mo–Fr 9–13 & 15–18 Uhr, Sa 10–13 Uhr, H Kesselsberg, Tel. 0203/784550.

Alles für den lieben Hund bietet das kleine Fachgeschäft **Schmackofatz**: Leinen, Spielzeug, Körbchen und eine fachkundige Beratung für alle, die ihre Tiere mit Frischfleisch ernähren wollen. Große Auswahl an Futter und Kauartikeln.
Lindenstraße 27 (Buchholz), Mo–Fr 10–13 & 15–18.30 Uhr, Sa 10–14 Uhr, H Buchholz Bf, Tel. 0203/71820986, www.schmack-o-fatz.de.

MUSIK & LITERATUR

Gabi Scheibe, Chefin des kleinen, feinen Buchladens **Was ihr wollt** hat immer ein paar gute Literaturtipps parat, ganz egal, ob man ein Geschenk sucht oder das Buch selbst schmökern möchte. Neben Literatur ist auch eine Auswahl DVDs, Hörbüchern, Kalendern und anderen Artikeln vorrätig. Besonderer Service: Geburtstagskinder können sich einen Korb zusammenstellen und sich zurücklegen lassen. Gäste, die etwas schenken wollen, können dann die Titel bezahlen und als Präsent verpackt mitbringen. Außerdem gibt's regelmäßig Veranstaltungen.
Münchener Straße 53 (Buchholz), Mo–Fr 9.30–18.30 Uhr, Sa 9.30–13.30 Uhr, H Münchener Straße, Tel. 0203/791369, www.buchhandlung-wasihrwollt.de.

PROMI-TIPP

Philipp Eisenblätter

Wenn die Tage wieder länger werden und man sich fragt, wohin mit sich und was man bei dem schönen Wetter unternehmen könne, so macht man am besten eine Radtour. Bei der Überlegung, wo die Radtour denn hingehen darf, bleibt dann oftmals nur ein Ziel übrig: Das Premiumausflugsziel im südlichsten Zipfel Duisburgs. Mein Tipp: Die Gartenwirtschaft Schwenke. Orientiert man sich am Rhein und folgt hinter Serm dem Deich weiter in Richtung Süden, so trifft man alsbald auf jenes Kleinod, im Volksmund auch besser bekannt als „Aschlöksken".

Ein Schelm, wer hierbei an etwas Vulgäres denkt. Der Name „Aschlöksken" hat nämlich reichlich wenig mit dem Gesäß oder der abseitigen Lage zu tun. So rührt er doch vielmehr aus der Zeit, in der es an dieser Stelle noch einen Anleger gegeben haben soll, von dem aus die Kohle mit einer Lore zu den Häusern gebracht wurde. (Asch = Asche).

Für nicht Ortskundige gar nicht mal leicht zu finden. Doch wer schon mal da gewesen ist, weiß die gute Aussicht über den Rhein, zwischen Düsseldorf und Duisburg, zu schätzen. Eine Enklave der Entspannung. Man kommt an, nimmt sich einen Plastikstuhl, holt sich eine Flasche Bier und eine Wurst und setzt sich dann direkt an den Rhein. Mehr ist es nicht. Und doch ist es so Vieles. Ein Begegnungsort am Rande der Stadt, zwischen Industrie und Feldern. Zwischen Hektik und ländlicher Abgeschiedenheit.

Der Star ist hierbei allerdings nicht die Gartenpinte selbst. Hier geht es vielmehr um die Begegnung und den Moment, alles andere ist sekundär. Alles was überflüssig ist, alles was ablenkt, existiert hier nicht – Reduktion auf das Wesentliche. Das ist es! Das ist alles, was man wirklich braucht. Genau das ist es auch, was die Stadt für mich ausmacht. Kein Schnick-Schnack, kein doppelter Boden. Nichts!

Besonders schön ist es in den Abendstunden, an warmen Sommertagen. Wenn die Sonne langsam untergeht und der Rhein glitzert wie Abertausende Diamanten. Und da bekanntermaßen aus Kohle irgendwann Diamanten werden, schließt sich doch der Kreis recht wunderbar.

Und so sage ich: Auf bald im „Aschlöksken"!

Philipp Eisenblätter ist ein Singer-Songwriter aus dem Duisburger Süden, der im vergangenen Jahr mit seinem Duisburg-Lied der Stadt eine Liebeserklärung gemacht hat. Der Titel seiner ersten Langspiel-Platte lautet Gaunerstück.

PROMI-TIPP

Markus Krebs

Was ich an Duisburg mag, das sind die vertrauten Klänge unseres Dialektes. Wenn ich Gespräche aufschnappe, in denen es um die Ulligen geht, oder die Schuppos wieder irgendwo blitzen, dann weiß ich, dass ich zu Hause bin. Duisburg ist meine Heimat, egal wo Meiderich spielt!

WELCOME

Markus Krebs gewann 2011 den RTL Comedy Grand Prix, zuvor war er unter anderem Vize-Baumarktleiter. Er ist bekennender MSV-Fan und betreibt in Bissingheim seine eigene Kneipe „Anne Tränke."

LOHR

NORD

Duisburg gilt als der größte Binnenhafen Europas.

Rundgang Ruhrort

Ruhrort ist einer der interessantesten Kieze in Duisburg: Hafenstadtteil mit langer Historie, Schauplatz zahlreicher Tatort-Filme mit Schimanski und heute ein Treffpunkt von Kreativen. Seit 2008 hat Ruhrort sogar eine Stadtteilpartnerschaft mit St. Pauli geschlossen. Eine Tour, vorbei an maritimer Kulisse und interessanten Museen und Ateliers.

Der Rundgang startet am **Tausendfensterhaus**. Eigentlich heißt das Gebäude Haus Ruhrort und wurde in den 1920er Jahren als Konzernzentrale der Rheinischen Stahlwerke nach Plänen von Heinrich Blecken gebaut. Als das Gebäude allerdings fertiggestellt war, gab es den Konzern nicht mehr – er hatte sich 1926 mit den Vereinigten Stahlwerken zusammengeschlossen. 1928 wurde das Haus dann doch bezogen, ab 1935 wurden einige Räume als Finanzamt genutzt. In der Not der Nachkriegsjahre wurden sogar Wohnungen eingerichtet. Später stand das Gebäude immer mal wieder leer. In den 1990er Jahren wurde es schließlich unter Denkmalschutz gestellt. Derzeit sind dort eine ambulante Augenklinik und das Schulamt untergebracht. Während der Öffnungszeiten kann man einen Blick in das Gebäude mit seinem Innenhof werfen. Das Zählen kann man sich sparen – es sind keine 1.000, sondern 510 Fenster eingebaut.

Vom Tausendfensterhaus gehen Sie ein paar Schritte geradeaus und biegen am Vincke-Platz in die Dr. Hammacher-Straße und nach 100 Metern in die Hafenstraße. Sie spazieren vorbei an schönen alten Gebäuden, darunter dem historischen **Packhaus der Firma Haniel**. Ein Lagergeschäft im Jahr 1756 war die Keimzelle der heute international agierenden Unternehmensgruppe. Der Gründer Jan Willem Noot bot Kaufleuten aus dem Umland in seinem Packhaus Speicherflächen für Kolonialwaren aus Holland an. Seine Tochter Aletta und sein Schwiegersohn Jacob W. Haniel begannen, mit Wein zu handeln und eine allgemeine Spedition zu betreiben. Ihr Sohn Franz war an der Gründung der späteren Gutehoffnungshütte beteiligt und wurde durch die Gründung von Zechen mit einem neuartigen Tiefbauverfahren (Mergelschächte) zum Pionier des modernen Ruhrgebiets. Heute gestaltet Haniel ein facettenreiches Portfolio mit unterschiedlichen Geschäftsmodellen. Das Unternehmen befindet sich vollständig im Familienbesitz, Kapital und Management sind jedoch voneinander getrennt. Haniel prägt den Stadtteil weiterhin. So engagiert sich die Firma beispielsweise für das Hafenfest, finanziert das Jugendzentrum „Ruhrorter Hafenkids“ und fördert mit der Social Impact gGmbH Start-Up-Unter-

Haniel-Zentrale in Ruhrort

nehmer, die mit ihren Geschäftsideen gesellschaftliche Herausforderungen lösen wollen. So zum Beispiel zwei junge Gründer, die aus Insekten Hundefutter herstellen wollen. So soll der Fleischkonsum der Haustiere verringert werden – das ist gut für die Umwelt. Ein anderes Team verknüpft den Einkauf von Bio-Obst und -Gemüse mit einer sozialen Idee. Wer über „Beemingbox" Lebensmittel ordert, spendet automatisch zehn Prozent der Einkaufssumme einem guten Zweck.

TIPP: In Ruhrort kann man auch für einen guten Zweck Kaffee trinken gehen. Wer zum Beispiel im Anker, Cafe Kurz, im Mühlencafé, Hübi, Kultkiosk oder Blauen Büdchen einen Kaffee trinkt, kann einen auf Reserve mitbezahlen. Jemand, der nicht so viel Geld hat, bekommt diesen dann gratis.

Ruhrort selbst datiert auf das Jahr 1371. In diesem Jahr gestattet Kaiser Karl IV. dem Grafen Johann von Moers zum ersten Mal, in der Fischersiedlung Ruhrort einen Zoll zu entrichten. Die Zollrechte wurden bald an die Herzöge von Kleve und die Grafen von der Mark verpfändet. Sie errichteten auch das **Kasteel**, das damalige Haus Ruhrort, und befestigten den Ort. Dazu sind sie verpflichtet worden, um Zollfreiheit für die Ruhrorter auf dem Rhein zu erlangen. Das Stadtrecht war ihnen zunächst wegen der mangelnden Befestigung verwehrt worden. 1551 wird Ruhrort erstmals als Stadt bezeichnet. 1665 gründet sich eine Schiffergilde, 1712 entsteht die erste Werft und vier Jahre später, am 16. September 1716 wird der Beschluss gefasst, einen Hafen zu bauen. Dieser feierte vor zwei Jahren seinen 300. Geburtstag. Im Sommer findet zudem jedes Jahr das große Hafenfest statt mit Feuerwerk, Schiffsparade, Kirmes und Bühnenprogramm.

TIPP: Die Autorin Silvia Kaffke hat die Handlung ihres Historien-Krimis „Das dunkle Netz der Lügen" nach Ruhrort verlegt. Sie hat im Stadtarchiv recherchiert, um den Fall, der sich wirklich so ereignet hat, und andere Fakten in den Fall des Ermittlers Robert Borghoff einzuarbeiten. Leser erkennen die Schauplätze garantiert wieder.

Die Hafenstraße führt Sie zum Gustav-Sander-Platz. Auf der rechten Seite liegt die **Schifferbörse**. Vor dem Bau wurden die Frachtgeschäfte auf der Straße verabredet. Allerdings verstopften die Handelnden die Wege und den Schiffern wurden falsche Frachtraten genannt. Die Schiffer selbst forderten deshalb, Makler zu beauftragen oder ein Schiffsfrachtenamt einzurichten. 1895 beschloss der Ruhrorter Bürgermeister Hermann Bemme, einen überdachten Unterstellplatz bauen zu lassen. Man sah sich beispielsweise in Rotterdam und Antwerpen um, wie dieser aussehen könnte. Da es aber keine Vorbilder gab, wurde schließlich ein prachtvolles Haus in skandinavischem Stil errichtet. Die Börse öffnete täglich von 11 Uhr bis 12 Uhr und der Eintritt kostete 25 Pfennig pro Tag. Während des Zweiten Weltkriegs wurde das Gebäude stark beschädigt und brannte nach Kriegsende vollständig ab. Ende der 1940er Jahre wurde das Haus schließlich wieder von der Hafen AG aufgebaut. Später nutzte die Musikschule das Gebäude, danach zog ein Restaurant ein. Aktuell ist das Haus geschlossen und nur noch für Veranstaltungen buchbar.

Geht man die Treppe hinunter, gelangt man zum **Steiger Schifferbörse.** Hier starten die Hafenrundfahrten. Die Weiße Flotte fährt von Ende März bis Oktober täglich ab 12.15 Uhr und 14.30 Uhr. Kapitän Walter Moser ist Chef der Ruhrorter Personenschifffahrt. Er schippert auf der Rheinfels durch den Hafen und hat zahlreiche Fakten und Anekdoten zum Hafen parat. Er fährt ebenfalls von Ende März bis Oktober, mittwochs bis sonntags jeweils um 11.30 Uhr und 13.45 Uhr.

TIPP: Wer auch den industriellen Teil des Hafens erleben möchte, sollte eine der Sonderfahrten „Vergessene Häfen" buchen. Die Tour dauert dreieinhalb Stunden und führt wahlweise zu Berge Richtung Huckingen oder zu Tal nach Walsum. Kapitän Moser führt seine Fahrgäste durch alte, weitgehend unbekannte Teile des riesigen Duisburger Hafens. Nähere Informationen: www.hafenrundfahrt-duisburg.de.

Früher wurden in der Schifferbörse Frachtgeschäfte ausgehandelt. Heute wird sie als Event-Location genutzt.

Der Steiger Schifferbörse liegt am **Leinpfad**, der Hafenpromenade. Hier kann man mit Blick aufs Wasser entlang spazieren und entdeckt beispielsweise das **Museumsschiff Oscar Huber.** Besucher können unter Deck gehen und das Innere des Schaufelraddampfers inspizieren. Ein paar Meter weiter liegen auf der rechten Seite die Kneipe **Zum Hübi** und dahinter die Outdoor-Galerie „Auf Nachtschicht". Die großformatigen Fotos stammen von Frank Hohmann und Daniela Szczepanski. Sie zeigen faszinierende Ansichten des Hafens. Ebenfalls am Leinpfad, kurz vor der Hafenwiese, ragt der Pegel empor. Wie hoch der Wasserstand des Rheins ist, kann man außen ablesen. Der erste Pegel wurde im Jahr 1815 installiert. Der Pegel, den Sie heute sehen, stammt von 1954. Er ist nicht nur ein Blickfang für die Fußgänger, sondern liefert den Schiffern wichtige Informationen über den Wasserstand. Mit den Daten lässt sich die Fahrrinnentiefe errechnen. Je mehr Wasser im Rhein, umso mehr Container und andere Güter können die Schiffe laden. Ein Rekordhochwasser wurde übrigens im Jahr 1926 gemessen. Es lag bei 13,04 Metern. Rekordniedrigwasser gab es im November 1971, da lag der Pegel bei 1,58 Metern.

Zum Hübi

Hinter dem Pegel gehen Sie unter einer Brücke durch. Der Weg führt zur **Mühlenweide**. An der Spitze gibt es im Sommer einen Biergarten, außerdem finden hier regelmäßig Trödelmärkte statt. An der Seite ist ein neuer Anleger für Flusskreuzfahrtschiffe gebaut worden, die wieder regelmäßig in Duisburg anlegen sollen. Von hier können die Touristen Duisburg und andere Ruhrgebietsstädte besuchen, bevor es abends wieder an Deck geht.

Sie kehren ebenfalls wieder zurück, laufen diesmal allerdings nicht am Wasser entlang, sondern ein Stück die Dammstraße hinauf. Nach rund 200 Metern biegen Sie links in die Kaiser-Friedrich-Wilhelm-Straße ab, die zum Ruhrorter Markt führt. Vor Kopf sehen Sie einen alten Bunker. Gegenüber befindet sich das Café **Zum Anker**. Früher war der Anker einmal eine Traditionskneipe, die auch in der Tatort-Folge „Ruhrort" zu sehen ist. Heute kann man hier gemütlich Kaffee trinken oder Eis essen. Natürlich gibt es auch Currywurst.

Lokal Harmonie

Wenn Sie rechts am Bunker vorbeilaufen, kommen Sie zum Atelier der Hutmacherin Astrid Szibbat. Am Ende des Marktplatzes befindet sich eine Bude namens „Kultkiosk am Hafenmund" an der Sie sich bei gutem Wetter stärken können. Sie biegen nach links in die Harmoniestraße ab. Nach ein paar Schritten sehen Sie auf der rechten Seite das **Lokal**

Harmonie. Die ehemalige Eisenwarenhandlung ist heute Treffpunkt für Künstler, Musiker und Theatermacher und Teil des Kreativquartiers Ruhrort. Der Initiative gehören außerdem Bürger, Geschäftsleute, Wirtschaftsvertreter und Intellektuelle an, die sich für Ruhrort engagieren und den Stadtteil mit Kunst und Kultur aus seinem Dornröschenschlaf helfen wollen.

Von der Harmoniestraße biegen Sie rechts in die Weinhagenstraße ab. Nach 300 Metern gehen Sie links in die Karlstraße. Auf der rechten Seite sehen Sie das **Bananenhaus**, das der Künstler Thomas Baumgärtel gestaltet hat. In dem Haus ist der Betrieb von Malermeister Dieter Siegel-Pieper untergebracht. Baumgärtel hat es sich zur Aufgabe gemacht, interessante Kunstorte mit einer Banane zu markieren. Das Museum Küppersmühle trägt ebenfalls eine. Die Banane ist auf diese Weise zum inoffiziellen Gütesiegel und Logo der Kunstszene geworden.

Bananenhaus

Vom Bananenhaus geht es wieder zurück auf die Bergiusstraße. Halten Sie sich links. An der Bergiusstraße 27 lohnt ein Blick in den Hinterhof. Hier befindet sich in einer alten Turnhalle ein Radiomuseum. Es wird von engagierten Ehrenamtlichen betrieben und hat immer donnerstags und sonntags geöffnet.
Am Ende der Bergiusstraße sehen Sie geradeaus auf der anderen Straßenseite die sogenannte **Blaue Grotte** im ehemaligen Werfthafen. Dabei handelt es sich um ein Kunstwerk von Heide Weidele, das sie 1994 auf dem Gelände der ehemaligen Schiffswerft Lünnemann im Treppenabgang zu den Frachtschiffen geschaffen hat. Diese Ecke wird im Volksmund auch „Lünnemann Loch" genannt. Die Wände sind in intensivem Blau gestrichen, das nachts durch blaues Licht verstärkt wird. Das Licht spiegelt sich im Wasser und erinnert an eine Grotte. Der verwunschene Werfthafen, in dem sich die Grotte befindet, steht unter Denkmalschutz und diente schon als Filmkulisse in den Schimanski-Tatorten oder spielte im Kinofilm „Das Wunder von Bern" eine Rolle.

Im Hintergrund der Blauen Grotte sieht man das Tausendfensterhaus.

Wenn Sie die Hafenstraße nach rechts entlang gehen, sehen Sie nach einigen Metern auf der rechten Seite wieder das Tausendfensterhaus.

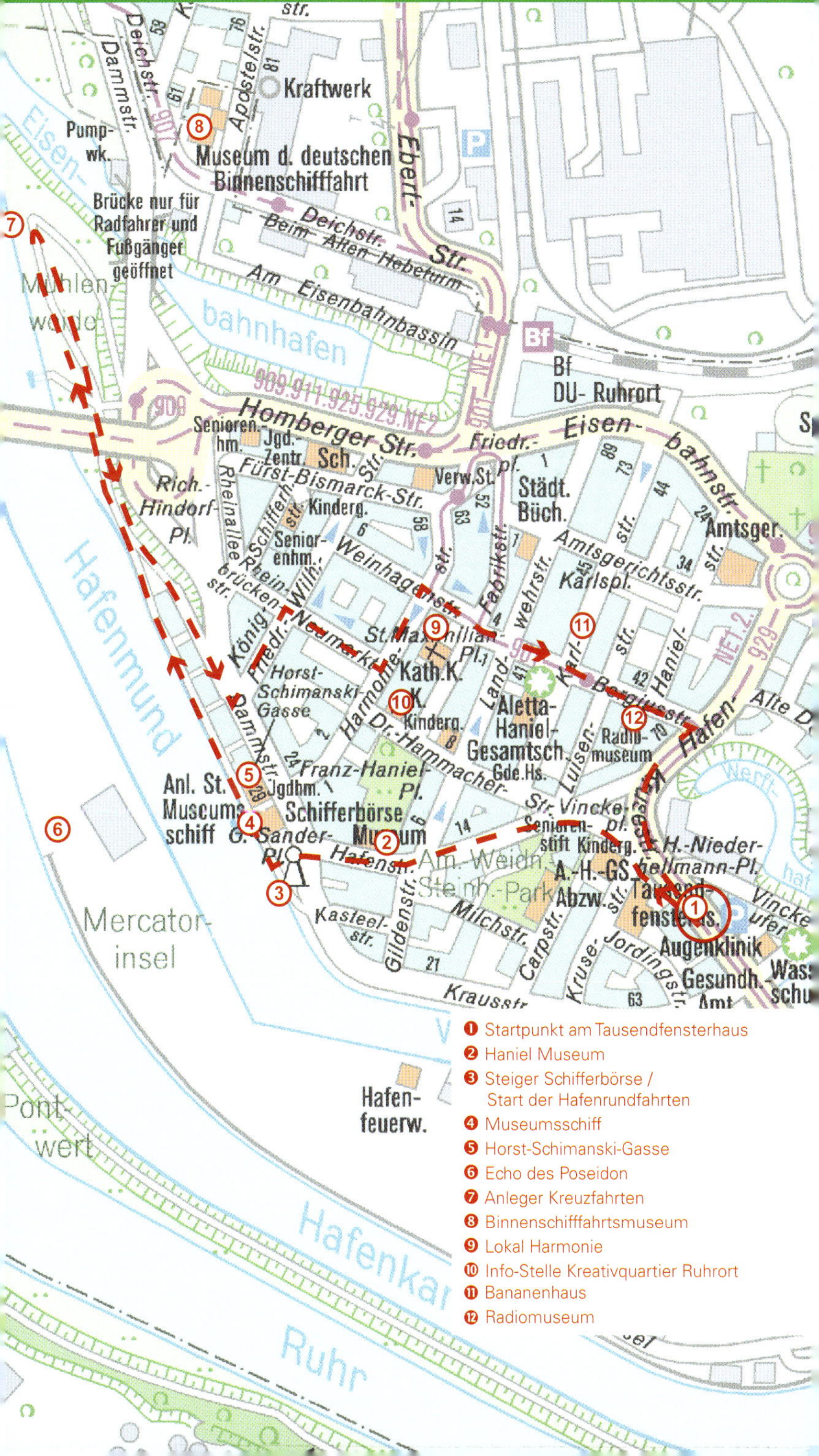

❶ Startpunkt am Tausendfensterhaus
❷ Haniel Museum
❸ Steiger Schifferbörse / Start der Hafenrundfahrten
❹ Museumsschiff
❺ Horst-Schimanski-Gasse
❻ Echo des Poseidon
❼ Anleger Kreuzfahrten
❽ Binnenschifffahrtsmuseum
❾ Lokal Harmonie
❿ Info-Stelle Kreativquartier Ruhrort
⓫ Bananenhaus
⓬ Radiomuseum

Radtour durch den Norden (15,1 km)

Start der Tour ist im Landschaftspark. Die Tour zeigt die Industrie früher und heute, interessante Gotteshäuser, überraschend viel Grün und die Brautmodenmeile in Marxloh.

Der **Landschaftspark** ist zweifellos einer der bekanntesten Attraktionen in Duisburg. Das frühere Hüttenwerk wurde 1901 gegründet. 84 Jahre lang wurden hier rund 37 Millionen Tonnen Roheisen hergestellt, die dann in den Stahlwerken von Thyssen weiterverarbeitet wurden. 1985 wurde der letzte Hochofen mit der Nummer 5 stillgelegt. Heute können Besucher hinaufklettern und haben von oben einen spannenden Ausblick über den Park und den Duisburger Norden. Bevor allerdings der Landschaftspark in seiner heutigen Form gegründet wurde, passierte erst einmal nicht viel mit dem ehemaligen Industriestandort. Die Bürgerinitiative Nordpark setzte sich vehement für den Erhalt des Geländes als Park ein. Erst eine Ausschreibung der Internationalen Bauausstellung Emscherpark, bei der Architekten aufgefordert wurden, ihre Ideen für die Nutzung einzureichen, verhalfen ihm schließlich zu seinem heutigen Aussehen. Bei Einbruch der Dunkelheit schafft es die Lichtinszenierung des britischen Künstlers Jonathan Park, die Türme und Gebäude in eine faszinierende Kulisse zu verwandeln. Der Landschaftspark lockt jährlich mehr als eine Million Besucher an und bietet nicht nur Spaziergängern viele Freizeitmöglichkeiten. Das Areal ist rund 180 Hektar groß. In den Hallen finden Konzerte, Messen und Tagungen statt. Draußen gibt's einen Klettergarten, Biologen beobachten, wie sich die Natur in der Industriekulisse mit etwa 450 Pflanzenarten – viele davon mit den Erztransporten eingeführt – wieder ausbreitet. Im Sommer findet in der alten Gießhalle das beliebte Sommerkino statt.

Windrad im Landschaftspark

TIPP: Die Anbieter NiederrheinRad und Revierrad verleihen im Landschaftspark Räder. Gegen eine Gebühr ist es auch möglich, die Drahtesel an einer anderen Station wieder zurückzugeben.

Der Grüne Pfad durchquert den Landschaftspark, vorbei an der Kraftzentrale und Jugendherberge. Der Radweg führt über die stillgelegte Trasse der Emschertalbahn. Hier können Sie entspannt radeln, ohne vom Verkehr gestört zu werden. Nach 1,5 Kilometern endet der erste Abschnitt an der Gartsträucherstraße. Hier fahren Sie rechts unter der Autobahn A 59 zur Honigstraße.

Diese fahren Sie entlang bis zur Eisenbahnunterquerung und treffen links auf die Straße Am Luftschacht und die Alte Emscher. Der Weg parallel zur Emscher wird später zur Flottenstraße. Am Ende der Flottenstraße liegt auf der linken Seite eine Apotheke, hier müssen Sie links, um nach einigen Metern die **König Brauerei** zu erreichen.

König Brauerei

Namensgeber Theodor König gründete die Brauerei 1858. Zunächst wurden 206 Hektoliter pro Jahr produziert. Zum Vergleich: 2016 waren es rund 1,1 Millionen Hektoliter. Anfangs wurde das Bier in einer eigenen Gaststätte verkauft. Im Laufe der Jahre expandierte die Firma und 1911 kam das erste Pils auf den Markt, das heute noch unter der Abkürzung „Köpi" in aller Munde ist. Während des Zweiten Weltkriegs wurde die Brauerei fast vollständig zerstört. Nach dem Krieg wurde König wieder aufgebaut und mit neuer Technik ausgestattet. In den 1960er Jahren gehörte die Brauerei zu den größten Pils-Privatbrauereien in Deutschland. Doch die Deutschen trinken immer weniger Bier. Seit 2004 ist das Duisburger Traditionsunternehmen Teil der Bitburger Gruppe. Mit dem Zwickl, einem vollmundig-süffigem Bier, konnten wieder Marktanteile zurückerobert werden.

TIPP: Wer einmal erleben möchte, wie Bier gebraut wird, kann an einer Führung teilnehmen. Besichtigt werden etwa das Sudhaus oder die Abfüllanlagen. Es können sich Einzelpersonen oder Gruppen anmelden. Im Teilnahmebeitrag von 8–10 Euro ist ein Probebier inklusive. An Personen unter 16 Jahren wird allerdings kein Alkohol ausgeschenkt. Nähere Informationen unter der Rufnummer 0203/93334010 oder brauereibesichtigung@koenig.de.

Historischer Oberhof

Von der Brauerei aus geht es wieder ein Stück die Friedrich-Ebert-Straße zurück. Auf der rechten Seite liegt nach einigen Metern der historische **Oberhof**. Er wurde vor rund 1.000 Jahren das erste Mal urkundlich erwähnt, war königlicher Verwaltungssitz und wurde dann von Otto dem Erlauchten, Herzog von Sachsen, gekauft. Dieser zeigte sich im 10. Jahrhundert großzügig und vermachte das Gebäude dem Stift Essen. 1659 wurde das Haus durch ein Feuer vollständig vernichtet. Das denkmalgeschützte Gebäude, das nun zu sehen ist, stammt aus dem Jahr 1665. Heutzutage befinden sich ein Stadtteilzentrum und ein hübsches Café in den Räumen. Direkt nebenan findet einmal im Jahr die Beecker Kirmes statt.

Von Beeck geht's nach Bruckhausen. Sie fahren unter der Autobahnbrücke hindurch und können auf der linken Seite schon die ersten Industrieanlagen von **Thyssenkrupp** sehen. Sie biegen jedoch rechts ab und passieren den Grüngürtel. Für den neuen Park wurden in den vergangenen Jahren 170 Häuser abgerissen. Die Kosten von 72 Millionen Euro haben sich Thyssenkrupp und der Bund, das Land und die Europäische Union geteilt. Der Wall wurde 2016 eingeweiht und soll einen Puffer zwischen Industrie und Wohnbebauung schaffen.

Die Thunderbirds trainieren im Schwelgernstadion.

Blick in das Warmwalzwerk von Thyssenkrupp

Nach 500 Metern fahren Sie zurück auf die Kaiser-Wilhelm-Straße, die direkt an Thyssenkrupp vorbei führt. Auf der linken Seite liegt das Tor 1, auf der rechten erhebt sich die Hauptverwaltung. Rund 14.000 Mitarbeiter arbeiten in den Stahlwerken. Mit einer jährlichen Produktion von rund 15 Millionen Tonnen Rohstahl ist Duisburg der größte Stahlstandort Europas. Wie der Werkstoff entsteht, was alles daraus hergestellt wird und warum es 2.500 verschiedene Sorten gibt, erfahren Interessierte bei einer spannenden Führung. Per Bus geht es über das zehn Quadratkilometer große Gelände. Das ist ungefähr fünf Mal so groß wie Monaco. Die Gäste kommen nah ran, können etwa die Hitze des Hochofens spüren. Einzelpersonen und kleine Gruppen können sich zu vorgegebenen Terminen anmelden. Die Teilnahmegebühr beträgt 19 Euro und wer mit will, muss mindestens 16 Jahre alt sein. Die Führungen sind nicht barrierefrei. Nähere Informationen gibt es im Besucherzentrum (Kaiser-Wilhelm-Straße 100) unter der Rufnummer 0203/5224430.

Sie lassen die beeindruckenden Industrieriesen links liegen, fahren die Kaiser-Wilhelm-Straße weiter und dann links in den Willy-Brandt-Ring bis zum **Schwelgernstadion**. Nach 500 Metern liegt der Eingang der Sportanlage auf der rechten Seite.

In den 1920er Jahren schenkte der Industrielle August Thyssen der Stadt Hamborn 56 Morgen Land. Das Stadion wurde 1925 eröffnet. Bis zu 28.000 Besucher passten hinein – und es war zu seiner Zeit neben dem Wedau Stadion eine der größten Spielstätten in Westdeutschland. Hier kickte viele Jahre die Mannschaft Hamborn 07. Bis in die 1970er Jahre fanden noch Fußballspiele statt. Danach stand das Stadion einige Jahre leer. In den 1990er Jahren wurde die denkmalgeschützte Anlage saniert. Heute trainiert hier der American Football und Baseballclub Duisburg Dockers. Außerdem gibt es ein Café, in dem man morgens gut frühstücken kann.

Sie verlassen die Anlage wieder, biegen nach links auf die Wiesenstraße und nach wenigen Metern rechts auf die Gertrudenstraße, die auf die Diesterwegstraße mündet. Dann beschreibt die Straße An der Pauluskirche eine Linkskurve in die Bertramstraße. An der Ecke befindet sich die türkische Bäckerei **Ali Baba**, die nur vier Stunden am Tag geschlossen hat. Zwischen 4 Uhr und 0 Uhr bekommt man frisches Brot, süße Teilchen und im angeschlossenen Schnellrestaurant leckere Gerichte. Geradeaus sehen Sie den Petershof.

Sie überqueren die Weseler Straße, fahren 30 Meter nach rechts und biegen links auf die alte Wolfsbahntrasse, einem Grünzug, ab. An der Ecke steht ein Haus auf dem Dach. Die Skulptur heißt „Gastfreundschaft" und entstand im Rahmen eines Bildhauersymposiums zu den Duisburger Akzenten 1998. Da die Marxloher gerne über die Trasse spazieren, wurden im Laufe der Jahre neue Kunstwerke, teilweise mit den Bürgern, geschaffen und zu einem Skulpturenweg erweitert. So beteiligte sich beispielsweise ein Kindergarten. Eine christlich-islamische Frauengruppe arbeitete mit dem Künstler Yildirim Denizli an einem Kunstwerk namens Dialogskulptur.

Nach rund 300 Metern kreuzt die Trasse die Warbruckstraße. Auf der linken Seite liegt die **Merkez-Moschee**.

Prachtvolle Merkez-Moschee

Als „Wunder von Marxloh" wurde der friedliche und weitestgehend einvernehmliche Bau der Merkez-Moschee bezeichnet. 2004 wurde der Grundstein für den prachtvollen Bau im osmanischen Stil gelegt, der die frühere provisorische Moschee ersetzen sollte. Das Dach besteht aus 19 Kuppeln und das Minarett misst eine Höhe von 30 Metern. Über den Gebetsraum, in dem rund 1.200 Gläubige Platz finden, spannt sich ein riesiger Kronleuchter, eine Sonderan-

fertigung aus der Türkei. Zur Eröffnung 2008 kamen der katholische Bischof Felix Genn und der Präses der Evangelischen Kirche im Rheinland, Nikolaus Schneider. Zum Freitagsgebet strömen viele Gläubige in die Ditib-Moschee. In der angegliederten Begegnungsstätte finden regelmäßig Veranstaltungen und Vorträge statt. Zusätzlich gibt es eine Bibliothek, in der man sich zum Islam, Judentum und Christentum informieren kann. Interessierte können an einer Führung teilnehmen. Sie findet für Einzelpersonen montags ab 15 Uhr statt. Für Gruppen gibt es gesonderte Angebote.
Kontakt: 0203/5789840, www.ditib-du.de.

Es wird Zeit, sich auf den Rückweg zu machen. Es geht die Warbruckstraße entlang und dann links auf die Weseler Straße. An der stark befahrenen Hauptstraße gibt es einen Radweg, dennoch sollten Sie gut aufpassen. Tiefergelegte Autos und die Straßenbahn fahren vorbei.

In den Schaufenstern der vielen Modegeschäfte entlang der Weseler Straße hängen märchenhafte Kleider. Kitschig und opulent, weiß oder in anderen bunten Farben. Die **Brautmodenmeile** lockt mittlerweile Kunden von weit her an. Teilweise kommen die Kunden sogar aus dem Ausland, um sich in Marxloh einzukleiden. Nirgendwo sonst in der Umgebung gibt es so viele Brautmodengeschäfte auf engstem Raum. Das Wort „Gelinlik", das an vielen Geschäften steht, bedeutet übersetzt übrigens „Brautmode". Hinzu kommen Juweliere, Tor-

Träume aus Tüll und Taft

Die Weseler Straße hat sich zur Brautmodenmeile entwickelt.

tenbäcker, Fotografen und Dekorationsgeschäfte, die die passenden Accessoires für die Hochzeit verkaufen. Und auch wer demnächst nicht heiratet, hat jede Menge zu gucken.

Wenn auf Ihrer linken Seite der August-Bebel-Platz liegt und auf der rechten die Firma Grillo, verlassen Sie langsam Marxloh. Mit dem Rad geht es weiter geradeaus und nach 1,3 Kilometern nach rechts in die Buschstraße. Folgen Sie der Straße bis zum Ende. Diese führt Sie zum Prämonstratenser-Kloster.

Die Abtei Hamborn von oben

Im Stadtteil Alt-Hamborn liegt die **Abtei Hamborn**. Die heutige Kirche geht zurück auf ein kleines Gotteshaus, das auf einem Gutshof namens Havenburn von den Herren von Hochstaden im 9. Jahrhundert errichtet wurde. 1136 verschenkte Gerhard von Hochstaden seine Hamborner Besitztümer an den Erzbischof von Köln, unter der Voraussetzung, dass an der Stelle der Pfarrkirche ein Kloster der Prämonstratenser gebaut werden sollte. Nach dem Umbau zur Klosterkirche und der Errichtung des Kreuzganges wurde das Kloster 1170 geweiht und zur Abtei erhoben. Heute leben hier 29 Ordensmänner, die in Duisburg als Pfarrer arbeiten und sich beispielsweise für soziale Belange engagieren. So hat Pater Oliver im Petershof eine Anlaufstelle für Menschen ohne Krankenversicherung geschaffen. Pater Tobias betreibt in Neumühl ein Sozialcafé. Mehr über das Leben in der Abtei und die altehrwürdigen Mauern kann man bei einem Rundgang erleben. Sie werden einmal im Monat samstags angeboten. Infos unter 0203/54472600 oder www.abtei-hamborn.net.

Durch einen kleinen Kreisverkehr fahren Sie auf die Hamborner Straße. Ein Tipp für Gartenfreunde: Auf der linken Seite liegt der **Botanische Garten Hamborn**. Auf drei Hektar befindet sich ein gepflegter Bauern- und Staudengarten. In einer Orangerie überwintern Oliven-, Oleander- und Zitronenbäume. Eine Fuchsienausstellung lockt jedes Jahr Liebhaber von Nah und Fern an.

Nach einigen Metern sehen Sie außerdem auf der rechten Seite Ikea. Da auf Ihren Gepäckträger wohl kein Billy-Regal passt, geht's an der Kreuzung nach links auf die Beecker Straße. Sie nutzen die erste Gelegenheit, um nach der Autobahnauffahrt rechts in die Kolpingstraße einzubiegen. Nach 200 Metern biegen Sie links ab in die Theresienstraße. Wenn sich die Straße gabelt, halten Sie sich rechts und dann sind Sie wieder auf der Emscherstraße, die zurück zum Landschaftspark führt.

Der Landschaftspark Nord am Abend.

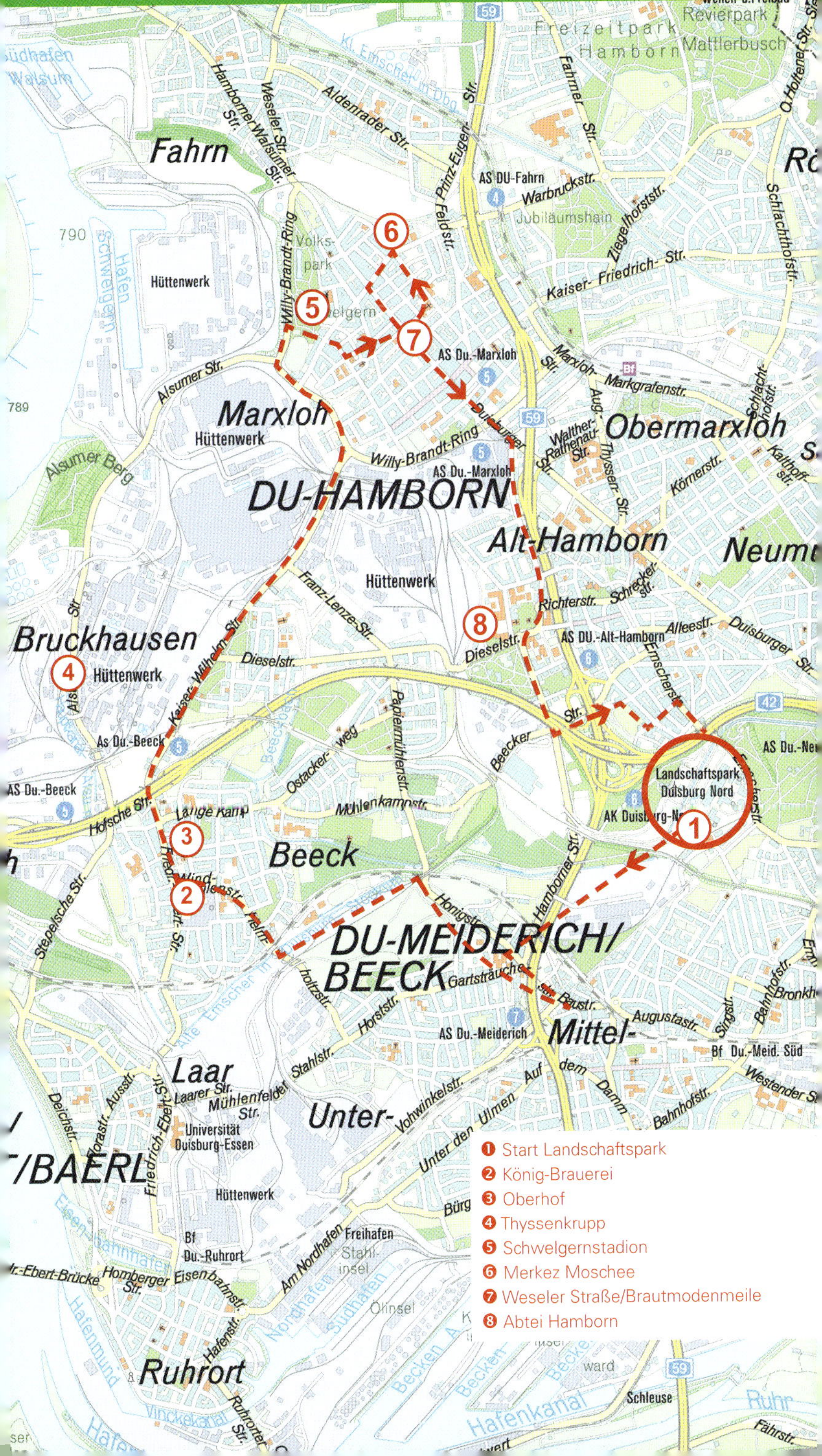
Fahrn
Marxloh
Hüttenwerk
DU-HAMBORN
Obermarxloh
Alt-Hamborn
Bruckhausen
Beeck
DU-MEIDERICH/
BEECK
Laar
Ruhrort
Landschaftspark
Duisburg Nord
Freizeitpark
Hamborn
Revierpark
Mattlerbusch
Volks-
park
Universität
Duisburg-Essen
Alsumer Berg
Willy-Brandt-Ring
Weseler Str.
Kaiser-Wilhelm-Str.
Franz-Lenze-Str.
Dieselstr.
Papiermühlenstr.
Hamborner Str.
Friedrich-Ebert-Str.
AS DU-Fahrn
AS Du.-Marxloh
AS DU.-Alt-Hamborn
AS Du.-Beeck
AS Du.-Meiderich
Bf Du.-Ruhrort
1 Start Landschaftspark
2 König-Brauerei
3 Oberhof
4 Thyssenkrupp
5 Schwelgernstadion
6 Merkez Moschee
7 Weseler Straße/Brautmodenmeile
8 Abtei Hamborn

PROMI-TIPP

Hatice Akyün

Die Bilder, die sich andere von Duisburg machen: abgewohnte Gebäude, Industriebrachen, geschlossene Geschäfte, eine ästhetisch eingefangene Ödnis. „Hübsch hässlich habt ihr's hier", sagt Pater Brown, gespielt von Heinz Rühmann, im Film „Das schwarze Schaf".

Von der A 42 schaut man auf die Umrisse der Hochöfen. Wenn ich die sehe, bin ich angekommen, von dort, wohin es mich verschlagen hat, zurück an den Ort, wo meine Geschichte begann. Ich will, dass sie eines Tages auch hier endet. Die Ruhrpott-Romantik verstellt mir den Blick auf Duisburg nicht. Das satte Grün des Duisburger Waldes, die Sechs-Seen-Platte, Hochöfen, die über der Stadt thronen, die hohen Schlote, deren Spitzen in den Himmel stechen. Meine Freunde rümpfen die Nase, obwohl sie noch nie hier waren.

Zuerst war die Kohle da, dann kamen Menschen, dann die Maschinen, dann noch mehr Menschen, dann der Stahl und noch mehr Menschen. Aber man war nicht nur Arbeitsdrohne. Untereinander und miteinander. Gegensätze zu leben muss man sich leisten können. Unter Tage und am Hochofen zählte, sich aufeinander verlassen zu können. Nicht integriert, sondern miteinander vernetzt und verwoben zu einem starken Band.

Günter Wallraff deckte in Duisburg Skandale auf, Schimanski war das Abbild des gebrochenen Helden ohne Happy End und Adolf Sauerland war die traurige Figur, die mit ihrem Klammergriff ans Amt Synonym wurde für die Apathie

Wenn Hatice Akyün die Hochofen-Kulisse sieht, ist sie angekommen.

der ganzen Stadt. Und nun die Zuwanderung von Ausgegrenzten aus Bulgarien und Rumänien. Diese Bilder haben sich festgefressen. Pleite, überschuldet, ohne Spielraum, ohne Hoffnung. „Na und!", möchte ich den Verfassern der

Städte-Rankings, den Verkündern der Zukunftsatlanten und den Orakeln der Apokalypse entgegenschreien. Duisburg muss sich nur selbst neu erfinden. Wir können uns nur selbst helfen. Wer hat schon eine ganze Stadt von Verbündeten, die alle eine lebenswerte Stadt wollen, weil sie so rau und ehrlich und direkt ist, wie ihre Menschen, die man einfach lieben muss.
Duisburg ist das Barmädchen im Saloon. Sie hat einen zweifelhaften Ruf, aber ein goldenes Herz. Sie versucht erst gar nicht, die vielen Makel zu verhüllen, weil sie keine Allüren hat. Nehmt also das Barmädchen, so wie es ist, und steht zu ihm. Es wird euch glücklich machen.
Meine Liebe zu Duisburg ist bedingungslos. Wie es sich für eine echte Liebe gehört.

Die Autorin Hatice Akyün zog als Kind mit ihren Eltern 1972 nach Duisburg, wo ihr Vater als Bergmann arbeitete. Sie lernte Deutsch mit Grimms Märchen und feierte Erfolge mit Büchern wie „Einmal Hans mit scharfer Soße" oder „Ali zum Dessert".

PROMI-TIPP

Abdelkarim

In Duisburg findet ihr alles, vor allem Fremdsprachen. Duisburg ist quasi die Erdkugel als Stadt. Und einige Dinge laufen moderner ab, als es das Klischee vermuten lässt. In Marxloh z.B. gibt es die bekannte türkische Brautmoden-Avenue und da findet man auch Hochzeitstorten, auf denen zwei Männer stehen. Oder zwei Frauen. Außerdem gibt es in Marxloh das „Öz Urfa" (auch bekannt als „Das grüne Restaurant"). Hier gibt es leckeres Essen. Auch für Vegetarier. Und für Veganer gibt's Wasser. Wer sich einen leckeren türkischen oder marokkanischen Tee gönnen möchte, der besucht einfach eins der vielen Duisburger Parallelwelt-Cafés mit Plastikvorhang im Nude-Look. Einlass nur mit Akzent oder Polizeiausweis. Für ein bisschen Kunst gibt es in der City das Cubus. Das ist eine Kunsthalle mit einem sehr facettenreichen Programm. Da war sogar mal ein Syrer. Nicht als Ausstellungsstück, sondern als Künstler.

Abdelkarim ist ein deutsch-marokkanischer Kabarettist. Sein erstes Programm hieß „Zwischen Ghetto und Germanen".

MUSEEN & GALERIEN

2016 feierten die Duisburger den 300. Geburtstag ihres Hafens. Einen guten Überblick über die Geschichte und des Handels in Ruhrort oder die Technik der Schiffe bekommen Besucher im **Binnenschifffahrtsmuseum**. Dort sind nicht nur die Exponate sehenswert, sondern auch das Haus selbst. Früher war es eine Badeanstalt. Zunächst schwammen hier Männer und Frauen getrennt, nach dem Krieg dann gemeinsam. Heute parkt in dem Becken die Hermann, ein imposantes Schiff, auf dem immer wieder Mitmachaktionen für Kinder stattfinden. Ein Film informiert über den Container-Umschlag von heute, hinzukommen regelmäßig Wechselausstellungen zu maritimen Themen. Zum Museum gehören auch drei Museumsschiffe. Die Oscar Huber, 1922 gebaut, liegt einige hundert Meter entfernt am Leinpfad und entging als einziger Radschleppdampfer auf dem Rhein der Verschrottung. Weitere Museumsschiffe sind der Eimerkettendampfbagger Minden und das Kranschiff Fendel 147. Man kann die Schiffe einzeln oder in Kombination mit dem Museum besuchen. Jeden Sonntag gibt es um 15 Uhr eine öffentliche Führung durch die Dauerausstellung. Außerdem finden regelmäßig Wechselausstellungen zu unterschiedlichen Themen statt.

Apostelstraße 84 (Ruhrort), Di–So 10–17 Uhr, Eintritt Museum 4,50 Euro (ermäßigt 2 Euro), Schiffe 3,00 Euro (ermäßigt 1,50 Euro), Kombiticket 6,50 Euro (ermäßigt 3 Euro), H Ruhrort Bf, Tel. 0203/808890, www.binnenschifffahrtsmuseum.de.

Alte Schätzchen, wohin das Auge blickt: In der alten Turnhalle an der Bergiusstraße befindet sich seit 2005 ein **Radiomuseum**, gegründet von technikbegeisterten Ehrenamtlichen. Sie gründeten den Verein „Radiomuseum Duisburg", stöberten auf Börsen, trugen Radios, Tonbandgeräte, Plattenspieler und Musiktruhen zusammen. Das älteste Ausstellungsstück ist von 1923, das jüngste aus den 1960er Jahren. Die Neuheiten sind nach Meinung der Macher einfach nicht interessant genug. Besucher erfahren nicht nur etwas über die Technik, sondern auch die zeitgeschichtliche Bedeutung, über Rundfunklizenzen und wie sich die Menschen etwa nach dem Krieg aus alten Kabeln und Dingen, die sie fanden, Notgeräte zusammenbauten, um über das Weltgeschehen informiert zu sein. Viele funktionieren übrigens noch. Zudem werden immer wieder Sonderausstellungen konzipiert, zum Beispiel zum Thema „Schellackschätzchen trifft MP3".

Bergiusstraße 27 (Ruhrort), Do 11–18 Uhr, So 11–14 Uhr, Eintritt 2,50 Euro (ermäßigt 1 Euro), Führungen für Gruppen nach Vereinbarung, H Karlstraße, Tel. 0203/5008755, www.radiomuseum-duisburg.de.

Radiomuseum in Ruhrort

Der **ruhrKunstort** ist ein Gemeinschaftsatelier von Arno Bortz und Ralf Lüttmann. Arno Bortz ist Bildhauer und fertigt Skulpturen aus Holz und Stahl. Ralf Lüttmann hat sich der Nature-Art verschrieben. Ihm geht es nicht um die Entwicklung eines Bildes oder einer Skulptur, sondern um die Auseinandersetzung mit dem Material. So entstehen oft Mischungen aus Skulpturen und Malereien. Im Ruhrkunstort finden manchmal auch Lesungen und Konzerte statt.
Fabrikstraße 23 (Ruhrort), Di, Do & Fr 17–19 Uhr, So 15–18 Uhr, H Karlstraße, Tel. 0203/27378 oder 0162/7430508, www.ruhrkunstort.de.

Wussten Sie, dass der erste Rosenmontagszug in Duisburg im Jahr 1928 stattfand? Wer mehr über die fünfte Jahreszeit erfahren will, sollte dem **Karnevalsmuseum** einen Besuch abstatten. In den Vitrinen gibt's mehr als 4.000 jecke Orden, alte Kostüme und allerlei historische Andenken zu sehen. Inzwischen sind auch Exponate aus Moers dazu gekommen. Die Mitglieder des Hauptausschusses Duisburger Karneval betreuen das kleine Museum. Da die meisten im Karneval aktiv sind, bleibt es oft vor Rosenmontag einige Zeit geschlossen.
Wehofer Straße 45 (Röttgersbach), Di 15–18 Uhr, So 10–13 Uhr, Eintritt frei, H Mühlbachstraße, Tel. 0157/84611641 (während der Öffnungszeiten), www.hdk-ev.de.

Wie von einem Freund spricht **Wolfgang Müller**, wenn er von **Vincent van Gogh** redet. Er verehrt den Niederländer als „Seelenmaler". Seit gut 15 Jahren malt Müller, der eigentlich einmal Kranführer war, die Bilder von Van Gogh nach. Ein Kunstfälscher will er nicht sein, lieber ein Mann, der die Leute vom Werk des Künstlers begeistert. 500 Arbeiten hat er schon fertig. Rund 150 zeigt er in seinem Atelier. Zudem hat er etwa die Küche dem Bild „Die Kartoffelfresser" nachempfunden. Die Möbel stammen vom Sperrmüll, sie sind auf alt getrimmt. Das Grau an den Wänden gleicht dem Farbton der Malerei. In seinem Atelier gibt er gern Einblicke.
Bahnhofstraße 20 (Meiderich), Sa & So 14–18 Uhr, Eintritt 5 Euro (ermäßigt 3 Euro), H Emilstraße, Tel. 0176/34932224, www.mueller-vangogh.com.

Wolfgang Müller verehrt Vincent van Gogh.

Seit 2008 ist das Bergwerk Walsum Geschichte. Ehemalige Mitarbeiter und engagierte Mitglieder des **Knappenvereins Walsum** haben es sich allerdings zur Aufgabe gemacht, an die Zeit zu erinnern. Sie haben ein Bergarbeiter-Doppelhaus in ein Museum verwandelt und informieren hier über den Bergbau und die Heimatgeschichte. In Vitrinen befinden sich Werkzeuge, Grubenlampen, alte

Kleidung. Hinzu kommen unzählige Fotos, die die Arbeit unter Tage zeigen. Auch Kunstwerke, die aus Kohle geschnitzt sind, werden ausgestellt. Nach Anmeldungen sind auch Gruppenführungen möglich.

Teutonenstraße 11–13 (Alt-Walsum), Öffnungszeiten nach Vereinbarung, H Bahnhofstraße, Tel. 0179/2382847, www.walsumer-knappenverein.de.

SPORT & FREIZEIT

Der ehemalige Trinkwasserspeicher in den Ruhrauen ist heute ein Tauchrevier. Das riesige Becken des **Tauchcenters Nullzeit** fasst rund 16 Millionen Liter Wasser und wurde von Tauchbegeisterten in mühevoller Kleinarbeit hergerichtet. Der Speicher ist nicht besonders tief, aber in den verschiedenen Gängen können ein alter Trabi, ein Piratenwrack, eine Einkaufsstraße oder ein künstliches Korallenriff entdeckt werden. Beim Schnuppertauchen (Termine nach Vereinbarung) können Anfänger testen, ob sie Spaß an diesem Hobby haben. Nach einer theoretischen Einführung geht's mit einem Profi hinab. Die Ausrüstung ist beim ersten Ausflug inklusive. Interessierte können ihren Tauchschein machen.

Emmericherstraße 306 (Meiderich), Mi 15–21 Uhr, Sa & So 9–18 Uhr, H Sympher Straße, Tel. 0177/8723512, www.tauchcenter-nullzeit.com.

Der **Tauchgasometer** im Landschaftspark ist imposant. Früher wurde in der überdimensionalen Tonne Gichtgas gespeichert, das bei der Produktion von Eisen anfällt. Heute können Hobbytaucher hier 13 Meter tief abtauchen. In den 21 Millionen Litern Regenwasser wurde ein künstliches Riff angelegt, das Wrack einer Motoryacht, eine Cessna und ein Flugzeugrumpf versenkt. Regelmäßig lassen sich die Macher etwas Neues einfallen, damit es unter Wasser spannend bleibt. Der Gasometer ist das größte Indoor-Tauchbecken Europas. Taucher mit Tauchschein zahlen 26 Euro für die Tageskarte. Wer sich zum Schnuppertauchen anmeldet, bekommt für 44 Euro eine Einführung.

Emscherstraße 71 (Meiderich), Sa & So 10–14 Uhr & nach Vereinbarung, H Landschaftspark, Tel. 0203/4105353, www.tauchrevier-gasometer.de.

Ungewöhnliche Tauchgewässer

Wellness-Fans können sich in der **Niederrhein-Therme** vom Alltag erholen. In einer Salzgrotte können Besucher frische Meeresluft atmen, im Außenbecken schwimmen oder sich im Wellenbad in die Fluten stürzen. 15 verschiedene Saunen laden zum Schwitzen ein. Es gibt auch separate Bereiche für Männer und Frauen. Zusätzlich werden regelmä-

ßig Motto-Saunanächte angeboten. Bei der amerikanischen Nacht heißen die Aufgüsse etwa „New York, New York" oder „Welcome to America" und es gibt passende Musik dazu.
Wehofer Straße 42 (Röttgersbach), Öffnungszeiten Sauna: Mo–So 8.30–23 Uhr, Öffnungszeiten Wellenbad & Außenbecken: Mo–So 10–20 Uhr, Eintritt Sauna 14 Euro (2 Stunden), 20 Euro (Tageskarte), Eintritt Wellenbad 5,50 Euro (ermäßigt 3 Euro), H Niederrhein Therme, Tel. 0203/9958412, www.niederrhein-therme.de.

Früher wurden im Möllerbunker im Landschaftspark Koks und Eisenerze eingelagert – heute können Sportliche hier die Wände hochgehen. Der Deutsche Alpenverein betreibt einen **Klettergarten** mit unterschiedlich steilen Wänden. Er wurde in der Vergangenheit mehrfach erweitert. Bergsteiger bereiten sich hier auf ihre Touren in den Alpen vor. Im Sommer gibt es dienstags einen offenen Klettertreff, Anfänger können bei einem Schnupperkurs testen, ob ihnen das Hobby gefällt.
Emscherstraße 71 (Meiderich), Termine nach Vereinbarung, Eintritt 9 Euro (ermäßigt 2 Euro), H Landschaftspark, Tel. 0203/428120, www.dav-duisburg.de.

Rund 150 Whiskysorten stehen in den Regalen des Veranstaltungsservice Rheinkult – und zu fast jeder Flasche hat Benjamin Hundebrink einige Fakten und Anekdoten parat. Der gelernte Barkeeper, der auch Cocktail-Catering anbietet, hat in Walsum einen **Tastingroom** eingerichtet. In Seminaren kann man sich durch die Welt des Gin oder des Whisky probieren. Bis zu 16 Tester finden an der langen Tafel Platz. Bis zu vier Stunden kann so eine Veranstaltung dauern. Ziel ist es aber nicht, am Ende möglichst betrunken zu sein, sondern die verschiedenen Geschmacksnuancen zu erkennen.
Friedrich-Ebert-Straße 192 (Walsum), Termine nach Vereinbarung, H Walsum Rathaus, Tel. 0177/3313241, www.rheinkult-service.de.

Ausflugstipp für Vogelkundler, Spaziergänger und Fotografen: Die Walsumer Rheinaue

Die **Walsumer Rheinaue** ist eines der schönsten und wichtigsten Naturschutzgebiete, die es in Duisburg gibt. Das Gebiet ist 527 Hektar groß und seit 1990 steht nahezu der gesamte Bereich unter Naturschutz. Sie ist Bestandteil des EU-Vogelschutzgebietes „Unterer Niederrhein" und wurde wegen ihrer Bedeutung als Flora-Fauna-Habitat-Gebiet in das europäische Schutzgebietsnetz aufgenommen. Die Fläche gliedert sich in Deich-Vor- und Hinterland. Für Flussauen ist es typisch, dass sie regelmäßig überflutet werden. Nach dem Deichbau kam dies allerdings kaum vor. Erst die Bergsenkungen, verbunden mit einem hoch stehenden Grundwasserpegel, ließen neue

Wasserflächen entstehen. Sie bieten Platz für viele Tiere. Von den 202 gezählten Vogelarten, die hier vorkommen, sind viele gefährdet und stehen auf der roten Liste. Mit etwas Glück kann man sie in Walsum beobachten. Die Vögel sind auch der Hauptgrund, warum sich zahlreiche Naturfreunde mit riesigen Teleobjektiven und Kameras auf die Lauer legen. Tausende Blessgänse überwintern in dem Gebiet. Außerdem haben in den vergangenen Jahren wieder Störche in der Rheinaue genistet. Wer mehr erfahren möchte: Die Biologische Station bietet regelmäßig fachkundige Führungen an.

Kaiserstraße/Kleine Wardtstraße (Walsum), H Königstraße, www.bswr.de.

Fähre Rheinfels

Seit mehr als 360 Jahren gibt es die Fährverbindung über den Rhein zwischen Walsum und Orsoy – das belegen Unterlagen des Heimatvereins. Anfangs wurde der Kahn von einem Pferd und Fährknechten gegen den Strom über das Wasser gezogen. Im 19. Jahrhundert wurde die **Fähre** dann zum Segelschiff umgebaut. Es gab unterschiedlich große Modelle, die zahlreiche Lasten transportierten, zum Beispiel Pferdekarren und Vieh. 1958 ging dann das erste Motorschiff in Betrieb, es hieß damals „Glückauf" und sollte die Arbeiter schnell zum Pütt bringen. Heute braucht die Fähre nur noch zehn Minuten für die Überfahrt.

Die Fahrt kostet pro Person 1,30 Euro, pro Pkw (inklusive Fahrer) 3 Euro. Theißelmannstraße 15 (Walsum), Fahrtzeiten Sommerzeit: Mo–Fr 6.15–21 Uhr, Sa & So 8–21 Uhr, Winterzeit Mo–Fr 6.15–19.30 Uhr, Sa 8–18 Uhr, So 10–18 Uhr, H Walsum Krankenhaus, www.rheinfaehre-walsum.de.

Hefte raus, Klassenarbeit: Wer bei diesen Gedanken noch immer erschreckt, kann den ollen Paukern von früher in der „Sperrstunde" nun ein Schnippchen schlagen. So heißt der **Escape-Room**, bei dem kein Mord passiert, aber die Versetzung gefährdet ist. Nach 60 Minuten ist der Albtraum vorbei.

Ranenbergstraße 9 (Alt-Hamborn), H Hamborn Feuerwache, Fr ab 19.30 Uhr, Sa & So ab 12 Uhr. 85 Euro Eintritt für vier Spieler. Es kann nur nach Anmeldung gespielt werden. www.sperrstunde-escaperoom.de.

ÜBERNACHTEN

Übernachten mit Blick auf Industriekultur – direkt neben dem Landschaftspark liegt die **Jugendherberge**, untergebracht in einem alten Backsteingebäude. Die 143 Betten verteilen sich auf 39 Zimmer. Die Zwei-, Vier- und Sechsbettzimmer sind alle

mit Dusche und Toilette ausgestattet. Zwölf Räume samt TV-Gerät haben Hotelkomfort. Je nach Buchungsklasse müssen die Betten noch selbst bezogen werden, ansonsten erinnert nicht mehr viel an die klassische Jugendherberge von früher. Gut geeignete Unterkunft für Familien. Es gibt einen Tischtennisraum und eine Terrasse. Fahrradfahrer können ihren Drahtesel geschützt unterstellen. Preis pro Person im DZ 36,90 Euro und im EZ 48,90 Euro – inklusive Frühstück. Spezielle Preise für Familien. Wer hier übernachten möchte, muss Mitglied im Jugendherbergsverband werden. Dies ist vor Ort möglich.
Lösorter Straße 133 (Meiderich), H Landschaftspark, Tel. 0203/417900, www.jugendherberge.de.

Im schönen Hafenstadtteil Ruhrort liegt das Vier-Sterne-Hotel **La Vigie**. Es ist nicht mehr das neueste Haus, doch die elf Zimmer sind gemütlich und komfortabel. Von einigen hat man einen direkten Blick auf den Hafen. Die Lage ist ruhig, aber zentral: Zum Zentrum ist es nicht weit und Radfahrer schätzen die Anbindung zur Landmarke Rheinorange – hier endet der Ruhrtalradweg. Das Frühstück wird im Dachgeschoss im Restaurant Belvedere serviert, von dem man einen herrlichen Ausblick auf den Rhein und die vorbeiziehenden Schiffe genießen kann. Die Aussicht lohnt sich. DZ ab 90 Euro, EZ ab 60 Euro, am Wochenende etwas günstiger.
Kasteelstraße 1–3 (Ruhrort), H Tausendfensterhaus, Tel. 0203/800550, www.hotel-lavigie.de.

CAFÉS & FRÜHSTÜCK

Wer Lust auf Torte und Kuchen hat, ist im **Café Muth** an der richtigen Adresse. Die Einrichtung ist vielleicht etwas aus der Zeit gefallen, Latte Macchiato sucht man vergeblich auf der Karte, stattdessen gibt's Kaffee als Tasse oder Kännchen. Aber Senatorentorte, Obstboden und Frankfurter Kranz sprechen für sich. Kleine Gerichte (wie Spiegelei oder Schnitzel) runden das Angebot ab. Am Wochenende wird's oft voll.
Königstraße 128 (Walsum), Mo & Mi–Sa 8–18, So 9–18, H Alt-Walsum Friedhof, Tel. 0203/471441.

Café Muth

Rund 30 Torten und Kuchen warten jeden Tag in der Auslage vom **Café Kurz** auf Genießer. Am Wochenende manchmal noch mehr. Seit 127 Jahren gibt es die Konditorei bereits. Eierlikör-Sahne oder Schwarzwälder Kirsch sind bei den Kunden besonders beliebt, doch Konditormeister Thomas-Wolfram Fischer testet regelmäßig ebenso neue Kreationen. Für Eis-Fans werden jeden Tag fünf verschiedene Schokoladen-Sorten hergestellt – von zart schmelzender Vollmilch (34 Prozent) bis Edelbitter (80 Prozent).
Fabrikstraße 48 (Ruhrort), Di–Fr 8–18.15 Uhr, Sa 8–17 Uhr, So 11–17.30 Uhr, H Friedrich-Wilhelm-Platz, Tel. 0203/83181.

Mit Mandeln, Nüssen und Pistazien gefüllte Blätterteighäppchen liegen in der Auslage, außerdem jede Menge andere Süßwaren. Das **Simit Evi** ist eines von zahlreichen türkischen Cafés, in dem man einen Tee oder Kaffee trinken kann. Die Backwaren sind sehr süß. Wer lieber etwas Herzhaftes essen möchte, bekommt frisch gebackene Teigtaschen, Gözleme. Simit heißen übrigens die mit Sesam bestreuten Hefeteig-Kringel.
Weseler Straße 52 (Marxloh),
Mo–Sa 6.30–21 Uhr, H Pollmann.

Im Anker hat schon Schimanski Muscheln gegessen.

Früher haben die Rheinschiffer in der Gaststätte **Zum Anker** ordentlich gepichelt, inzwischen geht es gesitteter zu. Der Anker taucht auch in der Tatort-Folge Duisburg-Ruhrort auf. Der Gastronom Rainer Schmitz hat die Traditionskneipe unter altem Namen wiederbelebt, bereitet in seiner Kombüse allerdings bereits Frühstück zu. Auf der Karte stehen außerdem ein wechselnder Mittagstisch, natürlich Currywurst, aber auch Eis und Waffeln. Für den beliebten Sonntagsbrunch sollte man unbedingt reservieren. Ansonsten gibt es zahlreiche Events, beispielsweise Mau-Mau-Turniere oder Konzerte. Schönes Ambiente.
König-Friedrich-Wilhelm-Straße 18 (Ruhrort), Mo–Fr 9–21 Uhr,
So 10–18 Uhr, H Friedrichsplatz,
Tel. 0203/48464656,
www.anker-ruhrort.de.

Im alten Schwelgernstadion befindet sich das **Schwelgerncafé**. Mit Blick auf die Sportanlage kann man hier in einfachem Ambiente gut frühstücken. Die türkischen Pächter servieren zudem kleinere herzhafte Gerichte. Außerdem kann man die Räume für Feiern mieten. Nur vormittags geöffnet. Abends wird im Stadion trainiert.
Willy-Brandt-Ring 44 (Marxloh),
Di–Fr 6–13 Uhr, H Heckmann,
Tel. 0172/2944015,
www.schwelgern-cafe.de.

Der **Oberhof** in Beeck wurde vor mehr als 1.000 Jahren das erste Mal urkundlich erwähnt. Er war ein Geschenk von Otto dem Erlauchten. Der war Sachsenherzog und zeigte sich im 10. Jahrhundert großzügig, als er den Oberhof dem Stift Essen vermachte. Heute engagiert sich der Verein Netzwerk Oberhof, damit das Haus mit Leben gefüllt wird. In der oberen Etage finden beispielsweise Sprachkurse statt. Unten gibt's ein hübsches Café, in dem man morgens ein einfaches Frühstück und Kaffee bekommt. An den Wänden hängen Fotos, die Beeck früher und heute zeigen. Kinderfreundlich mit einer kleinen Spielecke.
Friedrich-Ebert-Straße 364 (Beeck), Di–Sa 8.30–12.30 Uhr, H Beeck Denkmal,
Tel. 0203/98408632,
www.netzwerk-oberhof.de.

GASTRONOMIE

Gutbürgerliche Küche

Unter der Decke im **Walsumer Hof** hängen Fischernetze, in einer Ecke steht ein Steuerrad und der Chef des Hauses, Matthias Langhoff, begrüßt einen auch mal mit „Moin". Der Walsumer Hof liegt versteckt am Fuße des Kühlturms in Walsum. Die Lage ist sicher nicht die einladendste, aber das schreckt keinen Gast ab. Das alteingesessene Fischrestaurant ist bekannt und beliebt. Wer hier am Wochenende leckeren Fisch, Muscheln oder andere Spezialitäten aus Neptuns Reich essen möchte, muss wochenlang im Voraus reservieren. Getafelt wird in zwei Schichten von 16.30 Uhr bis 20 Uhr und von 20 Uhr bis 22 Uhr. Das Warten lohnt sich. Ebenso gut wie der Fisch sind die Bratkartoffeln. Hervorragender Service, der Chef verabschiedet die Gäste persönlich. „Wer meine Muscheln kennt, geht nie mehr fremd", verspricht der Koch – stimmt!
Rheinstraße 16 (Walsum), Mi–Sa ab 16.30, So ab 12 Uhr, H Walsum Krankenhaus, Tel. 0203/491454, www.walsumerhof.de.

Fischrestaurant Walsumer Hof

Die Speisekarte im **Haus Birken** ist genauso klassisch-rustikal wie die Einrichtung. Auf der Karte stehen Gerichte wie Toast Hawaii, Krüstchen, Schnitzel, Steaks oder Heringsstipp. Die fleischlosen Angebote sind überschaubar, aber auch für Vegetarier gibt es einige Posten. Gute Adresse für Omas Geburtstag und alle, die mal wieder gutbürgerlich essen wollen. Freundlicher Service.
Gerlingstraße 176 (Neumühl), Di–Sa ab 15.30 Uhr, So ab 11 Uhr, Tel. 0203/4798316, www.haus-birken.com.

Fleisch & Burger

Burger-Laden im Amercian-Diner-Style: Zwei Studenten stecken hinter den **Burger Nerds**, die momentan die Burger-Szene aufmischen. Das Fleisch für die Buletten kommt von regionalen Metzgern, die locker-fluffigen Brötchen für die zahllosen Burger-Varianten stellt ein Bäcker aus Walsum her. Für die Pommes gibt's nicht nur normale Mayo, sondern auch Curry-Aprikosen-Dips, solche mit Trüffel oder Limette. Eher Imbiss als Restaurant. Wer die Wartezeit überbrücken will, kann auf einer Spielekonsole zocken.
Dr. Wilhelm-Roelen-Straße 429 (Walsum), Mo, Mi, Do 16.30–22 Uhr, Di & Fr 12–22 Uhr, Sa & So 14–22 Uhr, H Walsum Rathaus, Tel. 0203/98597307, www.burgernerds.de.

Burger-Restaurant mit Spielkonsole

Internationale Küche

Italienische Küche mit Aussicht: Im Restaurant **Belvedere** kann man vorzüglich italienisch speisen und hat einen schönen Blick auf den Hafen, die Rheinorange und die vorbeiziehenden Schiffe. Bei schönem Wetter kann man bis Kamp-Lintfort gucken. Die Küche ist gehoben – kein Pizza-Italiener. Am jeweils letzten Samstag im Monat gibt's ein italienisches Buffet mit kalten und warmen Speisen. Aufmerksamer Service, Gäste sollten allerdings ein bisschen Zeit mitbringen. Die Plätze am Fenster sind begehrt, eine Reservierung ist sinnvoll.

Kasteelstraße 1–3 (Ruhrort),
Mo–Fr 11.30–14.30 & 18–22.30 Uhr, Sa 18–22.30 Uhr, So 11.30–14.30 & 18–20 Uhr, H Tausendfensterhaus,
Tel. 0203/800550, www.hotel-lavigie.de.

Von außen sieht das arabische Restaurant **Al-Gebra** eher aus wie eine Eckkneipe, das Ambiente ist einfach, doch die Küche ist authentisch und sehr schmackhaft. Die Vorspeisen sind lecker, doch man sollte unbedingt noch Platz für eine Hauptspeise lassen, darunter Lamm, Okraschoten oder Couscous. Gute Option für Vegetarier und Veganer. Die freundliche Bedienung berät gerne. Und wer auf den Geschmack kommt: Es werden auch Kochkurse angeboten.

Amsterdamer Straße 2 (Neumühl),
Di–So ab 18 Uhr,
H Amsterdamer Straße,
Tel. 0203/5185508, www.al-gebra.de.

Das Restaurant **Pera** existiert schon seit 20 Jahren. In der Theke warten Fleischspieße darauf, gebraten zu werden. Aus dem Ofen kommen dampfende Pide – mit Gemüse, Hack oder Käse gefüllte Brote. Außerdem gefüllte Auberginen, Suppen oder andere türkische Spezialitäten. Im unteren Bereich gleicht das Ambiente eher einem Imbiss. In der oberen Etage hat man einen Blick über die belebte Weseler Straße und die Kreuzung Pollmann-Eck.

Weseler Straße 11–13 (Marxloh),
Mo–Sa 8–23 Uhr, So 12–23 Uhr,
H Pollmann, Tel. 0203/551545.

Dampfende Pide bei Pera

Das Café **„Offener Treff mit Herz"** wird zwei Mal in der Woche zu einem syrischen Restaurant. Tagsüber können hier Personen essen, die nicht so viel Geld haben. Zu den Köchen gehört auch der Flüchtling Yamen Kadour, der derzeit eine Ausbildung zum Koch macht. Weil er später gerne einmal sein eigenes Restaurant eröffnen möchte, tischt er abends in stilvollem Ambiente unter dem Namen **Alt-Sham** syrische Spezialitäten wie Fatoush (gemischter Salat), Lamm, Hühnchen oder typische Nachtische auf. An ausgewählten Terminen gibt's auch Buffet. Eine Reservierung ist ratsam.

Holtener Straße 172 (Neumühl), Fr & Sa 18–22 Uhr, H Ruprechtstraße, Tel 0203/44989672, www.facebook.com/cafeoffenertreff-mitherz.

Wie schmeckt eigentlich Afrika? Paul Kalenda hat vor einigen Monaten in einer alten Eckkneipe das **Kalenda Music Café (KMC)** gegründet. Er selbst stammt aus dem Kongo, doch will er seinen Gästen einen möglichst breiten Überblick über die Spezialitäten aus den unterschiedlichen Ländern bieten. Das Bier kommt schnell, das Essen lässt etwas länger auf sich warten. Dafür ist es frisch zubereitet und authentisch. In Buffet Form kann man sich gut durchprobieren. Regelmäßig mit Live-Musik, Kochkurse sind in Planung.
Harmoniestraße 45 (Ruhrort), Di–Do 11.30–23 Uhr, Fr & Sa ab 16 Uhr, So 11.30–23 Uhr, H Friedrichsplatz, Tel. 0152/13970565.

Afrikanische Küche gibt's im KMC.

Auf die Schnelle

Der berühmteste Imbisswagen Duisburgs steht in Meiderich: Marco Peters beteiligte sich 2010 an der Sendung „Jumbos Würstchenmillionär" und schaffte es bis ins Halbfinale. **„... iss doch wurscht!"** steht auf dem Imbisswagen. Die Wurst wird extra für ihn vom Metzger produziert. Bei den Saucen lässt sich der studierte Betriebswirt immer wieder etwas neues einfallen: Je nach Saison gibt's neben den scharfen Varianten auch Kürbis-Mango- oder Erdbeersauce. Auch für Catering buchbar.
Herbststraße 20 (Meiderich), Mo–Mi & Fr 11–18 Uhr, H Auf dem Damm, Tel. 0179/7056300, www.iss-doch-wurscht.com.

Peter Pomms Pusztetten Stube ist Kult. Die Pommesbude gibt es schon seit mehr als 50 Jahren, die von Hand geschnittenen Curryletten sind die Spezialität des Hauses. Schon 1959 standen der Chef Willem Tauber und sein Schwiegervater mit dem ersten Imbisswagen Duisburgs am Pollmanneck. Zu den besten Zeiten hatte Peter Pomm rund zwölf Filialen. An den Kacheln hängen Zeitungsartikel und alte Fotos, die zeigen, wer hier schon alles gegessen hat – Götz George war auch am August-Bebel-Platz zu Gast. Und wer nicht so oft in der Nähe ist, kann sich einen Vorrat in Dosen mit nach Hause nehmen.
August-Bebel-Platz 7 (Marxloh), Mo–Fr 10.30–20 Uhr, H Pollmann, Tel. 0203/400314.

Das türkische Schnell-Restaurant **Ali Baba** mit angeschlossener Bäckerei ist zu jeder Tageszeit gut besucht. Hier bekommen Gäste morgens Frühstück und abends herzhafte Gerichte, die täglich wechseln. Einfach und lecker. Ein Tipp für alle, die beim Türken mal etwas anderes als Döner essen wollen.
Weseler Straße 75 (Marxloh), Mo–Fr 4–0 Uhr, Sa & So 10–20 Uhr, H Wolfstraße, Tel. 0203/403000.

Burger, Currywurst und Hausmannskost mit einer guten Prise Hafenatmosphäre werden im **Zollhaus** serviert. Früher kontrollierten hier Zollbeamte den Güterverkehr, jetzt befindet sich in dem Gebäude ein beliebtes Schnellrestaurant. In der Küche steht eine ehemalige Hausfrau. Sie sorgt dafür, dass das Kartoffelpüree, die Königsberger Klopse oder das Geschnetzelte genauso schmecken wie bei Muttern. Morgens gibt's bereits belegte Brötchen oder Strammen Max für hungrige Hafenarbeiter.
Im Freihafen 2 (Ruhrort), Mo–Fr 7–15 Uhr, H Freihafen, Tel.0203/94169688, www.zollhausduisburg.de.

AM ABEND

Kneipen & Bars

Im „Hopfengarten" des Walsumer **Brauhaus Urfels** lässt es sich gut aushalten. Bierbrauen hat in Walsum eine lange Tradition, schon vom 13. bis zum 19. Jahrhundert betrieb der Johanniterorden eine sogenannte Kommende, in der die Ordensleute Reisende aufnahmen und bewirteten. Neben dem Walsumer Hell und dem Walsumer Dunkel werden auch immer wieder Aktionsbiere, etwa zu Karneval oder Weihnachten, hergestellt. Wer mehr erfahren möchte: Nach Absprache ist auch eine Brauereiführung möglich. Eine Speisekarte gibt es natürlich auch. Schnitzel, Fisch oder Kleinigkeiten zum Bier (Brezeln, Pommes und Co.) stehen darauf. Hinter der „Schippe Dreck" verbergen sich Schweinemedaillons mit Beilagen, die tatsächlich auf einer (sauberen) Schippe serviert werden. Kinder bis 12 Jahre bekommen übrigens Softdrinks gratis.
Römerstraße 109 (Walsum), Mo 11.30–22 Uhr, Di–Sa 11.30–23 Uhr, So 10–20 Uhr, H Walsum Rathaus, Tel. 0203/9919450, www.brauhaus-urfels.de.

Der Biergarten vom Brauhaus Urfels

Mitten im Revierpark Mattlerbusch liegt das **Brauhaus Mattlerhof**. Nach einem Spaziergang kann man hier einkehren – entweder im Biergarten

mit Selbstbedienung oder im Restaurant. Drinnen ist es brauhaus-typisch-rustikal, draußen idyllisch. Die Räume können auch für größere Feiern gemietet werden. Zum Bier werden Steaks, Schnitzel, Ofenkartoffeln oder gutbürgerliche Klassiker serviert. Neben Pils und Alt wird auch eine Auswahl an Craftbeer angeboten. Herzlicher Service.
Wehofer Straße 42 (Röttgersbach), Mi–Fr 17–22 Uhr, Sa 12–22 Uhr, So 10–22 Uhr, H Mühlbachstraße, Tel. 0203/57937035, www.brauhaus-mattlerhof.com.

Rainer Kummer alias Michelle Charell

Ruhrort hat eine Stadtteilpartnerschaft mit Sankt Pauli. Im **Kristall** ist ein wenig Hafenkiez-Atmosphäre zu spüren. In der ehemals klassischen Kneipe funkelt es, und in einer Ecke steht eine kleine Bühne. Der Chef Rainer Kummer ist schon seit Jahren in der Travestie-Szene als Michelle Charell unterwegs. Ab und zu gibt sich die Diva die Ehre und bringt ihre Freundinnen vom Ensemble Federleicht mit. Wenn keine Show ist, können die Gäste selbst singen. Jeden zweiten Samstag im Monat steht Karaoke auf dem Programm.
Hafenstraße 54 (Ruhrort), Di–Do 10–14 & 17–23 Uhr, Fr & Sa 10–14 & 17–2 Uhr, H Tausendfensterhaus, Tel. 0203/39446946.

Livemusik & Tanzen

Das **Parkhaus** in Meiderich hat nichts mit Autos zu tun, sondern liegt direkt neben dem Stadtpark Meiderich und ist so zu seinem Namen gekommen. Der Verein Jugendkultur Duisburg-Nord macht Angebote für Kinder und Jugendliche. Hier proben Bands, es werden regelmäßig Konzerte und Partys veranstaltet. Unter dem Motto „Musikbox" können jüngere und ältere Tanzbegeisterte etwa an jedem ersten Freitag im Monat zu Rock und Pop der 70er, 80er und 90er Jahre abzappeln. Bei der Melodic Rocknight wird handgemachte Musik präsentiert.
Bürgermeister-Pütz-Straße 123 (Meiderich), verschiedene Öffnungszeiten, H Meiderich Stadtpark, Tel. 0203/443448, www.parkhaus-meiderich.de.

Theater & Bühne

Tanzshows, Varieté oder Theater: In der **Stadthalle Walsum** wird ein buntes Programm geboten. Bei einigen Boulevard-Stücken können die Zuschauer sogar Promis erleben, darunter Tom Gerhardt, Hugo Egon Balder oder Jeanette Biedermann. Auch Tourneetheater und Musicalshows machen in Walsum Station und zeigen Stücke für große und kleine Zuschauer.
Waldstraße 50 (Walsum), geöffnet zu Veranstaltungen, H Walsum Betriebshof, www.duisburglive.de/ort/stadthalle-walsum.de.

Das **Lokal Harmonie** ist ein Treffpunkt für Künstler, Musiker und alle, die sich über Genregrenzen hinweg austauschen wollen. In dem ehemaligen Ladenlokal der Eisenwarenhandlung Hennes kann man Hörspielen, avantgardistischem Jazz oder improvisierter Musik lauschen, Theater erleben und gesellschaftskritische Diskussionen mitverfolgen. Der kleine, feine Ort bringt viele Kreative zusammen. Das Lokal ist weit über die Stadtgrenzen hinaus bekannt und wurde mit dem Bundesspielstättenpreis Applaus ausgezeichnet. Ein Besuch lohnt sich.

Harmoniestraße 41 (Ruhrort), geöffnet zu Veranstaltungen, H Friedrichsplatz, Tel. 0203/5193567, www.lokal-harmonie.de.

Der Verein **Kleinkunstbühne Meiderich** hat es sich zur Aufgabe gemacht, Kabarettisten in den Duisburger Norden zu holen. Engagierte Ehrenamtliche organisieren die Auftritte namhafter Künstler. Die Gästeliste liest sich wie das Who is Who der Kabarettszene. Ingo Appelt, Lioba Albus oder Hennes Bender haben das Publikum hier zum Lachen gebracht. Aber auch noch nicht so bekannte Spaßmacher bekommen ihre Chance.

Westender Straße 30–32 (Meiderich), geöffnet zu Veranstaltungen, H Centrum Westende, www.kleinkunstbuehne-meiderich.de.

Der **Ratskeller** in Hamborn öffnet nur noch zu Veranstaltungen. Im Kulturiges finden Konzerte statt, es wird Kindertheater gezeigt, Gruppen treffen sich und manchmal wird auch getanzt. Das Stadtteilkulturzentrum will alle Bewohner zusammenbringen. Auf der Internetseite gibt es jeweils einen Überblick über das Programm.

Duisburger Straße 213 (Hamborn), geöffnet zu Veranstaltungen, H Hamborn Rathaus, Tel. 0203/5521111, www.kulturiges.de.

EINKAUFEN

Feinkost & Spezialitäten

Die Bäckerei **Kabouter** produziert vollwertige Brote und Backwaren in Bioqualität. Gegründet wurde die Bäckerei Ende der 1970er Jahre von Studenten, die zunächst ihr eigenes Korn in der heimischen Küche gemahlen haben. Sie fühlten sich der niederländischen Kabouter-Bewegung verpflichtet, die sich gegen Umweltverschmutzung und Massenkonsum einsetzte. Auch heute wird in der Backstube besonderen Wert auf Nachhaltigkeit gelegt. Gutes Angebot auch für Veganer. Das Brot wird in zahlreichen Bioläden im Ruhrgebiet verkauft. Früher war in Meiderich das Hauptgeschäft, inzwischen wird in Wanheimerort produziert.

Unter den Ulmen 90/Ecke Kronenstraße (Meiderich), Di, Mi, Fr 8–18 Uhr, Do 8–14 Uhr, Sa 8–12 Uhr, H Unter den Ulmen, Tel. 0203/443186, www.kabouter.de.

Die Wurstwaren der Metzgerei **Sieveneck** sind mehrfach ausgezeichnet. Sie wurden lobend von der Zeitschrift Feinschmecker getestet

und auch beim Mettwurst Cup des Fleischverbandes NRW schnitt der Traditionsbetrieb hervorragend ab. Seit 1911 gibt es den Familienbetrieb, der inzwischen in vierter Generation geführt wird. Traditionelle Sorten wie Panhas und Blutwurst sind ebenso im Programm wie Pulled Pork. Und wer nicht zur Pommesbude will, kann selbstgemachte Currywurst im Mikrowellenbecher mitnehmen.
Fiskusstraße 175 (Neumühl), Mo–Do 8–13 & 15–18 Uhr, Fr 8–18 Uhr, Sa 7.30–13 Uhr, H Bennostraße, Tel. 0203/583864, www.fleischerei-sieveneck.de.

Frischer geht's nicht: Auf dem **Rosenhof** von Jürgen Rademacher können Kunden ihr Gemüse zur Haupterntezeit im August und September selbst pflücken. Dann sind Kohlsorten, Bohnen, Spinat und Mangold reif. Später können noch liegengebliebene Kartoffeln gesammelt werden. Im Frühjahr bekommt man hofeigene Erdbeeren und Himbeeren. Konserven, Nudeln und frisches Fleisch runden das Sortiment im Hofladen ab.
Kaiser-Friedrich-Straße 377 (Röttgersbach), Mo–Fr 8–18.30 Uhr, Sa 8.30–15 Uhr, H Rohrstraße, Tel. 0203/591060.

Gemüse selbst ernten.

Die Vitamine vom **Hof Enninghorst** sind bio-zertifiziert. Direkt hinter einem Wohngebiet liegen die Felder, die Andy Enninghorst seit 18 Jahren im Nebenerwerb bewirtschaftet. Er baut Erdbeeren, Tomaten und anderes Gemüse in großen Tunneln an. Zum Hof gehört ein kleiner Laden, in dem neben eigenem Obst und Gemüse auch Bioland-Produkte anderer Höfe angeboten werden. Außerdem stehen beispielsweise Bier, Schorle und Honig in den Regalen. Vor Ort kann man auch Kaffee trinken. Außerdem bietet der Hof eine Abokiste in verschiedenen Größen an (S für 10 Euro, L für 20 Euro), die den Kunden einmal pro Woche geliefert wird. Darin befinden sich neben der Ware auch Rezeptvorschläge. Was man nicht mag, kann man ausschließen.
Obere Holtener Straße 62b (Röttgersbach), Di, Do, Fr 9–12 & 15–18 Uhr, Sa 10–16 Uhr, H Coburger Straße, Tel. 0203/984086011, www.enninghorsthof.de.

MODE & DESIGN

Ursprünglich war Astrid Szibbat mal Kostümbildnerin und hat am Theater gearbeitet. Seit mehr als 20 Jahren fertigt sie nun Hüte. Den Namen ihres Labels, **Rita Gomez**, fand sie durch Zufall auf einem Trödelmarkt in Barcelona, als sie eine blaue Bommelmütze kaufte. Rita Gomez klang so schön frisch, so wie die Hüte, Kappen und anderen Kopfbedeckungen, die sie für Frauen im besten Alter fertigt. Die Kollektionen wechseln im Frühjahr und Herbst. Für die Herren gibt es ein kleineres Sortiment.

Regelmäßig veranstaltet sie in ihrer Werkstatt unter dem Titel **„Der Salon"** eine Hutprobe und lädt als Gäste andere Kreative ein.
Neumarkt 15 (Ruhrort), Öffnungszeiten nach Vereinbarung, H Friedrichsplatz, Tel. 0170/7447490, www.ritagomez.de.

Rita Gomez heißt das Ruhrorter Label.

ORIGINELLES & ORIGINALE

Die Zoohandlung von Norbert **Zajac** steht im Guinness-Buch der Rekorde. Schon als Jugendlicher machte Zajac mit seinem Bruder das erste Geld, in dem sie zum Beispiel selbst gezüchtete Wellensittiche verkauften. Später erweiterten sie das Sortiment um Fische. 1973 wurde das erste Zoogeschäft eröffnet. Vor allem am Wochenende ist der Laden ein Ausflugsziel und manchmal so voll, dass man kaum einen Parkplatz bekommt. Auf rund 12.000 Quadratmetern werden Vögel, Fische, Reptilien, Hunde, Schlangen und zahlreiche anderen Tiere ausgestellt, die auch vor Ort gekauft werden können. Hinzu kommen Zubehör, Futter, Terrarien und allerlei anderes Brauchbares für Vierbeiner, Vögel und Co. Zajacs Tiere sind übrigens manchmal im Fernsehen zu sehen. Er stattet Sendungen wie das Dschungelcamp oder Das unglaubliche Quiz der Tiere aus.
Konrad-Adenauer-Ring 6 (Neumühl), Mo–Fr 10–20 Uhr, Sa 9–20 Uhr, H Konrad-Adenauer-Ring, Tel. 0203/450450, www.zajac.de.

Zoo Zajac

Bunte Muffinförmchen, Fondant, Streusel oder Zahlen für den Geburtstagskuchen: Hobbybäcker finden bei **Pasdecor** Zubehör für ihre süße Freizeitbeschäftigung. Große Auswahl und kompetente Beratung.
Weidmannstraße 22 (Alt-Hamborn), Mo–Fr 10–18.30, Sa 10–16.30 Uhr, H Hamborn Rathaus.

Maren Haacken hat schon immer gerne getanzt – deshalb hat sie ihr Hobby zum Beruf gemacht und das Geschäft **Move it** eröffnet. Hier gibt

es Borten, Pailletten, Ballett- und Turnschläppchen, eben alles, was Hobbytänzer oder Tanzmariechen benötigen. Bei Bedarf fertigt sie auch individuelle Kostüme für Gruppen und Garden und bietet sogar einen 24-Stunden-Notfall-Strumpfhosen-Service für die Damen an. Die Geschäftsfrau kennt sich aus, sie hat sich selbst jahrelang im Karneval engagiert.
Unter den Ulmen 71 (Meiderich), Di–Fr 13–19 Uhr, Sa 10–15 Uhr, H Tunnelstraße, Tel. 0203/49979466, www.move-it.nrw.

Dass das Ruhrgebiet nicht nur grau, sondern auch grün ist, wird vielfach beschworen. Florian Preis macht Ernst. Mitten zwischen der mächtigen Industriekulisse von Thyssenkrupp und dem Duisburger Westen zieht er mit seinen Schafen umher. Um seine **Ruhrschäferei** zu finanzieren, gab er anfangs Schafaktien aus, bis er eine Herde zusammen hatte. Heute wird er von Firmen und Grundstückseigentümern gebucht, damit die Schafe dort die Flächen „mähen". Wer kein Aktionär werden möchte, kann auch eine Patenschaft übernehmen. In einem Hirtenbrief informiert Florian Preis regelmäßig über seine Arbeit. Außerdem kann man bei ihm Fleisch (halbe und ganze Schafe grob zerlegt) und Felle bestellen.
Tel. 01573/6498603, www.ruhrschaeferei.de.

Florian Preis

MUSIK & LITERATUR

In unmittelbarer Nähe des Hamborner Altmarkts befindet sich die Buchhandlung **Lesezeichen**. Hier gibt es eine Auswahl an Krimis, Kinder- und Jugendbüchern oder Geschenken. Als besonderen Service haben die Gründerinnen Margit Meier und Ursula Ridder einen sogenannten Autorenservice eingeführt. Wenn der Lieblingsautor ein neues Buch auf den Markt bringt, werden die Kunden informiert.
Emscherstraße 213 (Hamborn), Mo–Fr 9.30–18 Uhr, Sa 9.30–13.30 Uhr, H Hamborn Rathaus, Tel. 0203/560067, www.lesezeichen-hamborn.de.

Die wohl **kleinste Buchhandlung** Duisburgs befindet sich an der Horst-Schimanski-Gasse/Ecke Dammstraße. Sie wurde erst unlängst von den Verlegerinnen Jutta und Susanne Nagels gegründet. Neben Kinderbüchern und regionaler Literatur über das Ruhrgebiet und den Niederrhein findet man hier auch Ruhrpott-Devotionalien wie Kissen mit der Aufschrift „Schimmi-Gasse", Pommesschalen, Tassen oder Postkarten.
Dammstraße 25 (Ruhrort), Mo–Do 10–16 Uhr, Fr 10–14 Uhr, Sa 11–14 Uhr, H Karlstraße, Tel. 0203/34682521, www.buecherinruhrort.wordpress.com.

Ruhrpott-Devotionalien

WEST

Blick von der Rheinorange gen Westen

Radtour durch den Westen (28 km)

Die Route beginnt am Hauptbahnhof und führt in den Duisburger Westen – vorbei an Industriekulisse, durch den Hafen, am Rhein entlang und über Ruhrort zur Rheinorange.

Fahren Sie in die Fußgängerzone auf die Königstraße. Direkt zu Beginn sehen Sie die Touristinformation – eine gute Anlaufstelle für weitere Tipps rund um Duisburg. Kurze Zeit dahinter taucht das **City-Palais** auf. Hier befinden sich die Mercatorhalle, in der die Philharmoniker ihre Konzerte geben, und das Casino. Das **Casino** wurde 2007 eröffnet. Die Spielbank ist mit rund 3.600 Quadratmetern Spielfläche und einem erzielten Umsatz von rund 41,6 Millionen Euro das zweitgrößte Casino in Deutschland. Bei der Besucherzahl liegt das Haus sogar bundesweit auf dem ersten Platz. Auf zwei Etagen können Besucher ab 18 Jahren ihr Glück versuchen. Im Erdgeschoss stehen Automaten, im oberen Bereich warten etwa Roulette- und Pokertische. Auf angemessene Kleidung wird geachtet. Ab und zu finden Partys und Konzerte statt. Wer einen Besuch plant, muss seinen Personalausweis parat haben.

Sie fahren am **König-Heinrich-Platz** mit seinen schwebenden Gärten, dem Stadttheater und dem Landgericht vorbei. Auf der linken Seite sehen Sie das Einkaufszentrum Forum.

Sie fahren weiter geradeaus, bis die Königstraße auf die Steinsche Gasse trifft. Hier biegen Sie links ab und können auf der rechten Seite die schöne neue **Bibliothek** bewundern. Nicht nur Leseratten, auch Architekten aus ganz Deutschland waren schon zu Besuch, um sich anzuschauen, wie man heutzutage eine moderne Bibliothek baut. In dem Gebäude ist außerdem die Volkshochschule untergebracht.

Die Steinsche Gasse geht's weiter entlang. Sie fahren unter der Autobahn durch und halten danach kurz an. Auf der linken Seite sehen Sie das **Theater am Marientor**, das gerade einen Erfolg mit dem in Duisburg entwickelten Stück „Wahnsinn" feierte. Die Geschichte greift die Hits von Wolfgang Petry auf.

Vielleicht haben Sie die Reklame an den Häusern auf der rechten Straßenseite bemerkt. Die Parallelstraßen haben einen weiteren Superlativ zu bieten, auf den die Stadt nicht besonders stolz ist: In Duisburg befindet sich eines der größten Rotlichtviertel Deutschlands. Rund 500 Frauen, viele aus Rumänien und Bulgarien, arbeiten hier. 29 Bordelle, FKK-Clubs und andere Etablissements gibt es in Duisburg. Die Sexsteuer brachte der Stadt immerhin 980.000 Euro ein.

Wenn Sie weiterfahren, sehen Sie nach ein paar Metern im Hintergrund des Viertels das Gerippe des **Stadtwerketurms**. Der Kraftwerksschornstein ist

Der Stadtwerketurm

so etwas wie das inoffizielle Wahrzeichen der Stadt. Allerdings hat er keine Funktion mehr. Als die Stadtwerke die Rauchgasrohre zurückbauten, gründete sich eine Initiative, die dafür sorgte, dass der 65 Meter hohe Stahlbetonsockel und 115 Meter hohe Stahlträger-Konstruktion erhalten bleiben. Es wurden Taschen mit dem Turm bedruckt und auf einer beliebten Postkarte steht: „Home ist, where the turm is". Mittlerweile steht er sogar unter Denkmalschutz. Der Turm hat es im Miniaturformat auch in die Sammlung des Kultur- und Stadthistorischen Museums geschafft.

Die Tour wird fortgesetzt auf der Wanheimer Straße. Links taucht die U-Bahn auf, die hier aus der Erde kommt. Der Stadtteil ist, genauso wie Marxloh, immer wieder in den Schlagzeilen. In Hochfeld wohnen Menschen vieler Nationen. Zuletzt kamen tausenden Menschen aus Bulgarien und Rumänien nach Hochfeld. Die Migrationsgeschichte des Stadtteils ist freilich länger, bereits in den 1960er Jahren zogen Türken und Italiener hierhin, weil sie in den benachbarten Werken Arbeit fanden. Die Wanheimer Straße säumen internationale Geschäfte, Restaurants, Bäckereien und Wettbüros. Hier ist immer etwas los und in den Lokalen gibt's bis spät in die Nacht etwa türkische Spezialitäten zu essen.

An der Kreuzung Wanheimer Straße/Rheinhauser Straße biegen Sie an der Sparkasse rechts ab. Auf der linken Straßenseite befindet sich die evangelische **Pauluskirche**, in der nicht nur Gottesdienste, sondern auch Diskussionen und Konzerte stattfinden. Fahren Sie geradeaus die Rheinhauser Straße entlang und passen gut auf. Die Straße ist stark befahren – für viele Lkw ist dies die Strecke zum Hafengebiet Logport.

Die Straße leitet Sie automatisch auf die **Brücke der Solidarität**, die es 1987 zu einiger Berühmtheit gebracht hat. Am 10. Dezember 1987 besetzten Krupp-Arbeiter die Rheinbrücke und protestierten damit gegen die Schließung ihres Werks. Wochenlang gingen die Kumpel auf die Straße, um für den Erhalt der Arbeitsplätze zu kämpfen. Außer der Rheinbrücke wurde auch die A 40 und die Krupp-Hauptverwaltung Villa Hügel in Essen besetzt. Rheinhausen wurde zum Synonym für die Stahlkrise. Am 20. Januar 1988 wurde die Brücke von den Kruppianern in Brücke der Solidarität umbenannt. An diesem Tag zogen rund 50.000 Stahlkocher aus über 60 Hüttenwerken zur Brücke. Wenig später wurde der Name von der Stadt dann offiziell übernommen. Heute erinnert ein Schild an dem Bauwerk an das Ereignis. Auch sonst ist die Brücke imposant: Sie hat eine Spannweite von 255,91 Metern. Der Vorgängerbau stammt aus dem Jahr 1934, wurde allerdings am 4. März 1945 von der deutschen Wehrmacht gesprengt, bevor die Amerikaner Duisburg erreichten. Ab Juli 1945 wurde die Brücke wieder aufgebaut und 1950 für den Verkehr freigegeben.

Am 10. Dezember 1987 besetzten Krupp-Arbeiter die Rheinbrücke.

Wie alle Brücken in der Stadt ist auch diese ziemlich marode und muss immer wieder geflickt werden. Wenn Sie auf der Brücke kurz stoppen, bekommt man einen guten Eindruck von den vielen Facetten Duisburgs: Linksrheinisch liegen die Rheinwiesen, rechtsrheinisch die Industriebauten von DK Recycling. Das Unternehmen ist einer der weltweit größten Recycler von eisenhaltigen Reststoffen der Stahlindustrie. Aus den gelieferten Überbleibseln wird in Hochfeld Spezialroheisen für die Gießereibranche produziert.
Hinter der Brücke fahren Sie über die

1988 wurde die Rheinbrücke in Brücke der Solidarität umbenannt.

Fußgängerampel geradeaus. Direkt dahinter noch einmal über die Straße nach links. Dann haben Sie den Kreisverkehr einmal umrundet. Radweg-Schilder führen Sie in ein kleines Wäldchen und später wieder auf einen Fahrradweg neben der Straße. Radlern ist es verboten, auf der kurvigen Hauptstraße Richtung **Logport** zu fahren. Hier donnern hunderte Brummis entlang, um Waren abzuholen oder anzuliefern.

Nachdem das Krupp Hüttenwerk geschlossen wurde, hat der Hafenbetreiber Duisport im Jahr 1998 begonnen, das 2.650.000 Quadratmeter große Areal zu einer Logistikdrehscheibe zu entwickeln. Im Laufe der Jahre haben sich auf riesigen Flächen rund 50 Unternehmen angesiedelt, darunter DB Schenker, Kühne & Nagel und DHL. Die Waren werden entweder in Container verpackt oder kommen hier in Containern an und werden dann per Schiene, Straße oder Schiff weiter transportiert. Firmen wie Danone Waters, Johnson & Johnson oder Siemens haben Lagerflächen angemietet und versorgen von hier den deutschen und europäischen Markt mit ihren Produkten. 2012 wurde eine Zugverbindung zwischen Logport und dem chinesischen Chongquing eingeweiht. 2016 wurden auf diese Weise 40.000 Container nach Fernost gebracht. Zwischen 14 und 16 Tagen ist der Zug pro Tour unterwegs.

Über 5.000 Arbeitsplätze sind in den vergangenen Jahren in Zusammenhang mit Logport entstanden, ungefähr so viele wie zuletzt noch bei Krupp im Stahlwerk gearbeitet haben.

Sie folgen der Osloer Straße und können die riesigen Hallen und Metallboxen bestaunen. Die Osloer Straße mündet in einem Kreisverkehr, Sie halten sich links und fahren auf der Europaallee weiter. Nach rund 200 Metern geht rechts die Antwerpener Straße ab. Dieser folgen Sie zum nächsten Kreisverkehr. Am Gaterweg sehen Sie schon die schönen alten **Bliersheimer Villen**.

Bliersheimer Villa

Die Gebäude gehörten zur Abteilung „Schöner Wohnen" – hier hat früher die Chefetage der Rheinhauser Hütte gelebt. Vielseitige Dachformen, hübsche Fassaden, Balkone, Loggien, alles errichtet im englischen Landhausstil mit Jugendstilelementen. Bis in die 1950er Jahre galt für das Hüttenmanagement Residenzpflicht, die Chefs sollten fußläufig zum Werk wohnen. Der Direktor residierte in dem größten Prachtbau, für Personal und Fahrzeuge gab's ein Kutscherhaus. 17 Häuser umfasst die Siedlung, nebenan gab's ein Casino, das den leitenden Angestellten und Gästen als Restaurant zur Verfügung stand. In den 1970er Jahren waren die Villen dann umschlossen von Industrie, Idylle sah anders aus. Die Residenzpflicht wurde abgeschafft und die Bewohner zogen aus. 1988 kamen die Häuser unter Denkmalschutz, 1993 wurde die Hütte endgültig stillgelegt. Danach passierte erst einmal lange Zeit gar nichts. Logport ist ein reines Industriegelände, hier darf niemand mehr wohnen. Inzwischen ist zumindest in einige Häuser wieder Leben eingekehrt. In der **Villa Rheinperle** finden regelmäßig Partys statt, im **Casino Bliersheim** wird Mittagstisch für die Mitarbeiter der umliegenden Firmen serviert. Außerdem kann man die Räume für Feiern in historischem Ambiente mieten.

Party in der Villa Rheinperle

Wenn Sie die Antwerpener Straße im Rücken haben, biegen Sie links in den Gaterweg ab. Die Straße führt auf die Friedrich-Ebert-Brücke und weiter die Friedrich-Ebert-Straße entlang, die zurück Richtung Rheinhausen führt. Auf der rechten Seite sehen Sie erst die nicht besonders schöne Fassade des Finanzamts West. Dahinter, kurz vor der Tankstelle, liegt die **Rheinhausenhalle**. Die Veranstaltungsstätte ist eines der kulturellen Zentren im Duisburger Westen. Die Halle wurde 1977 als Nachfolgerin des alten Stadttheaters eröffnet. Das Programm ist bunt gemischt: Comedians wie Olaf Schubert und seine Freunde treten hier auf, Chöre geben Konzerte, Tourneetheater machen mit ihren Shows Station.

Margarethensiedlung

Sie fahren die Friedrich-Ebert-Straße noch ein paar Meter weiter und biegen hinter der Tankstelle und dem Netto-Markt nach rechts in die Schwarzenberger Straße ab. Auf der linken Seite, zwischen Atroper- und Brückenstraße, liegt die **Margarethensiedlung**. Die hübschen Häuser wurden ab 1903 für die Arbeiter der Friedrich-Alfred-Krupp-Hütte gebaut und nach Margarethe Krupp benannt. Die Siedlung gilt als ein Musterbeispiel für das aus England übernommene Modell der Gartenstadt. Als Krupp Ende der 1970er Jahre ankündigte, die Gebäude verkaufen zu wollen, gründete sich eine Interessengemeinschaft, die noch heute existiert und sich um den Zusammenhalt der Siedler kümmert. 1999 wurden die Häuser unter Denkmalschutz gestellt. Das Denkmal am Krupp-Platz zeigt Friedrich Alfred Krupp. Hier lohnt ein Blick links und rechts in die Straßen.

Die Radtour wird geradeaus fortgesetzt. Die Schwarzenberger Straße wird zur Margarethenstraße und führt wieder zur Brücke der Solidarität. Am Kreisverkehr überqueren Sie links die Ampel, die über die Moerser Straße führt und biegen nach links ab. Unmittelbar dahinter ist rechts ein Radweg Richtung Homberg ausgeschildert. Diesem folgen Sie. Sie fahren direkt auf eine Kleingartenanlage zu. Wenn der Weg sich gabelt, halten Sie sich links. Rechts können Sie einen Blick in die gepflegten Gärten werfen. Am Ende trifft der Weg auf die asphaltierte Fährstraße. Hier geht's nach rechts. Links ist das Vereinsheim vom Ruderclub zu sehen, links dahinter biegen Sie auf den Deichradweg ein.

Der **Deich** führt Sie die nächsten 6,5 Kilometer nach Homberg. Links liegt ein Wäldchen, rechts können Sie über die Wiesen auf den Rhein schauen. Sie sind ein beliebter Spazierweg für Hundebesitzer. Ab und zu sieht man hier auch einen Schäfer mit seiner Herde.

Sie radeln immer weiter geradeaus. Irgendwann passieren Sie ein rot-weißes Tor, dahinter wird der Pfad zur Straße. Hier parken oft Ausflügler. Sie können der Straße folgen oder kurz danach wieder durch zwei rot-weiße Pöller auf den Spazierweg abbiegen, der näher am Rhein verläuft. Von hier sehen Sie den Verkehr über die A 40-Brücke donnern. An der Seite taucht ein Schild mit einer großen 778 auf – Sie radeln gerade den Rheinkilometer 778 entlang.

Der Weg mündet nach 200 Metern wieder auf der Straße. Rechts sehen Sie das Ausflugslokal **Homme d'or.** Es gibt einen Biergarten mit Selbstbedienung. Auf der Terrasse werden Kaffee & Co. gebracht. Im Restaurant ist sonntags der Luxus-Brunch beliebt.

Wenn Sie nicht einkehren wollen, fahren Sie noch ein Stück geradeaus. Bevor Sie unter der Brücke durchfahren, biegen Sie unvermittelt rechts ab. Der Fahrradweg ist hier ausgeschildert. Die Straße führt Sie hinunter zur alten **Fährstation Essenberg**. Ein Schild erinnert an diesen historischen Ort. Ab 1569 pendelte eine Fähre zwischen Essenberg und Neuenkamp. Der Betrieb wurde erst eingestellt, als 1907 die Admiral-Scheer-Brücke eröffnet wurde. Nach der Sprengung dieser Brücke 1945 lebte der Fährbetrieb wieder auf, wurde dann aber 1954 endgültig eingestellt. Der Freundeskreis Historisches Homberg beauftragte einen Künstler, der die alte Fährstation nachmalte – und so die Jahrhunderte alte Geschichte lebendig hält.

Früher wurde der bestens ausgebaute **Leinpfad**, den sie gerade entlangradeln, von Treidlern genutzt, die mit ihren Pferden Lastenkähne mit Hilfe von Leinen – nomen est omen – stromauf zogen. Sie fahren den Weg entlang und stoßen bald auf ein Schild „Hafengebiet". Rechts ragen große Pfeiler auf, an denen Schiffe festmachen, um die Firma **Venator** mit Nachschub zu versorgen. Der US-Konzern hieß früher einmal Huntsman, und diese Firma hat 2014 das Homberger Traditionsunternehmen Sachtleben übernommen. Manchmal mieft es hier nach faulen Eiern: Die Firma stellt weiße Pigmente her, die beispielsweise in Farbe vorkommen. Immerhin: Die Zeiten, in denen hier auch verdünnte Schwefelsäure zwecks Verklappung in der Nordsee auf Tankschiffe verladen wurde, sind seit den späten 1980er Jahren vorbei. Derzeit arbeiten rund 1.000 Mitarbeiter in Homberg.

Direkt hinter Venator kann man die **Plangemühle** sehen, ebenfalls mit einer eigenen Verladestation. Die Plangemühle, erbaut 1907, war die letzte Mühle, in der in Duisburg industriell Korn gemahlen wurde. Mit drei Mühlensystemen wurden pro Tag 630 Tonnen Weizen und Roggen und in einer weiteren Linie Backschrot gemahlen. Derzeit wird das Gebäude allerdings nur noch als Lager genutzt. Die Produktion wurde aus wirtschaftlichen Gründen nach Neuss verlagert.

Historische Bedeutung hat auch der nicht mehr ganz taufrische Schriftzug **„Homberg, Stadt im Grünen."** 1936 wurde Homberg offiziell zum Fremdenverkehrsort ernannt – das wollte man der Welt natürlich mitteilen. Mittlerweile kann man an der Schrift aber auch gut ablesen, wie hoch das Wasser hier manchmal steht. Bei extremen Hochwasser steht der Rhein bis zum Querstrich im großen H.

Auf der linken Seite sehen Sie einen grauen Betonklotz. Von außen macht das Haus nicht viel her. Es wird zum Teil als Hotel genutzt, in einigen Etagen befinden sich aber auch normale Wohnungen. Die Terrasse lohnt einen Stop. Bei schönem Wetter sieht man nicht nur die gegenüberliegende Rheinorange, sondern kann auch bis in den Innenhafen schauen.

Um zum Hotel Rheingarten zu gelangen, fahren Sie am Wasser- und Schifffahrtsamt – erkennbar an der Pegelskala – scharf links hinauf. Dem unscheinbaren **Myriameterstein**, der links steht, sollten Sie noch einen Blick gönnen. Es handelt sich um ein historisches Überbleibsel alter Kilometernummerierung. Ein Schild informiert: „Nach 1871 wurden in Deutschland ‚Myriameter' und ‚Kilometer' als Längenmaße eingeführt, wobei sich die Größenordnung ‚Kilometer' durchgesetzt hat." Nach der Korrektur des Rheines 1870 wurden sogenannte Myriametersteine, beginnend ab Basel, alle 10 Kilometer an beiden Uferseiten gesetzt. 1939 wurde die Kilometerzählung des Rheins wieder geändert. Die Steine wurden bedeutungslos, haben aber bis heute für technisch Interessierte einen hohen historischen Wert.

Sie fahren geradewegs auf das **Hotel Rheingarten** zu. Wer nicht zur Terrasse, sondern sich etwas gönnen will, kann ein paar Meter weiter nach links ins **Cocon am Rhein** einkehren. Hier wird gehobene Küche serviert. Biegen Sie indes nach rechts ab (wo auch diese Route entlang führt) gelangen Sie zum **Biergarten Hafensturm**. Das weiße Türmchen zwischen den Biertischen gehörte früher zur Pumpstation, die sich hinter der Ufermauer verbirgt, aber heute nicht mehr in Betrieb ist. Eine der schönsten Adressen, um an einem lauen Abend einen Drink zu sich zu nehmen. Haben Sie den Biergarten auf Ihrer rechten

Seite, liegt links der alte Hebeturm in den alten Hafenanlagen, der ebenfalls Gastronomie beherbergt.

Der alte Hebeturm

Die Tour wird geradeaus über die blaue Brücke fortgesetzt. Im Eisenbahnhafen auf der linken Seite liegt das **Schulschiff „Rhein“** vor Anker. Das Boot dient als Internat für den Nachwuchs, der sich in Homberg zu Binnenschiffern und Schiffbauern ausbilden lässt. Das Schiffer-Berufskolleg ist eine bundesweit einzigartige Einrichtung. Fachleute für die Transportbranche auf Flüssen und Kanälen werden händeringend gesucht.

Hinter der Brücke biegen Sie nach rechts ab und fahren über die nächste, die Friedrich-Ebert-Brücke, die nach Ruhrort führt. Wenn Sie etwa auf der Mitte stoppen und nach rechts schauen, sehen Sie das **Echo des Poseidon**. Die fünf-Meter-Skulptur, vom Künstler Markus Lüpertz erschaffen, können Sie sich später noch aus der Nähe anschauen.

Die Brücke wurde 1953 wieder aufgebaut. Bereits seit 1872 bemühten sich der Ruhrorter und der Homberger Bürgermeister gemeinsam bei den Berliner Behörden um eine Genehmigung. Aus politischen Gründen, um den damals feindlichen Franzosen den Weg über den Rhein nicht zu erleichtern, wurde dies lange verwehrt. Der Bau der ersten Duisburger Rheinbrücke wurde 1904 begonnen. Ruhrort wurde übrigens erst 1905 eingemeindet, Homberg kam erst 1912 zu Duisburg. Bemerkenswert sind die mächtigen Brückentürme auf Ruhrorter Seite. Die prachtvoll-protzigen Bauten aus der Gründerzeit-Epoche hatten damals noch kleinere Gegenstücke auf Homberger Seite. Früher wohnten in den Türmen die Brücken-Bediensteten, die fürs Kassieren des Zolls zuständig waren. 2012 wurden die Gebäude zuletzt saniert, 2016 standen sie gar zum Verkauf – nutzbar als Büro- und Geschäftsgebäude. Die, nunja, spezielle Immobilie, bietet rund 400 Quadratmeter auf sechs Ebenen und besten Blick auf den Rhein. Heute sind dort Büros untergebracht.

Hinter den Brückentürmen biegen Sie rechts auf den **Richard-Hindorf-Platz** nach Ruhrort ab. Wenn Sie den interessanten Hafenstadtteil erkunden möchte, empfehlen wir Ihnen an dieser Stelle den Rundgang durch Ruhrort. (S. 120)

Sie fahren geradeaus über die Dammstraße. Nach rund 200 Metern taucht rechts die **Horst-Schimanski-Gasse** auf. Götz George hat für die Tatort-Folgen oft in Ruhrort gedreht. Der Fernsehermittler war durchaus umstritten. Viele glaubten, dass so nur die Schmuddelecken von Duisburg gezeigt würden. Das tat seiner Beliebtheit allerdings keinen Abbruch. 2013, kurz vor Götz Georges 75. Geburtstag, hat eine Gruppe einen bisher namenlosen Weg mit einem gestrickten Straßenschild versehen. Die „Schimmi-Gasse" war gefunden. Gleichzeitig beantragten Politiker, dass diese Bezeichnung auch ein offizieller Straßenname werden solle – damit wurde eine Kontroverse ausgelöst. 2013 war Schimmi noch lebende Legende und nach Lebenden würden keine Straßen benannt, hieß es von den Offiziellen der Stadt. Zudem sei der Tatort-Kommissar eigentlich eine fiktive Person. Doch die Bürger ließen nicht locker. Nach einigem Hin und Her wurde die 30 Meter lange Gasse offiziell zur Horst-Schimanski-Gasse.

Bürger und Politiker wollten unbedingt eine Schimmi-Gasse.

TIPP: Wer mehr über Schimanski und die Drehorte im Stadtteil erfahren möchte, kann beim Anbieter DU Tours eine Führung zu Fuß oder mit dem Rad buchen. Nähere Informationen unter: www.du-tours.de.

Folgen Sie der Dammstraße. Auf der rechten Seite liegt die **Schifferbörse** am Gustav-Sander-Platz. Hier wurden zwischen den Schiffern und den Händlern die Geschäfte verabredet. Unterhalb (die Treppe hinunter) gelangt man zum **Steiger** Schifferbörse. Hier starten die Hafenrundfahrten ab Ruhrort.

Die Lüpertz-Skulptur „Echo des Poseidon" grüßt die Schiffer.

Sie fahren geradeaus auf die Krausstraße und folgen ihr, bis sie auf die Ruhrorter Straße stößt. Fahren Sie rechts über die Karl-Lehr-Brücke und biegen die zweite rechts in den Vinckeweg ab. Folgen Sie ihm. Sie kommen an großen Hallen der Firma Haeger & Schmidt vorbei. Hinter einem Wendehammer beginnt eine Brache. Die ehemalige Speditionsinsel, auch Mercatorinsel genannt, liegt gegenüber des Leinpfads. Früher wurden hier Kohle, Eisenerz und Schrott umgeschlagen. An der Spitze grüßt das Kunstwerk **„Echo des Poseidon"** die vorbeiziehenden Schiffer. Die Duisburger Hafen AG hat den monumentalen Kopf zum 300. Hafengeburtstag gekauft. Das Gesicht sieht dem von Lüpertz Herkules in Gelsenkirchen zum Verwechseln ähnlich. Die wulstig-vernarbte

Oberfläche der Bronzeskulptur zeigt: Dieser Gott hat schon so manchen Sturm überstanden. Bald soll rund um den Poseidon ein Park entstehen, der dann über eine Treppe von der Friedrich-Ebert-Brücke erreichbar sein wird.

Der Name Rheinorange bezieht sich auf die Farbe Reinorange.

Von der Speditionsinsel aus sehen Sie schon **Rheinorange**. Um dorthin zu gelangen, müssen Sie allerdings den Vinckeweg zurückradeln und wieder die Ruhrorter Straße entlang. Vor dem großen Kreisverkehr sehen Sie schon den Schriftzug Rheinorange. Folgen Sie den Schildern, die das Ende des Ruhrtalradwegs anzeigen. Sie fahren nun parallel zur Ruhr, die am Ende des Wegs auf den Rhein trifft – und sehen nun die Landmarke Rheinorange. Die Skulptur stammt von Lutz Fritsch und wurde 1992 aufgestellt. Das Kunstwerk ist 25 Meter hoch, 7 Meter breit, wiegt schlappe 83 Tonnen und erinnert an eine Bramme. Der Name geht auf ein Wortspiel mit der Farbe RAL 2004, Reinorange, zurück. Die Farbe strahlt selbst dann, wenn der Himmel wol kenverhangen oder neblig ist. Nachts wird die Landmarke angestrahlt.

Gegenüber sehen Sie das Hotel-Hochhaus auf der anderen Rheinseite, an dem Sie gerade vorbei gefahren sind.
Radeln Sie den Weg wieder zum Kreisverkehr zurück. Hier müssen Sie eine kleine Schleife fahren – aus Sicherheitsgründen dürfen die Radfahrer hier nicht mehr parallel zu den Autos fahren. Überqueren Sie die Ampel und fahren direkt links. Sie kommen an einem Einkaufszentrum vorbei.
Von der Albertstraße biegen Sie rechts auf die Ruhrorter Straße ab und folgen dieser unter einer Autobahnbrücke hindurch.

Dahinter sehen Sie auf der linken Seite einen roten Turm. In dem ehemaligen Speicher ist das **Landesarchiv** untergebracht. Millionen Akten und Dokumente lagern hier. An den Backstein-Koloss schließt sich ein Neubau an, der sich wie eine Schlange an der Promenade des Innenhafens entlang windet. Hier ist

Millionen Akten lagern im Landesarchiv.

ein Lesesaal untergebracht, in dem Wissenschaftler oder Studenten in den Schriftstücken stöbern können. Der Bau des Landesarchivs entpuppte sich zum Skandal. Statt geplanter Kosten von 30 Millionen sollen es am Ende 200 Millionen Euro gewesen sein. Ein Mitarbeiter des Bau- und Liegenschaftsbetriebs soll vor dem Kauf des Grundstücks verraten haben, dass sich an dieser Stelle etwas tun könnte. Ein Zwischenkäufer hat dem Land darauf kurzerhand das Objekt vor der Nase weggeschnappt und mit Millionenaufschlag wieder verkauft. Nach links könnten Sie in den **Innenhafen** abbiegen. Wenn Sie unserer Tour folgen wollen, geht es weiter geradeaus über die **Schwanentorbrücke**.

Sie ist eine von drei Hubbrücken in Duisburg. Der Name erinnert an ein Tor in der mittelalterlichen Stadtmauer, das auf den Rhein hinausführte. Der floss damals etwa dort, wo heute der Innenhafen ist. Eine Flussverlagerung im Mittelalter beendete die direkte Anbindung. Erst Jahrhunderte später, als der Außen- und Innenhafen angelegt wurden, bekam Duisburg wieder eine Anbindung an den Rhein. Früher saß in dem Türmchen stets ein Mitarbeiter und zog die Brücke hoch, wenn ein Schiff in den Innenhafen einlief. Doch die Zeiten sind lange vorbei, heute befindet sich nur noch eine Marina im Innenhafen. Die Weiße Flotte und andere Ausflugsschiffe legen direkt hinter der Brücke am **Steiger Schwanentor** an.

Links sehen Sie die Rückseite des Rathauses. Daneben befindet sich die Salvatorkirche. Zum ersten Mal wurde das **Rathaus** als donum consulum im Jahr 1361 erwähnt. 1566 zeigt der Corputiusplan neben der Salvatorkirche auf der Stelle des ehemaligen Königshofs ein kleines Gebäude – das Rathaus. Die **Salvatorkirche** feierte im Jahr 2016 ihren 700. Geburtstag. Die Kirche ist damit eine der ältesten, ganz sicher aber die bedeutendste Kirche der Stadt.
Geradeaus geht es weiter zurück in die Fußgängerzone, an deren Ende Sie wieder den Hauptbahnhof erreichen.

PROMI-TIPP

Martin Rütter

Mit Duisburg verbinde ich die Ufer von Rhein und Ruhr. Ich bin früher immer mit meinem Hund von Homberg nach Baerl am Rhein entlang spaziert. Links die Wiese, rechts der Rhein. Zu Duisburg gehört deshalb ganz klar meine Hündin Emma dazu.

Martin Rütter wuchs im Duisburger Westen auf. Seit den 1990er Jahren gibt der Hundetrainer auf Bühnen und im Fernsehen Tipps zum Umgang mit Tieren.

Beeckerwerth
Beeck
DU-MEIDERICH/
BEECK
DU-HOMBERG/
RUHRORT/BAERL
Laar
Unter-
Mittel-
Alt-
Homberg
Ruhrort
Essenberg
Kaßlerfeld
Alt-
stadt
Neuenkamp
Asterlagen
RHEIN
Hochfeld
Dellviertel
DU-MITTE
Hochemmerich
Werthausen
RHEINHAUSEN
Rheinhausen-
Mitte
Schwarzenberg
Bliersheim
Wanheim-
Friemersheim
Eisenbahn-
siedlung
Angerhausen
Buchholz
Hafenkanal
Rhein-Herne-Kanal
Stahlwerk
Hüttenwerk
Universität
Duisburg-Essen
Friedr.-Ebert-Brücke
Marina
Tanklager
logport I
logport II
❶ Hauptbahnhof / Start
❷ König-Heinrich-Platz
❸ Theater am Marientor
❹ Brücke der Solidarität
❺ Bliersheimer Villen
❻ Rheinhausen Halle
❼ Kom'ma-Theater
❽ Margarethensiedlung
❾ Echo des Poseidon
❿ Rheinorange
⓫ Steiger Schwanentor

MUSEEN & GALERIEN

Ehemalige Kumpel haben die **Bergbausammlung Rheinhausen** gegründet – seit 35 Jahren halten sie die Erinnerungen an den Bergbau in Rheinhausen und Duisburg lebendig. Im Oktober 1967 ist die Schachtanlage Diergardt I/II stillgelegt worden. Die Ehrenamtlichen haben einen Verein ins Leben gerufen und hunderte Ausstellungsstücke zusammengetragen, darunter Loren, Grubenlampen, Steigerstöcke, Abbauhämmer und „Arschleder". Einer der Aktiven hat die Anlage liebevoll im Miniaturformat nachgebaut und elektrifiziert – so können die Besucher im Modell nachempfinden, wie die Arbeit und das Leben unter Tage waren. Und wer vorbeischaut und sich über diesen Teil der Duisburger Geschichte informieren möchte, wird von den engagierten Museumsbetreibern mit Fakten und Anekdoten versorgt.

Auch Führungen für Gruppen sind möglich. Der Eintritt ist frei. Auf dem Berg 9 (Bergheim), Do 9–16 Uhr & jeden 1. Sonntag im Monat 14–16 Uhr (außer Feiertage), H Buchenstraße, Tel. 02065/62959, www.bergbausammlung.de.

Bergbausammlung Rheinhausen

Früher wurden in der Kirche **St. Laurentius** Gottesdienste gefeiert. Inzwischen wird das Gotteshaus in der Eisenbahnersiedlung als Museum genutzt. Freunde des 2006 verstorbenen Künstlers Sándor Szombati haben aus der Kirche einen schmucken Kunstort gemacht, den sie ehrenamtlich betreiben. Der gebürtige Ungar hat in Deutschland an der Folkwang-Hochschule studiert und viele Jahre als Bildhauer in seinem Atelier im Duisburger Westen gearbeitet. In dem Museum bekommen Besucher nun einen Eindruck von den großformatigen (Klang-)Skulpturen. Außerdem gibt es regelmäßig Wechselausstellungen.

Martinistraße 7 (Eisenbahnsiedlung), 1. Sonntag im Monat 14–17 Uhr (Führungen um 15 Uhr & 16 Uhr), weitere Öffnungszeiten nach Vereinbarung (museum.st.laurentius@web.de), H Martinistraße, www.sandor-szombati.de.

Die Kirche St. Laurentius ist nun ein Museum.

Wie schnell sind eigentlich Bienen? Wie viel Honig produziert ein Volk? Und wie hat sich die Technik des Imkerns im Laufe der Zeit verändert? Antworten bekommen Besucher im **Bienenmuseum Duisburg**, betrieben vom Kreisimkerverband. Hier kann man sich zum Imker ausbilden lassen oder auch über die fleißigen Bienen informieren. Engagierte Ehrenamtliche haben nicht nur historische Exponate gesammelt, sondern vermitteln Besuchern allerlei Wissenswertes. Vor Ort lebt ein Schauvolk, dem man bei der Arbeit in der Wabe zuschauen kann.

Der Eintritt ins Museum kostet 2,50 Euro, für Kinder 1 Euro. Schulallee 11 (Rumeln-Kaldenhausen), Mi & Sa 15–18 Uhr, H Rumeln Rathaus, Tel. 0203/581300, www.bienenmuseumduisburg.de.

Friemersheim ist einer der geschichtsträchtigsten Stadtteile im Duisburger Westen. Sehr wahrscheinlich ist, dass die alten Römer hier dicht am Rhein siedelten. Zumindest wurden rund um die Dorfkirche bereits im 19. Jahrhundert römische Funde gemacht. Bei Erdarbeiten fand man 2006 an der Friemersheimer Straße eine Urne aus dem 2. bis 3. Jahrhundert, Reste eine Amphore, Ziegelbruchstucke sowie Scherben aus der Römerzeit. Mitten im Dorf steht das hübsch restaurierte **Alte Lehrerhaus** aus dem Jahr 1806. Bis 1958 diente das Gebäude als Dorfschule. Seit den 1980er Jahren bestückte der Freundeskreis lebendige Grafschaft die Räume mit authentischen Antiquitäten des 19. und frühen 20. Jahrhunderts, mit alten Bildern, Karten, Lehrmaterial und Haushaltsutensilien – und informiert über die Geschichte, Sitten und Gebräuche der alten Grafschaft Moers. Interessierte können das Lehrerhaus immer sonntags besuchen. Der Eintritt ist kostenlos, der Verein freut sich über Spenden. Außerdem gibt es Führungen für Gruppen und auf Bestellung können Niederrheinische Kaffeetafeln ausgerichtet werden. Im Mittelpunkt dabei stehen verschiedene Stullen – als Rosinen- Schwarz- oder Graubrot. Dazu werden verschiedene Aufstriche gereicht. Verliebte können sich hier übrigens das Ja-Wort geben.

Friemersheimer Straße 21 (Friemersheim), So 14–18 Uhr, H Dahling Schule, Tel. 02065/20633, www.lehrerhaus-friemersheim.de.

SPORT & FREIZEIT

Der **Toeppersee** bietet viele Freizeitmöglichkeiten. Benannt ist das Gewässer nach der Firma Emil Toepper, die die Auskiesung betrieb. Der See lockt nicht nur Spaziergänger, sondern auch Wakeboard und Wasserski-Fans. Von einer Anlage kann man sich übers Wasser ziehen lassen, aber auch an Land gibt's viel zu entdecken, zum Beispiel eine Minigolfanlage, den Biergarten oder Spielgeräte für Kinder. Im Frühsommer teilen sich die Badegäste die Liegewiesen mit Grau- und Kanadagänsen. In den Ferien werden Kurse für Wasserski-Anfänger angeboten. Anfänger und Fortgeschrittene können aber auch während der Öffnungszeiten vorbeikommen. Eine Stunde kostet für Jugendliche 15 Euro, für Erwachsene 20 Euro. Tageskarten für 26 und 36 Euro. Im Restaurant nebenan kann man sich stärken.

Lohfelder Weg 91 (Rumeln-Kaldenhausen), Mai–15. Juli Mo–Fr ab 15 Uhr, Sa & So ab 12 Uhr, ab 16. Juli–August täglich ab 12 Uhr, H An der Cölve, Tel. 02151/403747, www.toeppersee.de.

Der **Volkspark Rheinhausen** gilt als grüne Lunge des Westens. Viele Wanderwege führen durch das Gelände. Mittendrin liegt ein 17.000 Quadratmeter großes **Damwild-Gehege**. Dort wohnen Rehe und Pauli, ein weißer Damwild-Hirsch. Außerdem gibt es Ziegen, Emus, Puten, Gänse und Hühner. Anders als beim Damwild, das zum Schutz vor Krankheiten oder Überfütterung nur von Pflegern versorgt werden darf, dürfen die Ziegen auch von den Besuchern gefüttert werden. Dazu stehen extra Automaten bereit. Für 50 Cent kann man eine Handvoll spezielles Ziegenfutter ziehen. In einer angegliederten Waldschule bekommen große und kleine Besucher Wissenswertes über die Tiere vermittelt.

Gartenstraße (Rheinhausen), Öffnungszeiten im Sommer: Mo–Fr 10–18 Uhr, Sa & So 11–18 Uhr, im Winter: Mo–Fr 10–16 Uhr, Sa & So 11–15 Uhr, H Willy-Brandt-Kolleg, Tel. 02066/3999837, www.damwildgehege-rheinhausen.de.

Im Volkspark Rheinhausen liegt das Damwild-Gehege.

Der **Kruppsee** ist ein Überbleibsel der industriellen Vergangenheit von Rheinhausen. Er ist durch Auskiesung entstanden, rund 13,4 Hektar groß und 7 Meter tief und ein beliebtes Bade- und Angelziel im Duisburger Westen. Wasserratten dürfen im See baden, können aber auch ein klassisches Schwimmbad benutzen, das vom Schwimmverein Rheinhausen betrieben wird. Hier können die Besucher unter Aufsicht eines Bademeisters in schöner Naturkulisse ihre Bahnen ziehen. Außerdem gibt's einen Sandstrand und ausreichend Liegeplätze. Im See selbst fällt das Ufer relativ steil ab. Der Schwimmbereich ist mit Ketten und Bojen gekennzeichnet.

Bachstraße 2 (Friemersheim), Mo–Fr 14–19.30 Uhr, Sa & So 9–19.30 Uhr, in den Sommerferien 9–19.30 Uhr, H Rheingoldstraße, Tel. 0203/41433, www.sv-rheinhausen.de.

ÜBERNACHTEN

Boutique-Hotel Alte Töpferei

Das Landhotel **Alte Töpferei** ist der Geheimtipp im Duisburger Westen. Es liegt am Stadtrand direkt hinter dem Deich, im Ortsteil Binsheim. Die Hotel-Chefin Christine Schwarz hat aus dem alten Haus ein hübsches kleines Boutique-Hotel gemacht und es mit Liebe zum Detail restauriert. Es gibt acht Zimmer und ein Appartement. In den Zimmern werden in

Glaskästen, eingelassen in die Wand, noch kunstvolle Überbleibsel der alten Töpferei ausgestellt. Die heimelige Einrichtung ist eine Mischung zwischen modernen und alten Möbeln. Im Garten kann man im Sommer die Seele baumeln lassen. Außerdem gibt's einen Pavillon, in dem man sich abends einen Drink gönnen kann. Nur Frühstück. Radfahrer können ihre Räder sicher abstellen und E-Bikes aufladen. EZ ab 98 Euro, DZ ab 125 Euro.
Orsoyer Straße 3a (Binsheim), H Binsheim Scholten, Tel. 02844/9035298, www.b-b-hotel.de.

Grüner geht's nicht: **Der Eurohof** liegt direkt am Uettelsheimer See – und wer an Feldern vorbei das Vier-Sterne-Haus erreicht, fühlt sich ein bisschen wie beim Urlaub auf dem Land. Auf der Elisenstraße leben jedenfalls mehr Pferde als Menschen. Das Hotel war früher ein Bauernhof und verfügt über 28 komfortable Zimmer und ein gutes Restaurant. Bei schönem Wetter kann man auf der Terrasse seinen Kaffee genießen. Im Garten wachsen alte Obstbäume. Aus den Quitten macht der Koch zum Beispiel Gelee und verfeinert damit seine Saucen. Auch ein guter Zwischenstopp für Radfahrer. Fahrradgarage und Flickzeug vorhanden.
Elisenstraße 39 (Baerl), H Elisenstraße, Tel. 02841/368700, www.hotel-eurohof.de.

Die **Central Pension** war mal eine Apotheke: Hinter der Rezeption stehen noch Schränke mit typischen Flaschen und die Räume heißen zum Beispiel „Laboratorium". Große, helle Altbau-Zimmer mit schönen Möbeln und einfachen Betten. Duschen und Toiletten sind auf dem Gang. Frühstück wird keines angeboten, allerdings kann man sich zum Start in den Tag einen Kaffee kochen und es gibt eine Gemeinschaftsküche, in der man sich etwas zu Essen zubereiten kann. Eine Bäckerei liegt nebenan. Der Betreiber versorgt einen mit guten Tipps. Abstellmöglichkeiten für Räder vorhanden. EZ ab 35 Euro, DZ ab 45 Euro.
Moerser Straße 98 (Alt-Homberg), H Duisburger Straße, Tel. 02066/5100449, www.central-pension.de.

Von außen macht das Hotel **Rheingarten** keinen einladenden Eindruck, doch drinnen ist das Vier-Sterne-Haus gepflegt, modern und in warmen Farben eingerichtet. Außerdem haben Gäste hier einen hervorragenden Ausblick auf den Rhein und die gegenüberliegende Landmarke Rheinorange. Der Hotelbetrieb ist erst jüngst von drei auf sechs Etagen aufgestockt worden. Im Restaurant mit schöner Terrasse werden internationale und regionale Gerichte serviert. EZ ab 79 Euro, DZ ab 100 Euro.
Königstraße 78 (Alt-Homberg), H Goetheplatz, Tel. 02066/20440, www.hotelrheingarten.de.

Hotelzimmer mit Rheinblick

Der **Gasthof Zur Linde** ist ein alteingesessenes Inhabergeführtes Hotel mit angeschlossenem Restaurant. Die sieben Zimmer sind groß, gepflegt und im Landhausstil eingerichtet. Einige waren früher einmal Wohnungen und haben noch einen Nebenraum. Das Haus fällt in die Zwei-Sterne-Superior-Kategorie, das Frühstück ist im Preis inklusive. Radfahrer können ihre Zweiräder in einer Garage parken. Bed & Bike-Unterkunft. EZ ab 59 Euro, DZ ab 89 Euro.
Sedanstraße 1 (Friemersheim),
H Sedanstraße, Tel. 02065/22079,
www.gasthof-zur-linde-duisburg.de.

CAFÉS & FRÜHSTÜCK

Das Café **Herzenswunsch** ist eine Mischung aus Kneipe, Café und Conceptstore. Früher wurde nur abends geöffnet. Doch dann hatte Kathrin Koth die Idee, einen kleinen Laden mit Mode, Schmuck und Präsenten namens Herzenswunsch zu eröffnen. Das Geschäft befindet sich in einem Nebenraum des **Abendcafés**. Seitdem gibt's nachmittags selbstgemachte Kuchen und abends weiterhin Bierchen, Drinks und herzhafte Kleinigkeiten (Frikadelle, Oliven und Co.).
Dorfstraße 21 (Rumeln-Kaldenhausen),
Öffnungszeiten Laden: Di–Sa 10–13 &
14–18.30 Uhr, Kneipe: Di–Sa 10–13 &
14–1 Uhr, So 14–18 Uhr,
H Rumeln Markt, Tel. 02151/404088,
www.abendcafe.de.

Von außen sieht das **Caffé Strada**, das direkt am Marktplatz in Bergheim liegt, etwas unscheinbar aus. Innen ist es eine gemütliche, kleine Espressobar samt Kronleuchter an der Decke. Der Chef ist Italienliebhaber und röstet den Kaffee selbst. Nachmittags riecht es deshalb öfter nach frischem Kaffee. Bohnen und Pulver kann man auch vor Ort kaufen. Frühstück, Kuchen und Mittagstisch sind beliebt, deshalb sollte man reservieren. Ausgezeichnete Grappa-Auswahl.
Alfred-Hitz-Platz 6 (Bergheim), Di–Fr
8–17.30 Uhr, H Alfred-Hitz-Platz,
Tel. 02065/7000070, www.caffe-strada.de.

Im Caffé Strada wird selbst geröstet.

Lilly's Eiscafé ist ein Mädchentraum. Das Interieur ist hübsch und gemütlich. Wer Glück hat, bekommt Schoko, Vanille und Spezialitäten wie Kokos und Orange in einer schmucken Goldrandtasse serviert. Und das wichtigste: Die Eissorten schmecken köstlich. Die herzliche Betreiberin Liliana Domke lässt sich für ihre Gäste immer etwas neues einfallen.
Krefelder Straße 97 (Rheinhausen),
Mo–So 12–21 Uhr,
H Friedrich-Ebert-Straße,
Tel. 02065/75606,
www.lillys-eiscafe.de.

Eis in der Goldrandtasse

GASTRONOMIE

Gutbürgerliche Küche

Im **Gasthof Zur Linde** wird gutbürgerliche Küche mit Anspruch (Zarte Hasenkeule in Preiselbeer-Ginsauce) und Klassiker (Schweinefiletmedaillon auf Pilzragout) aufgetischt. Wem das nicht genügt: Es steht auch Pasta auf der Karte. Je nach Anlass können Gäste hier mit und ohne Tischdecke und Stoffserviette speisen. Für Gruppen gibt es auch einen abtrennbaren Bereich. Nicht zuletzt ist das Traditionshaus beliebt wegen seiner Kegelbahn.
Sedanstraße 1 (Friemersheim), Mo, Mi–Sa ab 18 Uhr, So 11.30–14 Uhr, H Sedanstraße, Tel. 02065/22079, www.gasthof-zur-linde-duisburg.de.

Im Garten des **Stellwerkhof** parkt eine Lok. Früher wurde das Gelände von der Bahn genutzt, seit 2008 ist es ein beliebtes Restaurant. Im Sommer lockt ein schöner Biergarten Radfahrer oder Spaziergänger an. Auf der Speisekarte stehen deftige gutbürgerliche Gerichte, Fleisch, aber auch Salate. Während sich die Erwachsenen erholen, können Kinder im Garten toben. Dort gibt es einen Spielplatz.
Am Stellwerk 33 (Hohenbudberg), Im Sommer: Di–Sa ab 14 Uhr, So ab 12 Uhr, im Winter (Oktober bis März) Di–Sa 17–22 Uhr, So ab 12 Uhr, H Dahlingstraße, Tel. 02065/901438, www.stellwerkhof.com.

Wer bei **Schroeders Tafelfreuden** einkehrt, fühlt sich wie im Urlaub. Einen schöneren Blick auf den Toeppersee findet man kaum. Die Gastronomen haben ihr Konzept geändert. Á la carte wird hier nichts mehr aufgetischt, stattdessen öffnet man zu kulinarischen Events. So werden regelmäßig Tapas-, Burger- oder Gamba-Buffets oder Sonntagsfrühstück veranstaltet. Wer etwas zu feiern hat, kann das Restaurant auch mieten. Faire Preise.
Borgschenweg 11a (Rumeln-Kaldenhausen), Öffnungszeiten variieren, H Rumeln Bf, Tel. 02151/402905, www.schroeders-tafelfreuden.de.

Internationale Küche

An den barockverputzten Wänden hängen Fotos von Vespas, wie sie durch italienische Städte düsen. Das **La Vespa 50** ist ein klassischer Italiener, schick eingerichtet mit Kronleuchtern unter der Decke. Auf der Karte finden sich Klassiker wie Pasta, Pizzen, aber auch Fleisch und Fisch.
Moerser Straße 40 (Alt-Homberg), Di–So 12–15 & 17–22.30 Uhr, H Bismarckplatz, Tel. 02066/4207295, www.lavespa50.de.

Spezialitäten vom Grill, Cevapcici oder Argentinische Steak-Varianten: Das Restaurant **Zur Alten Post** ist eigentlich ein klassisches Balkan-Restaurant, hat seine Karte allerdings um einige Fleisch- und Fischspezialitäten erweitert. Den Familienbetrieb gibt es schon seit 35 Jahren und er ist nicht nur bei Stammgästen beliebt.
Hochemmericher Straße 23 (Hochemmerich), Di–So 12–15 & 17–22 Uhr, H Rheinhausen Markt, Tel. 02065/52317, www.restaurant-zur-alten-post.de.

In der **Casa Castillo** fühlt man sich ein bisschen wie im Urlaub. Das liegt zum einen an den guten warmen und kalten Tapas, aber auch an der schönen Aussicht auf den Lohheider See. Enis Castillo, gebürtiger Kubaner, hat viele Jahre ein Restaurant in der Stadt betrieben, bevor er das Ausflugslokal übernahm. Wer etwas aus der Heimat des Chefs probieren möchte, wählt Ajiaco Criollo, kubanischen Eintopf. Außerdem gibt's Zigarren.
Mühlenstraße 21f (Baerl), Di–Sa 17–24 Uhr, So 12–22 Uhr, H Lohheider Kreisbahnhof, 02841/87281, www.casa-castillo.de.

Ausflugslokal Casa Castillo

Wer ins **Poseidon** einkehrt, kann nicht nur sehr gut griechisch essen, sondern lernt auch noch etwas über das deutsch-griechische Verhältnis – und ein paar Vokabeln. „Ja Sou, ti kanis?" heißt „Hallo, wie geht es dir?", verrät die Speisekarte. Der Tischnachbar könnte antworten: „Poli Oreo" – „sehr gut". Bevor man sich im Menü zu den warmen und kalten Vorspeisen, der Fischauswahl oder den Grillspezialitäten vorarbeitet, erinnern die Besitzer daran, dass das Essen bei den Griechen nicht nur zum Sattwerden dient, sondern auch das gesellige Zusammensein zählt. Umso besser, wenn alles frisch zubereitet ist und auch noch gut schmeckt. Ja mas – Prost!
Jägerstraße 2 (Bergheim), Mo–Sa 17–24 Uhr, So 12–24 Uhr, H Impelmann, Tel. 02065/66164, www.duisburg-poseidon.de.

Polnische Spezialitäten in gemütlich-rustikalem Ambiente tischt Marzena Smaga im **Belweder** auf – in Erinnerung an ihre Heimat. Die Karte bietet original deftige Küche aus Polen und Schlesien, darunter Borschtsch, Kuttelfleckensuppe, Pierogen oder schlesische Knödel. Die Besitzerin stammt aus Konin, einer Stadt zwischen Warschau und Posen gelegen. Sie kam der Liebe wegen nach Deutschland und will ihren Gästen nun die schmackhafte Küche näherbringen. Angeboten werden auch Platten für mehrere Personen mit unterschiedlichen Speisen.
Kronprinzenstraße 67 (Friemersheim), Di–Sa 16–24 Uhr, So 11.30–24 Uhr, H Walter-Rathenau-Platz, Tel. 02065/41627, www.restaurant-belweder.de.

Fleisch & Burger

Das **Renzis** ist bekannt aus Funk und Fernsehen. Astrid & Tobias Bähner waren schon in der TV-Sendung „Mein Lokal, Dein Lokal" zu sehen und haben nur knapp den Sieg verpasst. Das Lokal liegt etwas abseits auf dem Land, ist ein schönes Ausflugsziel oder eignet sich für größere Feiern. Rustikal-modernes Ambiente. Eine Partyscheune ist vorhanden, für Kinder gibt's jede Menge Spielzeug. Fleischfans können sich ihr Steak oder Filet aus der Theke aussuchen und zuschauen, wie es auf einem 500 Grad heißen Holzkohlegrill brutzelt. Jeden Freitag BBQ-Buffet. Mittwoch Schnitzeltag, Donnerstag stehen Rippchen auf der Karte.
Grafschafter Straße 197 (Baerl),
Mi–Sa ab 17 Uhr, So ab 12 Uhr,
H Elisenstraße, Tel. 02841/9811123,
www.renzis.de.

Im Renzis suchen sich die Gäste das Steak selbst aus.

Das **Schnitzelhaus Rheinhausen** hat eher Imbiss-Charakter, hält aber, was der Name verspricht: Schnitzel in dutzenden Varianten. Es gibt welche belegt mit Spiegeleiern, garniert mit Rahmsauce, überbacken mit Käse. Und das sind nur die Schweineschnitzel. Für Experimentierfreudige steht Schnitzel vom Thunfisch im Menü. Dazu kommen noch Putenschnitzel oder Pfannengerichte.
Friedrich-Alfred-Straße 58 (Hochemmerich), Di–So 12–22 Uhr,
H Friedrich-Alfred-Straße,
Tel. 02065/4114798,
www.schnitzelhaus-rheinhausen.de.

Burger mit Ausblick: Das Restaurant **Rheinblick** hat einen schönen Biergarten im Sommer und wenn es zu kalt wird, kann man vom Wintergarten den Blick auf den Rhein genießen. Zum Bier bekommt man Schnitzel, Burger und Klassiker wie Himmel und Erde oder Rinderroulade. Hier legen Radfahrer gerne einen Stop ein. Wer lieber morgens unterwegs ist, bekommt Frühstück.
Niederhalener Dorfweg 3 (Baerl),
Mo–So 9.30–22 Uhr,
H Restaurant Liesen,
Tel. 02841/87116,
www.rheinblick-baerl.de.

Das Restaurant **Lumar** hat sich auf Fisch- und Fleischgerichte spezialisiert. So werden etwa Forelle, Bouillabaisse, Rheinischer Sauerbraten oder Ochsenbäckchen im rustikal-schicken Ambiente serviert. Gerichte der Saison ergänzen die Karte. Gute Weinauswahl. Im Sommer kann man draußen sitzen.
Moerser Straße 28 (Alt-Homberg),
Di–Sa 12–14 & 18–22 Uhr, So 12–14 & 17–21 Uhr, H Bismarckplatz,
Tel. 02066/502333,
www.restaurantlumar.de.

Auf die Schnelle

Von außen sieht „**La Lanterna**" aus wie eine typische Pizzeria, auf der Speisekarte stehen allerdings neben Pizza und Pasta auch pakistanische Spezialitäten. Chef Mansoor Anwar Malik tischt etwa Okraschoten mit Salat, Pakora oder Lammfleisch mit Dal auf. Dazu gibt's Reis oder selbst gebackenes Fladenbrot.
Schulstraße 11 (Rheinhausen),
Mo–Do & So 12–1 Uhr, Fr & Sa 12–3 Uhr,
H Rheinhausen Markt,
Tel. 02065/ 51782.

Manuela Kahlke ist die gute Seele und Namensgeberin von **Manu's Treff**. Das Trucker-Bistro befindet sich mitten im Hafengebiet Logport in einem typischen Container. Das Interieur erinnert an Restaurants auf amerikanischen Landstraßen – und ab und zu treffen sich hier auch Liebhaber von Ami-Schlitten. Wer hier anhält, bekommt belegte Brötchen, Fritten, gut bürgerliches Mitagessen, Zeitungen und andere Kleinigkeiten, die die Fahrt angenehm machen. Herzlicher Service.
Hamburger Straße 1 (Bliersheim),
Mo–Fr 5.30–18 Uhr, Sa 6.30–12 Uhr,
H Hamburger Straße,
Tel 02065/906750, www.manustreff.de.

Für Gut

An schönen Adressen mit Rheinblick herrscht im Duisburger Westen wahrlich kein Mangel. Das Homme D'or klingt etwas schnöselig, ist aber angenehm lässig. Hier wird kreative Crossover-Küche aufgetischt. Der Weg lohnt zu jeder Tageszeit. Sonntagmorgens gibt es einen Luxusbrunch. Dann stehen Brot und Brötchen auf dem Tisch, später kommen Vorspeisen, Fleisch- und Fischsorten und Desserts dazu. Unter der Woche mit wechselndem Mittagstisch. Wer an den anderen Tagen á la carte essen möchte, bekommt Strammen Max mal anders mit frischen Jakobsmuscheln oder etwa Kabeljau mit Blutwurst. Verschiedene Menü-Variationen zu fairen Preisen. Im Sommer öffnet auf der Terrasse ein bodenständiger Biergarten. Das Restaurant ist beliebt – unbedingt reservieren.
Wilhelmallee 14 (Alt-Homberg),
Mo–Fr 11.30–14.30 & 17.30–22 Uhr,
Sa 17.30–22 Uhr, So 9–21 Uhr, Essenberg Kaiserstraße, Tel. 02066/502025,
www.hommedor.de.

AM ABEND

Bier & Drinks

Eine Kneipe im Stil einer Alm verbirgt sich hinter **Cathy's Hütte**. Die Theke ist mit Holz verkleidet, an einem Baumstamm sind Herzchen befestigt. Die ehemalige Traditionsgaststätte ist rustikal und modern zugleich. Hier fühlen sich Jüngere und Ältere wohl. In einer Ecke kann man Dart spielen. Neben Bier und Drinks offeriert eine Karte Hüttenschmankerln. Abgerechnet wird über Verzehrkarten – kein Mindestverzehr. Am Wochenende kann man hier gut feiern. Ein Türsteher passt auf, wer rein kommt.
Steinacker 60 (Bergheim),
Mi–Sa 17–23 Uhr, So 15–22 Uhr,
H Alfred-Hitz-Platz, Tel. 0179/8526053,
www.facebook.com/cathyshuette.

Das Dexter ist der einzige Pub in Duisburg.

Urig und gemütlich ist der **Irish Pub** mitten in Homberg. Die Besitzer habe viele Jahre Urlaub in Dänemark gemacht und dort die Pub-Kultur kennen gelernt. Dann eröffneten sie das **Dexter** mitten in der Fußgängerzone. Es scheint, als hätten die Duisburger nur darauf gewartet – sie kommen von weit her, um hier ihr Guinness oder Kilkenny zu trinken. Außerdem werden ausgesuchte Whiskys und Whisky-Liköre ausgeschenkt. Regelmäßig werden Seminare angeboten, ein sogenanntes kleines Tasting ist jeden Abend möglich. Dazu sucht man sich drei Sorten aus, bekommt sie mit Wasser und feiner Schokolade serviert, Erklärungen zu den Whiskys sind natürlich inklusive. Außerdem sind regelmäßig Livemusiker zu Gast. Reservierung sinnvoll.
Augustastraße 17 (Alt-Homberg), Do–Sa ab 19 Uhr, H Bismarckplatz, Tel. 02066/502295, www.dexter-island.de.

Im Biergarten **Hafensturm** strandet man gern. Direkt an der Brücke gelegen, hat man hier einen schönen Blick auf Vater Rhein und die gegenüberliegende Landmarke Rheinorange. Das charakteristische weiße Türmchen zwischen den Biertischen gehörte früher zur Pumpstation, die sich hinter der Ufermauer verbirgt. An einem lauen Abend oder nach einer ausgedehnten Fahrradtour schmeckt das Bier besonders gut.
Königstraße 92 (Alt-Homberg), Mo–Fr 15–22 Uhr, Sa & So 10–22 Uhr (im Sommer), H Goetheplatz, Tel. 0173/1691531, www.biergarten-hafensturm.de.

Biergarten Hafensturm

Im Duisburger Westen gibt's so viele Restaurants mit Rheinblick, da kann man schnell den Überblick verlieren. Die Kneipe **Rheinblick** liegt in Homberg im alten Hebeturm. Direkt nebenan ankert das Schulschiff „Rhein". Hier werden die künftigen Binnenschiffer ausgebildet. Heute kann man hier gut speisen und auf der Dachterrasse entspannt etwas trinken. Früher sorgte der Hebeturm dafür, dass die Eisenbahnwaggons per Schiff auf die andere Rheinseite kamen. Die Zeiten sind lange vorbei, das Restaurant existiert es schon seit den 1980er Jahren. Ab und zu finden Konzerte oder andere Veranstaltungen statt.
Rheinanlagen 13 (Alt-Homberg), Mo–So ab 17 Uhr, H Goetheplatz, Tel. 02066/502597, www.rheinblick-homberg.de.

Tanzen & Live-Musik

Tagsüber werden bei **Motorrad Jansen** PS-starke Zweiräder verkauft – am Wochenende werden die Maschinen herausgeräumt und die Halle zur Tanzfläche. 1.200 Leute passen hinein, die DJs legen je nach Abend eine bunte Mischung aus Schlager, Dance-Hits und Liedern der 80er und 90er Jahre auf. Hier war auch schon einmal Oli P. zu Gast. Dresscode zwischen chic und leger, Einlass ab 21 Jahren. Bei normalen Partys kostet der Eintritt vier Euro, hinzu kommen sechs Euro Mindestverzehr.

Schauenstraße 31 (Bergheim), Sa & vor Feiertagen ab 22 Uhr, H Moerser Straße, Tel. 02065/951728, www.motorradjansen.de.

Die Bliersheimer Villen liegen im heutigen Logport-Hafengelände. Früher haben in den unter Denkmalschutz stehenden Prachtbauten die Bosse der Rheinhauser Hütte gewohnt. Viele Jahre standen die Gebäude im englischen Landhausstil leer, im heutigen Industriegebiet darf niemand wohnen. Aber feiern kann man hier gut. Aus einer früheren Direktoren-Adresse ist die **Villa Rheinperle** geworden. Drinnen und draußen finden regelmäßig Partys statt, etwa das Luft & Liebe Festival oder Ü-30-Partys. Wer in der Villa tanzen möchte, sollte sich ruhig ein bisschen stylen. Je nach Anlass wird das Areal hübsch dekoriert.

Villenstraße 2 (Rheinhausen), wechselnde Öffnungszeiten bei Veranstaltungen, H Logport Center, Tel. 02065/9171211, www.villa.rheinperle.de.

Bühne

Seit mehr als 40 Jahren besteht das **Reibekuchentheater**. Die achtköpfige Theatertruppe ging aus einem Volkshochschulkurs hervor. Das Ensemble hatte anfangs noch kein festes Haus, sondern zeigte seine Stücke auf Tournee. 300 Auftritte absolvierten sie pro Jahr, meist gab es nur das Benzingeld. Die Schauspieler brachten bisher 104 Stücke auf die Bühne, davon waren 46 Eigenproduktionen, die sie selbst entwickelt und produziert haben. Die Geschichten sind stets mit Liebe zum Detail, anspruchsvoll und doch kindgerecht aufgearbeitet. Inzwischen gab es aber auch schon Produktionen für Erwachsene, die genauso viel Spaß an dem Schauspiel haben. Seit 1994 gibt es das feste Haus **Kom'ma-Theater**. Namensgeber war der Sohn eines Mitbegründers, der den Vater ständig mit „Komm mal"-Rufen nervte.

Schwarzenberger Straße 147 (Rheinhausen), wechselnde Öffnungszeiten bei Veranstaltungen, H Friedrich-Ebert-Straße, Tel. 0203/2838486 (Di–Fr 10-13.30 Uhr), www.reibekuchentheater.de.

Kindertheater im Kom'ma

Die **Rheinhausen-Halle** ist die gute Stube im Stadtteil Rheinhausen und

gleichzeitig kultureller Treffpunkt für Konzerte und Theater. Die Halle wurde 1977 als Nachfolgerin des alten Stadttheaters eröffnet. 895 Sitzplätze gibt es. Das Haus war dreimal ausverkauft, als beispielsweise ein Jahr später der französische Chansonnier Charles Aznavour zu Gast war. Seitdem ist das Programm bunt gemischt: Das Laientheater Ketteler Spielschar/Bühne 47 spielt hier, auf Einladung des WDR war Roberto Blanco zu Gast und auch Computer- oder Reptilienmessen finden statt.
Beethovenstraße 20 (Rheinhausen), wechselnde Öffnungszeiten bei Veranstaltungen, H Atroper Straße, Tel. 02065/41990, www.duisburgkontor.de.

Die **Glückauf-Halle** ist eine Multifunktionshalle, in der zahlreiche Sportveranstaltungen stattfinden und die dem Homberger Turnverein als Heimstätte dient. Am Wochenende gibt's darüber hinaus zahlreiche Veranstaltungen wie Karnevalssitzungen, Comedy-Abende, Messen und Ausstellungen. Außerdem gibt's ein Theater-Abo für interessierte Zuschauer. Es können aber auch einzelne Eintrittskarten für Schauspiel-Veranstaltungen gekauft werden.
Luisenstraße 39 (Hochheide), wechselnde Öffnungszeiten bei Veranstaltungen, H Parkfriedhof, Tel. 02066/30542, www.duisburgkontor.de.

Eine gute Adresse für unterhaltsame Abende ist der **Kulturtreff Alte Dorfschule** in Rumeln. Der Verein hat es sich zur Aufgabe gemacht, das Kulturangebot im westlichsten Bereich von Duisburg aufrecht zu erhalten und lockt regelmäßig bekannte Comedians, Kabarettisten, Musiker und andere Showdarbietungen in die alte Dorfschule.
Dorfstraße 19 (Rumeln-Kaldenhausen), wechselnde Öffnungszeiten bei Veranstaltungen, H Rumeln Markt, Tel. 02151/404149, www.kulturtreffaltedorfschule.de.

EINKAUFEN

Feinkost & Spezialitäten

Der **Steinschenhof** liegt direkt am Rhein. Zum Hof gehören 110 Hektar Acker, eine Mutterkuhherde, Schweine, zwei Ponys und ein Esel. Im Laden werden Kartoffeln, Kürbisse, Tomaten und Eier vom eigenen Hof verkauft, außerdem selbst gemachte Marmeladen und Säfte. Käse, Milch, Wurst und Obst von anderen Landwirten ergänzen das Sortiment.
Steinschenstraße 5 (Baerl), Di–Fr 8–18 Uhr, Sa 8–14 Uhr, H Baerl Kirche, Tel. 02841/80681, www.steinschenhof.de.

In der Fußgängerzone in Alt-Homberg gibt es eine Filiale der Traditionsmetzgerei **Simon Berns**. Die Fleischerei, die seit 1870 im Familienbesitz ist, bezieht das Rindfleisch von ausgewählten Höfen vom Niederrhein. Auch Schwein, Huhn und Kalb kommen von regionalen Erzeugern.
Augustastraße 29 (Alt-Homberg), Mo & Mi 8–14 Uhr, Di, Do & Fr 8–18 Uhr, Sa 8–13 Uhr, H Bismarckplatz, Tel. 02066/55513, www.simon-berns.de.

Mitten im Industriegebiet versteckt sich der Weinhandel **Vinea** von Rainer Kahlen. Ein Lager mit 450 Weinen, in dem auch Endverbraucher einkaufen können. Vor mehr als 30 Jahren wechselte der Chef vom Stahl- in den Weinhandel. Die Erklärung ist einfach: Er war viele Jahre für ein großes Duisburger Unternehmen in Frankreich tätig, lernte dort gutes Essen und Trinken kennen. Die Auswahl an Weinen aus Bordeaux ist entsprechend groß. Rebsäfte aus Burgund, Italien, Spanien, der Schweiz und deutsche Rieslinge runden das Angebot ab. Der Weinhändler hat einen banalen Tipp: „Wein muss schmecken."

Dr.-Alfred-Herrhausen-Allee 48a (Asterlagen), Mo–Fr 8–16.30 Uhr, H Dr.-Alfred-Herrhausen-Allee, Tel. 0203/81103, www.vinea.de.

MODE & DESIGN

Stahl im Herzen und auf der Brust: Christian Dorscheid, Christian Bruckschen und Sven Reimann sind die Köpfe hinter dem jungen Label **Stahlkind**. Verwandte, Freunde und Nachbarn haben bei Thyssen oder HKM malocht, so kamen sie auf die Idee, T-Shirts und Hoodies mit Stahlmotiven zu entwerfen: Die Kleidungsstücke zieren nun also Motive wie eine alte Gießpfanne, ein Hochofen oder Schubschiff, erhältlich in Babygrößen bis zu XXXXL. Mittlerweile gibt es nicht nur Klamotten, sondern auch Accessoires, etwa Fußmatten oder Feuerzeuge. Und unter dem Titel „Pottkulturerbe" bestücken sie Shirts mit typischen Motiven aus dem Ruhrgebiet, zum Beispiel mit Currywurst und Inge's Kiosk.

Potmannstraße 1 (Rumeln-Kaldenhausen), Di & Do 17.30–20 Uhr, Sa 10–14 Uhr, H Rumeln Bf, Tel. 0179/4883181, www.stahl-kind.de.

Drei Freunde haben das Mode-Label „Stahlkind" gegründet.

ORIGINELLES & ORIGINALE

Einmal Pirat sein oder in die Kleidung einer Diva aus vergangenen Zeiten schlüpfen: Der **Kostümverleih Kunterbunt** von Kerstin Psondr bietet Stoff, aus dem Träume sind. Auf den Kleiderstangen hängen hunderte Verkleidungen, dazu Hüte, Masken, Knarren oder andere Accessoires. Gefragt sind die Outfits nicht nur zu Karneval, sondern das ganze Jahr. Etwa, wenn Mottopartys oder historische Bälle gefeiert werden. Die Chefin gibt Tipps und berät gerne, wie ein Kostüm besonders gut zur Geltung kommt. Die Leihgebühr variiert.

Augustastraße 44 (Alt-Homberg), Mi–Fr 15–18 Uhr, Sa 10–12 Uhr, H Bismarckplatz, Tel. 02066/12967, www.kostuemverleih-kunterbunt.de.

Kerstin Psondr betreibt den Kostümverleih Kunterbunt.

Die **Staudengärtnerei** von Gerhild Diamant gleicht einem Park. Früher haben ihre Eltern einmal Rosen als Schnittblumen kultiviert und eine Baumschule betrieben, doch die Gärtnerin hat sich inzwischen auf Stauden spezialisiert. Die wachsen bei ihr allerdings nicht in Reih und Glied, sondern wie in einem eigenen Garten. Da gibt es die Beete mit Taglilien, solche für halbschattige Standorte oder treue Begleiter, die robust sind und gut neben anderen Pflanzen stehen können. Während der Saison (ab April) bietet sie jeweils am 1. Samstag im Monat Vorträge und ein Gartencafé an.

Mühlenweg 39 (Rumeln-Kaldenhausen), Do & Fr 9–12 & 14–18 Uhr, Sa 9–14 Uhr, H Nelkenstraße, Tel. 02151/419676, www.stauden-diamant.de.

MUSIK & LITERATUR

Die **Bücherinsel** ist eine alteingesessene Buchhandlung in Rheinhausen, die inzwischen von der Mayerschen Buchhandlung übernommen wurde. Doch die alten Mitarbeiter sind den Kunden erhalten geblieben und die Fachleute haben stets ein paar gute Büchertipps für ihre Kunden parat. Wer sicher gehen möchte, dass ein Titel garantiert vorrätig ist, kann ein Buch auch per Whatsapp bestellen (Rufnummer 0157/32296679). Außerdem gibt's einen Ticketshop, in dem man Eintrittskarten für Veranstaltungen vor Ort und in der Region bekommt.

Friedrich-Alfred-Straße 93 (Rheinhausen), Mo–Fr 9–18 Uhr, Sa 9–14 Uhr, H Friedrich-Alfred-Straße, Tel. 02065/31011, www.mayersche.de/buchhandlung-duisburg-rheinhausen.

Gute Büchertipps von Fachleuten

WISSENSWERTES & SERVICE

ANREISE

Mit dem Auto

Duisburg ist über die Autobahnen A3, A40, A42 und A59 gut erreichbar. Große Teile der Stadt gehören zur Umweltzone und dürfen nur noch von Wagen mit grüner Plakette befahren werden. Achtung: Wenn Sie eine Adresse ins Navi eingeben, stets auf die richtige Postleitzahl achten. Allein die Königstraße gibt es sechs Mal in Duisburg.

Mit der Bahn

Duisburg ist ein Verkehrsknotenpunkt im Westen Deutschlands und wird von zahlreichen ICs, ICEs, S- und Regionalbahnen sowie vom Thalys angesteuert. Die Stadt liegt zentral. Mit der Bahn erreicht man den Essener Hbf in rund 15 Minuten, nach Düsseldorf sind es 20 Minuten. Besonders schön ist der Duisburger Hbf freilich nicht. In den nächsten Jahren soll er allerdings modernisiert werden und ein neues Dach bekommen.

Mit dem Flugzeug

Der Internationale Flughafen Düsseldorf (DUS) liegt auf halber Strecke zwischen Duisburg und Düsseldorf. Die S1 und verschiedene Regionalexpresse halten regelmäßig am Flughafenbahnhof. Nach Duisburg dauert die Fahrt rund 15 Minuten. Ein Taxi kostet für die etwa 25 Kilometer lange Fahrt rund 60 Euro.

Mit dem Bus

Zahlreiche Fernbusse aus Deutschland und dem europäischen Ausland halten am Busbahnhof, der sich in direkter Nachbarschaft zum Hauptbahnhof befindet. 34 Linien steuern Duisburg an. Für Autofahrer, die Reisende in Empfang nehmen wollen, gibt es Kurzzeitparkplätze. Taxis halten direkt vor dem Busbahnhof.

VOR ORT

Mit dem Auto

Duisburg ist eine lang gezogene Großstadt. Die A59 verbindet den Norden mit dem Süden der Stadt. Die Brücken und Straßen sind in keinem guten Zustand. Derzeit wird viel gebaut und repariert, deshalb staut es sich nicht nur auf den Autobahnen, sondern auch auf den innerstädtischen Ausweichstrecken. Parken ist ein leidiges Thema. Rund um die Innenstadt sind einige Bereiche nur für Anwohnerparken freigegeben, da bleibt einem oft nur der Weg ins Parkhaus übrig. In den anderen Stadtteilen ist die Lage entspannter.

ÖPNV

Der Nahverkehr in Duisburg ist leider nicht so gut ausgebaut wie in anderen Städten. Busse und (Straßen-)Bahnen fahren in der Regel im 20-Minuten-Takt, am Wochenende manchmal nur alle 30 Minuten. Wenn sie fahren, wird's oft voll. Da viele Trams kaputt sind, fahren stattdessen Ersatzbusse. Übrigens: Die Straßenbahnen fahren am Hauptbahnhof und in der Innenstadt unterirdisch. Wer in die südlichen Stadtteile möchte, kann diese auch mit der S-Bahn-Linie 1 Richtung Düsseldorf erreichen. Informationen und Tickets bekommt man im Servicecenter der Duisburger Verkehrsgesellschaft. Harry-Epstein-Platz (Innenstadt), Mo–Fr 7–18.30 Uhr, Sa 9–13 Uhr, H Hauptbahnhof, Tel. 0203/6044555, **www.dvg-duisburg.de**.

Mybus

Der MyBus bringt Nachtschwärmer nach Hause.

Am Wochenende (Freitag & Samstag von 19–4 Uhr sowie Sonntag von 10–19 Uhr) verkehrt in der Innenstadt, Neudorf, Duissern, Wanheimerort, Rheinhausen, Homberg, Hochheide, Ruhrort, Neuenkamp und Meiderich der „Mybus". Fahrgäste können die Kleinbusse via Smartphone-App anfordern und werden dann bis zum gewünschten Ziel vor die Haustür gebracht. Fahrten werden gebündelt, es können also entlang des Wegs andere Fahrgäste zusteigen. Kunden müssen sich einmalig bei Handyticket Deutschland registrieren. Die Fahrt kostet 3,20 Euro, Kinder und Kunden der Duisburger Verkehrsgesellschaft zahlen 2,50 Euro. Bezahlt wird über die App. Infos: **www.dvg-duisburg.de/mybus**.

Fahrrad

Duisburg ist vorwiegend flach und eignet sich gut zum Fahrradfahren, auch wenn an einigen Stellen die Radwege besser sein könnten. Wer nicht mit dem eigenen Drahtesel unterwegs ist, kann ein Rad mieten. Eine Radstation befindet sich am Ostausgang des Hauptbahnhofs. 6 Euro kostet die Kurzzeitig-Miete, pro Tag sind es 9 Euro. Außerdem kann man kleinere Reparaturen durchführen lassen oder das Rad in einem speziellen Parkhaus sicher unterstellen. Wer weitere Touren plant, kann die Räder auch in einer anderen Stadt wieder abgeben. Kammerstrasse 3 (Neudorf), Mo–Fr 7–21 Uhr, Sa, So & Feiertage 8–20 Uhr, H Hauptbahnhof, Tel. 0203/8071790, **www2.duisburg.de/radstationen**.

Unter dem Namen **Metropolradruhr** betreibt die Firma Nextbike 34 Stationen in Duisburg. Wer ein Rad leihen will, muss sich online anmelden – eine Registrierung über die Hotline 030/69205046 funktioniert auch, kostet aber 3 Euro. Anschließend kann man Räder leihen, indem man einen Code eingibt. Die Drahtesel können nur an einer der Stationen wieder zurückgegeben werden. 30 Minuten kostet 1 Euro, pro Tag sind es 9 Euro. **www.metropolradruhr.de**.

Taxi

Die Grundgebühr beträgt 5,50 Euro. Tagsüber kostet der gefahrene Kilometer 1,80 Euro, nachts 2,10 Euro. Für die Mitnahme von Hunden werden 2 Euro zusätzlich fällig.
Taxizentrale, Tel. 0203/333333
Taxi Süd, Tel. 0203/700088
Taxi West, Tel. 02065/22222
Duisburger Taxi, Tel. 0203/805091

AUSKUNFT

Die **Tourist Info** in der Innenstadt hält umfangreiches Informationsmaterial zu den Duisburger Sehenswürdigkeiten bereit. Interessierte können hier außerdem verschiedene Führungen buchen, Tickets für Veranstaltungen kaufen und nach Souvenirs stöbern. Königstraße 86 (Innenstadt), Mo–Sa 10–18 Uhr, H Hauptbahnhof, Tel. 0203/285440.

Tourist Info in der Innenstadt

Im **Besucherzentrum** des **Landschaftsparks Duisburg** bekommen Gäste zahlreiche Informationen über das Industriedenkmal, die Route der Industriekultur und andere Ausflugstipps für Duisburg und das Ruhrgebiet. Hier starten auch die spannenden Rundgänge und Führungen vom Anbieter „Tour de Ruhr". Typische Pott-Präsente runden das Angebot ab. Emscherstraße 71 (Meiderich), Mo–Fr 9–18 Uhr, Sa & So 11–18 Uhr, H Landschaftspark, Tel. 0203/4291919, **www.tour-de-ruhr.de**.

Ruhrort ist ein Kreativquartier und einer der spannendsten Stadtteile. Über Sehenswürdigkeiten in Ruhrort, Aktivitäten der Kunst- und Kulturszene und Veranstaltungen wird vom „Kreaktivteam" im **Gemeindehaus Ruhrort** informiert. Hier befindet sich außerdem ein öffentlicher Bücherschrank. Dr.-Hammacher-Straße 6 (Ruhrort), Mo–Fr 9–16 Uhr, H Friedrichsplatz, Tel. 0203/41869731, **www.kreativquartier-ruhrort.de**.

NOTFÄLLE

Polizei: Tel. 110.
Feuerwehr: Tel. 112
Ärztlicher Notdienst: Tel. 116117
Zahnärztlicher Notdienst: 01805/986700,
www.zahnarzt-notdienst.de
Apothekennotdienst: Tel. 0800/0022833 oder www.aponet.de

Polizei und Ordnungsamt betreiben im Averdunkcenter eine Citywache.
Königstraße 63–65 (Innenstadt), Mo–Fr 8–18 Uhr, Sa 10–18 Uhr,
H Hauptbahnhof, Tel. 0203/2802342.

NEWS, BLOGS & APPS

In Duisburg erscheinen drei Tageszeitungen. Die **Westdeutsche Allgemeine Zeitung** ist die größte, weitere sind die **Neue Ruhr Zeitung** und die **Rheinische Post**. Der **WDR** informiert montags bis freitags um 19.30 Uhr in der Lokalzeit über Duisburg und den Niederrhein. Ein weiterer lokaler TV-Sender ist **Studio 47. Radio Duisburg** sendet auf 92,2.

Wer wissen will, welche Veranstaltungen in Duisburg stattfinden, kann sich auf der Seite **www.duisburglive.de** informieren. Große Events sind genauso gelistet wie Termine in den Stadtteilen.

Die Stadt informiert auf ihrer Seite **www.duisburg.de** über Tourismus, Stadtentwicklung, Wirtschaft, Politik, aber auch über Aktuelles wie Baustellen.

Das Team vom Blog Pottspot ist stets auf der Suche nach Insidertipps in Duisburg und dem Ruhrgebiet. Die Macher kämpfen ebenso dafür, dass nicht alle Kreativen nach Berlin abwandern. **www.pottspot.de**.

Wenn man in der kostenlosen Duisburger App **Localee** seinen Standort eingibt, bekommt man Restaurants, Cafés, Sehenswürdigkeiten oder Shopping-Möglichkeiten angezeigt. Auch Veranstaltungen in der Nähe werden aufgeführt.

KARTENVORVERKAUF

Konzertkasse Lange, Kuhstraße 14 (Innenstadt), Mo–Fr 9–18 Uhr,
Sa 9–16 Uhr, H Rathaus, Tel. 0203/26464.

Theaterkasse für Tickets des Stadttheaters, der Deutschen Oper am Rhein und des Kleinkunsttheaters Säule: Neckarstraße 1 (Innenstadt),
Mo–Fr 10–18.30 Uhr, Sa 10–18 Uhr, H König-Heinrich-Platz, Tel. 0203/28362100, **www.2duisburg.de/vorverkauf**.

WAZ/NRZ-Leserladen

Konzertkarten und Verkauf der RUHR.TOPCARD. Harry-Epstein-Platz 2 (Innenstadt), Mo–Fr 9–17 Uhr, H Hauptbahnhof, Tel. 0800/6060760.

Bücherinsel Rheinhausen

Neben Lektüre bekommt man in der Bücherinsel auch Eintrittskarten.
Friedrich-Alfred-Straße 93 (Rheinhausen), Mo–Fr 9–18 Uhr, Sa 9–14 Uhr,
H Rheinhausen, Tel. 02065/31009.

Ermäßigung

Wer einen längeren Aufenthalt in Duisburg und im Ruhrgebiet plant, für den lohnt sich die **RUHR.TOPCARD**. Sie kostet 54 Euro für Erwachsene und 35 Euro für Kinder und bietet ruhrgebietsweit bei 90 Freizeiteinrichtungen freien Eintritt. In 50 weitere kommt man zum halben Preis rein. In Duisburg gibt's beispielsweise freien Eintritt in der Niederrhein-Therme, im Lehmbruck- und Binnenschifffahrtsmuseum oder in den Zoo. Auch eine zweistündige Hafenrundfahrt mit der Rheinfels ist inklusive. **www.ruhrtopcard.de**.

Post

Brief- und Paketmarken bekommt man in vielen Lottoshops und anderen Geschäften. Größere Postfilialen befinden sich in der Innenstadt am Sonnenwall 13 (Mo–Fr 9–17 Uhr, Sa 10–12 Uhr) und an der Kommandantenstraße 43–51 (Mo–Fr 8–18 Uhr, Sa 9–13 Uhr).

Bildnachweise

Daniel Roth: S. 4

Alexandra Roth S.12, S.16 (4), S.17 (2), S.19 (li.), S. 21 (3), S. 23 (2), S. 26 (3), S. 27 (3), S. 29 (2), S. 30 (2), S. 31 (3), S. 32 (2), S. 36 (unten), S. 38 (li.), S. 39, S. 41 (2), S. 42 (3), S. 45 (2), S. 47 (o.), S. 53, S. 54, S. 55 (2), S. 56 (re), S. 57, S. 58. (kl.), S. 59, S. 60, S. 61 (2), S. 63 (re), S. 64 (2), S. 66, S. 68, S. 69 (2), S. 70 (2), S. 71, S. 72 (2), S. 73 (2), S. 78, S. 80, S. 82 (2), S. 83, S. 84, S. 85 (2), S. 86 (re), S. 87 (re), S. 92, S. 102 (re), S. 104 (re), S. 105, S. 106, S. 107, S. 109, S. 110, S. 111, S. 113 (2), S. 116 (re), S. 117, S. 119, S. 121 (3), S. 124, S. 126, S. 134, S. 140, S. 144,S. 145, S. 146, S. 147, S. 148, S. 149, S. 151, S. 154, S. 155, S. 161, S. 162, S. 166 (unten), S. 167 (o.), S. 172 (li.), S. 173, S. 174, S. 177, S. 179, S. 182, S. 183, S. 186

FUNKE Fotoservices:
Stephan Eickershoff: S. 6 (li.), S. 7 (li.), S. 11 (2), S. 12 (re.), S. 13, S. 14 (2), S. 20, S. 22, S. 25 (re.), S. 33 (unten), S. 30 (unten), S. 48, S. 51, S. 77, S. 81 (2), S. 102 (li.), S. 115, S. 154, S. 159, S. 172
Tanja Pickartz: S. 15, S. 17 (2.v.o.), S. 33 (o.), S. 44, S. 56 (li.), S. 62, S. 96, S. 131, S. 170, S. 170
Hans Blossey: S. 34 (li.), S. 93, S. 135, S. 167
Gerd Wallhorn S. 87 (li.)
Ilja Höpping: S. 132 (re.)
Ute Gabriel: S. 8 (li.), S. 34 (re.), S. 46
Ulla Emig: S. 131 (u.), S. 141, S. 155
Friedhelm Geinowski: S. 7 (re.), S. 19 (re.), S. 133, S. 160 (2)
Christoph Wojtyczka: S. 9, S. 93 (u.),S. 136
Udo Milbret: S. 8 (re.), S. 40, S. 142, S.153
Jakob Studnar: S. 10 (re. oben),
Lars Fröhlich: S. 10 (re. Unten), S. 28 (u.), S. 35, S. 74, S. 114, S. 127, S. 128
Thomas Gödde: S. 18
Lars Heidrich: S. 25 (li.), S. 67, S. 86 (li.), S. 132 (li.)
Patrick Schlos: S. 28 (kl.)
Julia Richter: S. 58 (unten)
Daniel Elke: S. 69 (kl.), S. 154
Michael Dahlke: S. 76, S. 83 (re.)
Fabian Strauch: S. 94 (o.), S. 111 (li.)
Kerstin Bögeholz: S. 98 (o.)
Zoltan Leskovar: S. 100
Ralf Rottmann: S. 103 (re.)
Jörg Schimmel: S. 107, S. 130
Herbert Höltgen: S. 114 (u.)
Erwin Pottgießer: S. 121 (gr.)
Stefan Arend: S. 138 (gr.)
Oleksandr Voskresenskyi: S. 162 (o.)

DVG: S. 185

Friedhelm Krischer: S. 36 (oben)

MSV: S. 49

Media-Team: S. 38

HKM: S. 97

Sascha Kreklau: S. 75

Harald Hoffmann: S. 88

Stefan Ziese: S. 15, S. 98 (u.), S. 90/91, S. 122/123, S. 156/157

Roger Theyssen: S. 103 (li.)

Peter Wedel: S. 120

Sarah Berndt: S. 127

Andre Rival S. 138 (oben)

Guido Schröder: S. 139

Irmgard Hampel: S. 143

Guido Engels: S. 168

Fabienne Piepiora: S. 17 (unten), S. 29 (li.), S. 30 (Mi.), S. 47 (u.), S. 52, S. 63 (li.), S. 71, S. 79, S. 96 (o.), S. 104. (li), S. 107, S. 112, S. 128 (o.), S. 170, S. 175, S. 176, S. 179

© by-studio - stock.adobe.com: S. 5 (u.)
© stanislavss - stock.adobe.com: S. 183
© dikobrazik - shoe tracks - Illustration: S. 32, 33, 36, 124

Kartendaten © www.auf-Karte.de CC BY 4.0: S. 37, 43, 101, 129, 137, 169